判例でみる

税理士が考える
税理士の
職務と責任

共著 林 仲宣・有賀美保子
齋藤樹里・小林由実
初鹿真奈・伊澤祐馬

税務経理協会

はしがき

　いささか個人的なことであるが，筆者は，昭和57年（1982年）5月に税理士登録が完了したので，いわばこの道，40年となる。当時の税理士業には，士業のひとつとして先生稼業の色合いが残っていた。しかし現在では，税理士業は税務情報を提供するサービス業であることを多くが認めている。そのせいかはともかく，税理士の言動に対して，その善管注意義務違反等の有無を問う損害賠償請求訴訟（税賠訴訟）が増えた。

　士業の多くは国民の権利を主張・請求する業務が中心である。これに対して，納税という国民の義務を履行することをサポートする税理士の判断ミスは，依頼者の経済的負担の増加や社会的信用に繋がる場合もある。確かに客観的に見て税理士の対応に疑問がある事例もあるが，依頼者が一方的で自己中心的な主張を展開する事例も少なくない。この種の判例については，既に「理不尽な税賠訴訟」として，税理士会の研修等でお話ししてきたが，その理不尽さを裁判所が容認することもあることも留意すべきである。

　本書は，税賠訴訟を中心に税理士の職務と責任が対象となった判例について検討した判例解説である。ただし筆者の見解では，長年の経験に基づく独断と偏見なもの，つまり「年寄りの戯言」という誹りを受けることも否定できない。そこで筆者が執筆したタタキ台に，専修大学大学院法学研究科で筆者が修士論文の作成を指導した，いわゆる林ゼミの出身である有賀美保子，齋藤樹里，小林由実，初鹿真奈及び伊澤祐馬各税理士が分担で検討を加えた。新進気鋭の彼らとの出会いは，専修大学法学部　増田英敏教授のお薦めの賜物であり，本年3月，無事，非常勤講師を定年退職できたことを含め，改めて感謝する次第である。本書の構成等は有賀美保子税理士にお願いした。資料収集に当たっては，専修大学法学部　谷口智紀教授にご協力頂いた。

　本書は構想以来，長い時間がかかってしまったが，㈱税務経理協会の大川晋一郎氏に支えて頂いた。心から感謝を申し上げる。

筆者が初めて税理士業務に係る判例を検討し寄稿したのは、「実務に役立つ税理士業務の関連判決」（速報税理平成6年7月1日号）だった。同稿で検討したなかで、仙台高判昭和63年2月26日は、申告書の押された税務署の収受印の印影偽造が争点となった、いかにも昭和的な話であったが、同判決の解説は、当時、税理士業務の先駆的な研究書である、松沢　智著「税理士の職務と責任」（中央経済社）の第3版（平成7年）に引用紹介して頂いた。このことについて松沢　智先生にお礼を申し上げたとき、「税理士の仕事については、一番よく知っている税理士が書くべきだ」というような趣旨の激励を頂戴した。松沢先生没後20年の本年、今後、デジタル化とAIにより変革が予想できる申告納税制度の下で、選択と決断を迫られる可能性の高い世代の諸君と本書を編んだことを、松沢先生にご理解頂けると確信している。

　令和5年（2023年）12月

執筆者を代表して

林　　仲宣

（附記）

　判例の検索には、一般社団法人 日税連税法データベース（TAINS），LEX／DB・TKC法律情報データベース，WEST LAW JAPAN データベースの各システムの恩恵を享受した。深く感謝する。

※本書では、法令通達の条文番号等については、公表当時のままで記載している。

※本書において「納税者の主張」「課税庁の主張」「裁判所（審判所）の判断」としている部分は、判例・裁決例原文の一部を抜粋し、読みやすくするために用語等の一部変更を行っている。

目　次

税理士が考える
税理士の職務と責任

税務署の誤指導と税理士の責任

(参考)
神戸地判平成 5 年 11 月 24 日《平成元年（ワ）第 569 号》
（TKC 文献番号 27826169・TAINS コード Z999-0006）
損害賠償請求事件

［着目点］

　法人税法改正に伴う解釈に関する税務署担当官の誤指導を過信した依頼者への教示と申告手続という税理士の行為は，依頼者に対する損害賠償責任があるとされた事例。

［当事者の関係・立場］

　依頼者は，不動産賃貸業，ビル管理業等を目的とする株式会社である。依頼者の代表者は，ビル管理業等を目的とする株式会社である訴外 A 社の代表者を兼務している。

　税理士は，昭和 35 年から昭和 59 年 8 月末日まで税務署に勤務したのち，同年 10 月 29 日税理士登録をし，税理士事務所を開業した。

　依頼者は，昭和 59 年 11 月，税理士と顧問契約を締結した。税理士は，昭和 59 年 11 月，A 社とも顧問契約を締結している。

［事案の概要］

　A 社は，業績が振るわず毎年多額の欠損が発生し，依頼者からの資金援助で辛うじて営業を継続していたものである。そこで，依頼者の代表者は，このような情勢と自らが高年齢に達したことを理由に両会社を解散して引退したいという希望を持っていた。そこで，依頼者の代表者は，昭和 60 年 5 月頃，税理士に対し，依頼者を解散して株主たる地位に基づき有利に残余財産の分配を受け得るに必要な税務相談をした。

　依頼者の相談の要旨は，依頼者のA社に対して有する貸金債権を貸倒損失として損金算入し，これと依頼者所有不動産の売却によって発生する譲渡益とを相殺勘定することが許されるか否かということであった。これに対し，税理士は，右貸金債権を貸倒損失として損金算入し，右不動産の売却により発生する譲渡益との相殺勘定が可能であること，ただそれを実現する手段としてA社を解散させることが必要であると依頼者の代表者に教示をした。

　依頼者の代表者は，A社の清算人に就任し，清算の過程において，依頼者A社に対する貸金債権を確定した。A社は，依頼者から債務の免除を受けて，昭和61年5月20日清算を結了し，同年6月2日清算結了登記を経由した。その結果，依頼者は，昭和61年度（第30期）決算において，右貸金債権額を貸倒損失として法人税法上損金の額に算入することが可能となった。依頼者の昭和61年度の損益計算書は，次のとおりであって，金6,636万4,656円の当期損失欠損金が発生し，合計6,682万5,400円が青色申告欠損金として繰越された。

　法人税法上，青色申告法人においては，各事業年度開始の日前5年以内に開始した事業年度において生じた欠損金額がある場合には，当該欠損金額に相当する金額は，損金に算入することができるのが原則である（法人税法第57条第1項）。しかし，右原則は，昭和61年4月1日から追加施行された当時の租税特別措置法第66条の13（旧措置法第66条の13の規定で修正され，昭和61年4月1日から昭和63年3月31日の間に終了する事業年度については，直近1年間に生じた欠損金に限り，損金に算入しえないものとされるにいたった。したがって，依頼者の昭和62年度の確定申告においては，昭和61年度に発生した本件欠損金を繰越し，損金に算入することができないものであった。そして，このことは，依頼者が昭和62年中に解散した場合の解散確定申告においても同様であった。

　その後，依頼者は，甲税務署長により解散確定申告における欠損金の損金算入を否認された。

　税理士は，昭和63年12月22日，甲税務署の担当係官より修正申告をしな

ければ更正決定をするとの最後通牒を受けたので，依頼者に修正申告をするか
更正決定を受けて争うかの選択を求めた。しかし，依頼者は，税理士を信用す
ることができなくなり，同日，税理士との間に，これまでに発生した債務不履
行による損害賠償請求権を留保した上で，顧問契約を合意解約した。その後，
依頼者は，損害賠償請求の提訴に至った。

税理士の主張

　依頼者からの相談を受け，甲税務署に赴き，右のような状況で依頼者が解
散した場合の損金処理の方法につき担当者に尋ねたところ，昭和61年以前
からの欠損金を繰入れ，昭和62年度の損金算入処理を行うことができると
の回答が得られた。そこで，その旨を依頼者に伝え，依頼者を代行して，当
該年度の確定申告（但し同年9月に解散することになったので解散確定申
告）を乙税務署長に提出した。これは，その後，依頼者の本店が乙市へ移転
したため，所轄税務署が甲税務署から乙税務署に変わったためである。

　ところが，乙税務署の見解は，甲税務署の見解と異なったので，交渉をし
たところ，直ちに修正申告すれば少なくとも加算税，延滞税等は免除すると
の妥協案を示唆された。

　そこで，税理士は，依頼者に対し，異議申立をして徹底的に争うか，ある
いは修正申告をするかの指示を依頼したが，何の連絡もなかった。以上の次
第であるから，その責に帰すべき理由はなく，債務不履行責任を負うべきい
われはない。

裁判所の判断

①　税理士の職歴及び税理士としての資格・経験等に鑑みると，税理士には，
法人税法及び租税特別措置法の各規定の注意を十分理解しておくべき職務上
の義務があったというべきである。そうすると，税理士としては，税務相談
を内容とする顧問契約に基づき，依頼者に対し，判示のような適正な税務処

理上の教示をし，かつそれに適合する税務の代理及び代行をして税務相談の目的を達成すべき債務を負担していたといわなければならない。ところが，税理士は，依頼者に対し，認定のように教示をしているのである。

② 右教示の内容のうち，「甲税務署と話し合いがつき，昭和62年度に依頼者を解散し場合には，その解散確定申告において，昭和61年度に発生した欠損金を損金算入し利益控除に利用できることとなった」旨の部分については，税理士供述中に甲税務署の担当官から旧措置法第66条の13の規定の解釈として，そのようになる旨の教示を受けたので，税理士もそのように信じた旨の部分がみられるけれども，同条文自体に照らし，そのように解釈できず，他にそのように解釈し得る法的根拠も見当たらないことに徴すると，右部分は採用することができない。なお，仮にそのような事実があったとしても，税理士の税理士としての租税に関する法令に精通すべき職務上の義務を何ら軽減するものではなく，義務には何ら影響はないというべきである。そうすると，教示は，説示した適正な税務処理に照らし，客観的に誤りであったということができる。したがって，税理士は，前記のような税務相談を内容とする顧問契約に基づき，依頼者に対し，適正な教示ないしは税務指導をなすべき債務を負担しているにもかかわらず，誤った教示を行ったという不完全な履行をしたものといわなければならない。

③ 依頼者は，それによって，認定の損害を被ったものであり，かつ右損害は税理士の不完全履行と相当因果関係がある損害と認められるから，税理士は，依頼者に対し，前記のような税務相談を内容とする顧問契約の債務不履行に基づく損害賠償すべき責任があるといわなければならない。

[税理士としての検討と対策]

税制改正による新しい制度や措置については，税務署が配布するパンフレット等，専門誌（紙）に掲載された解説で理解することが多い。特に本事案のように，いわば一般の納税者に不利になるような措置は，事前の周知が求められるから，情報収集は怠ってはならない。

本事案がもたらした教訓は，新しい制度や措置についての情報や知識は，税務署担当官であっても，税理士と同様である可能性が高いということである。二つの税務署の見解が異なったという税理士の主張が正しいなら，時間の経過により税法の適用と解釈が整備充実された可能性もあろう。

　ただし，課税庁に対する問い合わせも，その問い合わせ先により異なる回答を受けることは，しばしばあることである。そのため，税理士としては，本事案のように節税対策が伴う場合には，より慎重に検討を行うべきであったということは否めない。

　もっとも，改正法施行後に税務通達が発遣されまで，実務的な取扱いの詳細が明確になっていないこともあるが，本事案の争点は改正の本質的な事項といえる。

【林・伊澤】

通達課税と税理士の責任

（参考）
大阪地判平成 9 年 5 月 20 日《平成 6 年（ワ）第 7017 号》
（TKC 文献番号 28030912・TAINS コード Z999-0015）
大阪高判平成 10 年 3 月 13 日《平成 9 年（ネ）第 1564 号》
（TKC 文献番号 28040103・TAINS コード Z999-0018）
損害賠償請求事件

[着目点]

　法人税基本通達に反して貸倒損失を計上した会計処理について税理士に対する損害賠償責任が要因された事例。

[当事者の関係・立場]

　依頼者は，商業手形割引等による貸金業を営む会社である。依頼者と税理士との顧問契約を昭和 57 年 12 月に締結しているが，契約に至るまでの経緯は不明である。

[事案の概要]

　本事案は，依頼者が税理士の指導により行った法人税の確定申告について，税理士の債務不履行又は過失により，法人税基本通達（以下，「基本通達」）に反する損金処理等が行われる結果となり，更正処分及び過少申告加算税の賦課処分を受け，過少申告加算税，延滞税等相当額の損害を被ったとして，税理士に対し，債務不履行もしくは不法行為に基づき，損害賠償を求めた事案である。

　依頼者は，平成 2 年事業年度（平成 2 年 1 月 1 日から同年 12 月 31 日まで）及び平成 3 年事業年度の法人税について，税務署長に対し，確定申告を行った。

　しかし，依頼者は，税務署長から各申告について更正処分等を受けたため，国税不服審判所に審査請求を行ったが，平成 6 年 2 月 10 日，審査請求はいずれも棄却された。

依頼者が更正処分を受けた理由は，基本通達により，貸金について担保物があるときはその担保物を処分した後でなければ貸倒として損金処理をすることができないと定めているのに，依頼者が担保物を処理することなく，貸付金回収不能として損金処理を行っていることだった。

税理士の主張

　税理士法1条は，「租税に関する法令に規定された納税義務の適正な実現」を税理士の使命としているが，税に関する基本通達は，右法令には当たらず，あくまでも，行政内部における法令の解釈，運用の指針にすぎない。

　そして，通達に従った処理が法令の本来の趣旨に反している場合，社会，経済情勢の変動などの事情で妥当性を欠くに至った場合は，通達にしたがった取扱ないしは通達自体が違法となるのであって，問題を提起し，異議申立，審査請求をする等の方法で，これを正すことも税理士の使命の一つである。

　貸倒損失の処理について基本通達によれば，貸金について担保物がある場合には，担保物を処分した後でなければ貸倒として損金処理を行うことはできないと定めている。

　平成2年は，いわゆるバブルの崩壊の年であって，不動産を取得した者あるいは不動産を担保として金員を貸し付けた者が例外なく深刻な打撃を被った年である。このことは公知の事実であり，このような異常は経済状況に鑑みれば，担保物があったとしても，債権額の相当部分が取立て不能となり，かつ担保物の換価に日時を要するであろうことは常態としてみやすいところであった。このような異常な経済実態からすれば，条件付の基本通達によることなく，取立不能額が50パーセントに達しなくても，相当額に達すれば当然に損金に算入することができるとすることが，むしろ，法の趣旨に合致するものと解することに十分な合理性がある。

　依頼者代表者から，Kの債権が回収困難であり損害を被っていること，税額の軽減と納税時期の延期ができないか相談されたことから，依頼者代表者

に対し，基本通達の文言に反してＫの債権の一部を損金処理すること，基本通達に反する処理をする以上，更正処分，延滞税，過少申告加算税の賦課等の不利益が生ずることがあることを説明しているので，右処理を指導したことに債務不履行や過失はない。

裁判所の判断

①　貸金について担保物がある場合に，担保物を処分することなく貸金等の金額から処分見込価額を控除した金額を貸倒することは，結果的に当該貸金を評価して評価損を損金算入したことになるから，基本通達9-6-2では，法人の有する貸金等について，債務者の資産状況，支払能力等からみてその全額が回収することが明らかになったときは，貸倒として損金処理することを認めているが，担保物があるときは，これを処分した後でなければ，貸倒として損金処理をすることができないと定めている。

②　Ｋに対する依頼者の貸金については不動産の担保物として存在するから，税理士の指導・助言したＫの貸金の一部を損金処理することは右基本通達に反する処理であることは明らかである。もとより，基本通達は，税理士法にいう税務に関する法令には該当せず，税務当局における税務に関する法令の解釈，運用指針というべきものであるが，基本通達は税務に関する取扱いが公平，迅速に行われることを目的に作成されているものであって，一般的に合理性を有するものである。基本通達は，一方で，右取扱は経済実態にそぐわない面があるとして，債権償却特別勘定に関する取扱を定めてその調整を図っている。債権償却特別勘定の認定を行い，その回収ができないことが明らかになったと認められれば，右償却特別勘定において償却が認められる。基本通達9-6-14は，「当該貸金の相当部分（おおむね50パーセント以上）の金額につき回収の見込がないと認められるに至った場合は，その回収の見込がないと認められる部分の金額」，「担保物の処分によって得られると見込まれる金額以外の金額につき，回収できないことが明らかになった場合において，その担保物の処分に日時を要すると認められるとき」には，「その回

収できないことが明らかになった金額は」担保物の処分が未だなされていなくても債権償却特別勘定に繰入れることができるのである。したがって，基本通達は全体として合理的なものとなっていることは明らかである。そして税務当局が基本通達に依拠して税に関する事項を取り扱っている以上，これに反する処理をしても，右処理が税務当局に受け入れられる可能性は少なく，基本通達に反する損金処理を行って納付すべき法人税額を少なく申告しても，税務当局によって更正処分がなされ，納税者は過少申告加算税を賦課される等の不利益を被る可能性が高い。

③　顧問税理士としては，顧客から回収の困難な債権があるとして，税の軽減方法について相談を受けたとしても，安易な見通しや自己の意見に基づいて，基本通達に反するような処理を行うことを指導・助言すべきではない。仮に，基本通達に反する処理を指導する場合には，基本通達の趣旨，これに反する処理をした場合のリスク（税務調査，更正処分，過少申告加算税の賦課等）を十分に，具体的に説明した上で顧客の承諾を得，かつ，基本通達に反する処理を行うことに相当な理由があり，その必要性が肯定される場合でなければ，そのような処理を行うことを指導・助言すべきではない。そして，事前に税務当局の意向を打診するなどして顧客に対して指導する処理方法が受け入れられる可能性について客観的に検討する必要もある。

④　税理士は，バブル経済の崩壊により不動産・株式の暴落という異常な経済状況のもとでは，右基本通達の文言に反して担保物の処分前でも貸倒として損金処理することは合理的であると考えたのであり，税理士の考えにも一理あるものと言わなければならないが，一方で，債権償却特別勘定に繰入れて損金処理する方法があり，これを弾力的に運用することで相当程度貸倒の処理を実情に即して行うことができるから，税理士の指導した処理方法が税務当局によって認められる可能性は高くなく，かつ，必ずしもその必要性は高くないといわざるを得ない。

⑤　税理士は，依頼者代表者に対して基本通達に反する処理を行うことにより，税務当局によって認められない可能性について一応説明したが，事前に

税務当局に打診した形跡はなく，また，右のような処理をすることにより更正処分を受けることになること，過少申告加算税が賦課されること等の不利益を受ける可能性が高いことを十分説明したとは認められず，全体としては，依頼者に対し，Kに対する債権について損金処理が認められる印象を与える説明となっていたといわざるを得ない。

⑥　税理士が依頼者に対して基本通達に反してKに対する債権の一部を損金に算入する処理を行って，法人税の額を少なく申告しても，これが認められる可能性は低く，更正処分が行われ，基本通達に基づいた処理の場合と同額まで税額が増やされ，その他に過少申告加算税の賦課処分も受ける可能性が高いことを説明し，指導していれば，依頼者は，基本通達に反する処理に基づく確定申告を行うことはなかったと認められる。したがって，税理士が前記のような説明で，依頼者に対し右の損金処理を指導したことは顧問税理士として税務相談もしくは確定申告に関する書類作成に対する指導・助言義務に反し，税務相談における債務不履行といわざるを得ない。

控訴審判決も第1審判決を支持している。

［税理士としての検討と対策］

税法学の論理では，通達課税は憲法30条及び84条が規定する租税法律主義に反するという見解が一般的である。つまり上級庁から下級庁に指示・命令を定める通達は，税法の法源ではないとする考え方である。本事案でも税理士が主張するように税理士法でも対象外である。本来，例えば国税庁長官が発遣する税務通達には国税職員は拘束されるが，一般納税者は関係ない。

しかし，税務通達は成文化され公表もされており，税務に与える影響が大きいことから，慣習法的な規範としてソフト・ローと位置づける学説もある。同様に通達を国税当局による税法の解釈を明確化した見解とみることもできる。ただ本事案で争点となった貸倒損失の認定基準は，法令ではなく引用された基本通達のみに定められており，法令化が叫ばれてきた経緯はある。

法令解釈通達の前文には，「この通達の具体的な運用に当たっては，法令の

規定の趣旨，制度の背景のみならず条理，社会通念をも勘案しつつ，個々の具体的事案に妥当する処理を図るように努められたい。いやしくも，通達の規定中の部分的字句について形式的解釈に固執し，全体の趣旨から逸脱した運用を行ったり，通達中に例示がないとか通達に規定されていないとかの理由だけで法令の規定の趣旨や社会通念等に即しない解釈におちいったりすることのないように留意されたい。」とある。

　本件のような，バブル経済の崩壊により，異常な経済状況のもとで，事業を継続させるために通達に反して担保物処分前に行った貸倒処理については，通達前文にある「個々の具体的事案に妥当する処理」に当たるとして，事前に税務当局に打診し，理解を深めてもらうことも必要であっただろう。

　この状況で担保物が処分できるとも限らず，担保物の処分を待って貸倒処理する方が，貸倒損失の計上時期を見誤る可能性もある。担保物を処分することによって得られる対価が，充当額として十分なものではないということが目に見えてわかる状況ならば，社会通念に照らして貸倒損失として損金算入できるようにしないと，事業継続さえ危ういということを主張し，その根拠を丁寧に積み重ねる等，通達に反する処理をするならば納税者としてできる限りの対応はしておくべきである。

　なお，本事案は課税処分の取消しを求めた税務訴訟ではなく民事訴訟であることから，裁判所は通達の法源性や規範性について考慮していない。依頼者にとって通達に反する会計処理がもたらすリスクが焦点となっている。まさしく税法の理論と実務が乖離していることを如実に示している。学説論争は残念ながら実務の現場では役に立たないといっていい。

【林・齋藤】

CASE

03

税理士事務所職員による申告続きと税理士の責任

(参考)
前橋地判平成 14 年 12 月 6 日《平成 12 年（ワ）第 557 号》
(TKC 文献番号 28080344・TAINS コード Z999-0062)
損害賠償請求事件

[着目点]

　税理士事務所職員に依頼者が指示した申告内容が強制調査の対象となった場合に，税理士の責任が一部容認された事例。

[当事者の関係・立場]

　依頼者 A は，ダンプを所有して，建材を購入し，販売する者であり，依頼者 B は，A の妻で美容院を経営している。依頼者らは，平成 7 年 3 月 9 日，平成 6 年度分の所得税等の確定申告手続を税理士に委任し，以後，同 9 年度分までの所得税等の確定申告手続を税理士に委任している。

　税理士は，各委任契約に基づき，税理士の税理士事務所の職員である C を依頼者らの自宅に派遣した。C は，上記いずれの年度についても，税理士の履行補助者として，依頼者らの各確定申告書を作成し，依頼者らの署名押印を得た上で，同申告書を税務署に提出した。

[事案の概要]

　課税庁は，依頼者らの各申告に係る所得税及び消費税に脱税があるとして，依頼者らに対し，強制調査を実施した。その結果，依頼者らはそれぞれ下記のとおり追加納税の賦課決定を受けたため，下記の金額を全額納付した。

(1)　A 分（平成 6 年度ないし同 9 年度）

　ア　重加算税　　　1,289 万 4,000 円

　イ　延滞税　　　　703 万 1,600 円

ウ　消費税重加算税　126万4,000円

計　2,118万9,600円

(2)　B分（平成7年度ないし同9年度）

ア　重加算税　185万1,500円

イ　延滞税　　77万2,600円

計　262万4,100円

　本事案の争点は，Cが，税理士の履行補助者として依頼者らの確定申告書を作成するに当たり，各委任契約についての善管注意義務を果たしたといえるか，特に，依頼者らの提示した資料に基づいて申告書を作成したか，である。

　依頼者らは以下のように主張した。依頼者らは，Cに対し取引先の金融機関の通帳と請求書，領収書を提示した。Aの仕事は，請求書を顧客に送って預金口座に入金を受け，必要経費は領収書で明らかになるという単純な経営である。Bの分についても，Cに対し入出金伝票と通帳を提示した。このように，依頼者らは，申告に必要な資料を保存し，Cにすべて提示した。依頼者らは，Cから美容院の入出金伝票のうち平成6年度以前の分を焼却するよう指示されたため，これらを庭で燃やした。

　依頼者らは，上記のとおり，税理士の雇用する職員であるCの言を信じて，税理士に所得税等確定申告書の作成，提出を委任したにもかかわらず，実際には，Cのなした申告が委任の趣旨に反して違法なものであったため，依頼者らは，前述のとおり，追加納税の賦課決定を受けた。したがって，税理士は，依頼者らに対し，納付した加算税及び延滞税相当額の損害を賠償する責任を負うものである。

税理士の主張

　依頼者らから必要な資料の提供を受けておらず，また，いずれの年度についても，依頼者らが申告期限直前になって委任してくるため，Aの指示どおりに申告書を作成し，税務署に提出した。税理士としては，業務を遂行する

ため，依頼者に対し，必要な資料の提供を要請するとともに事情聴取などを
行うべきであるが，依頼者らがこれらの要請に応ぜず必要な協力をしない場
合には，税理士としても適切な申告をすることは不可能であり，仮にその申
告によって依頼者らに損害が発生したとしても，税理士に善管注意義務違反
があったとはいえないから，税理士は損害賠償責任を負わないことになる。

裁判所の判断

①　Cが，Aに対し，確定申告書を作成するのに必要となる原始資料の提示
を求めたところ，Aは，これを拒否した上，Cに対し，確定申告書に添付す
る収支内訳書のうち「売上（収入）金額の月別内訳等」欄や「仕入金額の内
訳」欄をほとんど空欄にしている前年度の確定申告書と同様のものを作成し
て提出するよう指示したというのであるから，Cにおいて，依頼者らが売上
や経費を実際の金額と大幅に異なる金額として申告し不正に課税を免れよう
としている可能性があることを容易に認識することができたものと認められ
る。それにもかかわらず，Cは，Aの指示どおりの申告をした場合に，依頼
者らが将来脱税を指摘されて重加算税や延滞税などを課せられる危険がある
ことを何ら説明しないまま，Aの指示どおりに所得税等確定申告手続を行っ
たというのであるから，Cが，Aに対し，同人の指示どおりの申告をした場
合に，依頼者らが重加算税や延滞税などを課せられる危険性が高いことを十
分に説明し，指導していれば，依頼者らが本件のような不適法な申告を行う
ことはなかったと認められる。

②　税理士の履行補助者であるCが，Aの指示どおりの申告をした場合に，
依頼者らが将来脱税を指摘されて重加算税や延滞税などを課せられる危険が
あることを何ら説明しないまま，Aの指示どおりに所得税等確定申告手続を
行ったことは，税務に関する専門家である税理士としての立場から，顧客に
対し不適正の理由を説明し，法令に適合した申告となるよう適切な助言や指
導をするとともに，重加算税などの賦課決定を招く危険性があることを十分
に理解させ，顧客が法令の不知などによって損害を被ることのないように配

慮する義務に違反しており，税理士の債務不履行になるといわざるを得ない。

③　Aは，Cから確定申告書の作成に必要な原始資料の提示を求められたにもかかわらず，それを拒んだ上，平成5年度に自らの行ったやり方と同様のやり方で同6年度ないし同9年度の確定申告手続を行うようCに指示したというのであるから，自己の指示するやり方による確定申告手続が不適法ないし不適正であることを認識しつつ，Cに対し，自己の指示する方法で確定申告手続をするよう要請したものと認められる。そうすると，Aが前記争いのない事実の重加算税などの納付を余儀なくされた責任の大部分は，Aにあるといわざるを得ない。

④　認定事実によれば，Bは，AにCとの確定申告に関する打合せについての対応を一任し，自らが関与することはなかった。そうすると，Bが争いのない事実の重加算税などの納付を余儀なくされた責任の大部分は，Aと同様，Bにあるといわざるを得ない。

⑤　依頼者らは，確定申告の打合せの際，Cに対し，原始資料を提示しようとしたが，Cからマニュアルによって計算した金額を確定申告書に記入して提出すれば大丈夫であるから原始資料を提示してもらう必要はないなどと説明されたため，原始資料を提示せず，その結果，税務署長に提出した確定申告書は，原始資料に基づかない，実態を反映しないものになってしまったなどと主張する。しかし，Cが作成して税務署長に提出した確定申告書は，申告書に添付する収支内訳書の「売上（収入）金額の月別内訳等」欄や「仕入金額の内訳」欄がほとんど空欄であり，提出を受けた税務署によって不適正な申告であることを看破されやすいずさんな申告であったといえ，原告ら主張のとおり，Cがマニュアルによって計算した金額を確定申告書に記入して提出すれば大丈夫であると請け合って申告したものであるとすると，上記のような税務署において不適正な申告であることを看破しやすいずさんな申告をCがしたとするのは余りにも不自然であること，Aが平成11年6月に税理士を相手に起こした調停の申立書には，「売上げや経費を記帳していなかったため，確定申告の打合せの際にAがCに対しおおよその売上げ，経

費を口頭で伝えた。」旨の記載がされており，この記載は依頼者らの本訴における上記主張（Cに原始資料を提示しようとしたが不要と言われたとの主張）と矛盾することなどを総合すると，依頼者らの上記主張は採用することができない。

⑥　上記のとおりの依頼者らの責任の大きさにかんがみると，損害の負担について公平を図る見地から，本件については過失相殺を行うのが相当であり，依頼者ら各自の損害について，それぞれ9割を減じるべきである。したがって，Aが税理士に対し請求し得る損害金は，納付済の平成6年度ないし同9年度における重加算税，延滞税，消費税重加算税の合計額の1割である211万8,960円となり，Bが税理士に対し請求し得る損害金は，納付済の同7年度ないし同9年度における重加算税，延滞税の合計額の1割である26万2,410円となる。

［税理士としての検討と対策］

本事案の依頼者のような顧客は，多くの税理士には経験がある。申告期限の直前に，1年分の資料を宅配便で送りつけてくるが，なかには同時に未払だった前年分の税理士報酬を支払うという強者もいる。ただ多くの場合，このような依頼者は小規模零細事業者であることから，仮に期限後申告となったとしても影響は少ない。つまり家事費，家事関連費に該当する領収書等を1年分，概観できることから，生活規模も把握でき，大胆な申告漏れなど申告書作成の段階で発見しやすい。

それに対して本事案の依頼者は，申告納税に必要な資料を税理士に開示せず，税理士はそのまま3年間，3回申告書を作成したことになる。本事案の税理士事務所の規模，事務所内におけるCの立場，依頼者からの報酬額等は明らかではないが，本事案のような依頼者の対応の中で，最初はともかく，その後も税理士が受任を継続したことは，通常の感覚でいえばあり得ない話である。Cの独断で行われたとも考えられるが，税理士が承知していたのならば，賠償責任はともかく，職業倫理に関する裁判所の指摘は当然といえる。

税理士は，税理士業務を行うため使用人その他の従業者を使用するときは，税理士業務の適正な遂行に欠けるところのないよう当該使用人その他の従業者を監督しなければならない（税理士法41条の2）。本事案がCの独断であれば，税理士は監督責任に問題があったことになる。事務所の規模が大きくなるにつれ，代表の税理士が使用人の業務を把握することは困難になるが，事務所内での報告に漏れがないようにコミュニケーションをとる必要がある。

【林・初鹿】

CASE 04

税理士業務における職業上の倫理と公益性

(参考)
東京地判平成 16 年 9 月 17 日《平成 15 年（ワ）第 15936 号》
（TAINS コード Z999–0096）
損害賠償請求事件

[着目点]

　税理士が依頼者の指示に基づいて行われた過少申告は，職業上の倫理等に反するが，依頼者に対する債務不履行を構成するとはいえないとされた事例。

[当事者の関係・立場]

　依頼者は，造園工事の請負並びに設計，施工等を業とする株式会社であり，株主は，依頼者代表者及びその妻の 2 名である。

　税理士は，昭和 60 年 3 月に公認会計士登録をして，その後税理士登録をした。税理士は，昭和 63 年 10 月 13 日に依頼者との間で顧問契約を締結し，その後平成 3 年 8 月 1 日に再び顧問契約を締結し，平成 13 年 10 月末日をもって同契約が解約されるまで依頼者と顧問関係にあり，その間は依頼者の税務申告書の作成・提出等の税務申告業務等に従事していた。

[事案の概要]

　税理士は，平成 10 年 6 月 1 日から平成 11 年 5 月 31 日事業年度分の決算に当たって，有限会社 A 経営研究所名をもって架空の外注費を計上する会計処理を行い，これに基づいて，平成 11 年 8 月 2 日，所得金額を不正に圧縮した確定申告書（納付すべき税額として，法人税 62 万 7,700 円，消費税及び地方消費税 195 万 900 円，法人都民税 19 万 8,500 円及び法人事業税 14 万 2,300 円と記載されたもの）を税務署へ提出した。依頼者は，平成 11 年 7 月 30 日，A 経営研究所名義の預金口座（N 銀行 O 支店普通預金口座）に 499 万 9,265 円

を振り込んだ。その後，税務調査が行われた結果，依頼者は，修正申告を提出した。依頼者は，重加算税445万2,000円が賦課された。

依頼者は，依頼者代表者が税理士に対して脱税工作をして納税額の減額を依頼した事実はないにもかかわらず，税理士が，独断で，本件決算に当たって，Ａ経営研究所名をもって架空の経費を計上する会計処理を行い，虚偽の確定申告書を作成してこれを税務署に提出したと主張した。

税理士の主張

依頼者における，平成11年5月期決算の年度は，使途不明金が極端に多く発生した会計年度でもあったが，工事原価がかなり低く，利益率の多い仕事が多かったことから，当期利益額は，4,000万円を超過するに至っていた。税理士は同年7月中旬ごろ，予め依頼者代表者に試算表を示し，納税額について負担が大きくなる旨説明し，納税資金準備を依頼した。

しかし，依頼者代表者は，「出てきた数字をまとめて税金をはじき出すだけなら，代書屋でもできることだ。」「今回の決算で使える金は500万円までだ。」などと言った。そこで，依頼者代表者の意向に従うこととし，どのように決算を修正するか尋ねたところ依頼者代表者は，「自分には分からない。任せるからうまくやって欲しい。ただし，経営状況分析の審査上，あくまで黒字にしろ。売上げは減らさない。工面できるのは500万円までだ。」と言った。

そのため，依頼者代表者の指示に従い，多額の帳簿上の現金残高及び少なめの工事原価という状況から，外注工事費を増やし，利益を圧縮する方法を採用することとし，従前顧問先でもあり，面識のあった甲に対し，Ａ経営研究所から依頼者に対する3,500万円前後の工事代金の請求書ないし領収書の作成を依頼し，依頼者に対する架空の売上の計上を依頼した。

同年7月末ころ，依頼者代表者に対し，上記内容の処理を行うか否か確認を求めたところ，依頼者代表者から「これで行う。」旨の回答を得たので，過

少申告を行った。

裁判所の判断

①　本件過少申告によって納税負担を免れることについて最も直接的に利益を得るのは依頼者であり，税理士は依頼者の顧問税理士にすぎず，直接的に利得をし得る地位にはないのであるから，税理士が独断で本件過少申告を行ったということ自体が不自然といわざるを得ない。

②　税理士が本件過少申告の前提として行った帳簿操作は，A経営研究所の架空売上約3,500万円を計上するという比較的単純なもので，同社と依頼者が全く取引関係を有しないことに照らすと，そのような記載のある総勘定元帳を依頼者に交付すれば，不正な帳簿記載が容易に発覚することは明らかであり，これを税理士が独断で行うとは考え難いし，認定した事実からすると，税理士の一方的な指示で，依頼者が本件確定申告の年度のみ，納税資金をA経営研究所名義の預金口座に振り込んだという経緯は唐突に過ぎて了解し難く，むしろ依頼者もかかる処理を行う目的について了解していたことを推認させるものである。

③　本件過少申告は依頼者代表者の指示に基づいて行われたものであることが認められ，そうだとすると，本件過少申告が税理士の依頼者に対する債務不履行であるとすることはできず，この点に関する依頼者の主張は理由がない。

④　依頼者は，顧問税理士は，仮に関与先の希望が適正でないときには，関与先の希望にそのまま従うのではなく，税務に関する専門家の立場から関与先に対し，不適正の理由を説明し，法令に適合した適切な助言や指導をして，関与先が法令の不知や税務行政に対する誤解等によって生ずる損害を被ることのないようにすべき注意義務があると主張する。確かに，顧問税理士は一般にかかる義務を負い，税理士の本件過少申告は上記義務に違反したものと評価すべきではあるが，本件過少申告が依頼者の指示に基づいて行われた本件事実関係の下では，税理士の義務違反は職業上の倫理に反しかつ公益を損

なうものとして税理士会や監督官庁からの制裁の対象とはなるものの，それが依頼者に対する債務不履行を構成するということはできず，依頼者の主張はこの点においても理由がない。

［税理士としての検討と対策］

　税理士の行為は職業上の倫理違反であることは間違いない。その上で，依頼者と税理士の関係，これまでのやりとりから，依頼者の主張に不自然な点があり，過少申告は依頼者の指示に基づいて行われたものと判断できるから，債務不履行の主張についても理由がない，と裁判所で判断された。

　本事案で，顧問税理士が会計処理した損金の架空計上は，裁判所の指摘を引用するまでもなく極めて単純で稚拙な方法である。税務調査においては，非日常的な取引先であるＡ経営研究所は目立つことは明かである。とりあえずの税務対策とした処理だったと想像できる。税理士の主張にあるが，依頼者代表者が留意している経営状況分析の審査とは，地方自治体が発注する公共工事の入札参加のための事前手続と思われる。この審査で良い結果を出すためには，決算書等をもとに計算されるいくつかの経営指標に気を遣う必要がある。典型的などんぶり勘定に思える本事案の依頼者であるが，ある程度，数字を読める可能性は高い。

　本稿では触れていないが，Ａ経営研究所に振り込まれた500万円のうち，納税後の残金約200万円の返還を依頼者は税理士に請求している。

【林・小林】

CASE

05

顧問先従業員の横領と税理士の責任

（参考）
東京地判平成 16 年 10 月 18 日《平成 13 年（ワ）第 1452 号》
（TAINS コード Z999–0095）
損害賠償請求事件

[着目点]

　顧問先の従業員による横領行為について，税理士の善管注意義務違反はないとされた事例。

[当事者の関係・立場]

　依頼者は，昭和 63 年 11 月に設立された建築工事業などを営む株式会社である。依頼者は，会社設立当時から税理士と顧問契約を締結した。税理士は，当初から，事務員の甲を依頼者の事務所に派遣して，依頼者に関する業務の補助を行わせていた。乙は，平成 2 年 3 月ころ依頼者に雇用され，依頼者の経理担当者として勤務していたが，平成 11 年 7 月下旬に退職した。

[事案の概要]

　依頼者は，以下のように主張している。

　依頼者の経理担当者である乙と税理士の事務員（履行補助者）である甲は，結託して依頼者の経理を粉飾し，少なくとも平成 11 年 8 月 31 日の決算期までに，3,732 万 7,230 円を依頼者から横領した。このような甲と乙の横領行為は，裏付けられる。

　税理士には，税理士顧問契約に基づき，税理士の税務に関し，法令などの解釈や適用を正しく行って指導や助言をし，真正にして適法な納税義務の過不足ない申告，正しい申告書の作成，正しい財務書類の作成と，正しい会計帳簿の記帳を行う義務があった。

ところが，税理士はこの義務を怠り，周到な注意力をもってすれば甲と乙の横領の事実を発見するのに十分な数多くの過誤，遺漏などに気づくはずであるところ，税理士はこれを看過し，甲は故意に横領して，誤った内容の会計帳簿の記帳，財務書類と税務書類の作成と，税務申告をしてしまった。

　仮に乙の横領に甲が結託していた事実が認められないとしても，少なくとも乙の横領が認定されれば，税理士は責任を免れることができない。

　乙については，依頼者に入社する前はかなりの窮状にあったのに，入社後間もなく，給料で支給される金員の範囲をはるかに超えて金遣いが荒くなったという事実がある。また，依頼者代表者が横領に気づき，乙を追及したところ，乙は依頼者から退職して行方をくらました。これらの事実を考えれば，乙が依頼者の金員を使い込んだと認定せざるを得ない。

　そもそも税理士には専門家として高度の注意義務が要求され，一般人が税理士に会計帳簿の記帳代行業務を委任する際には，委任者の利益のために，帳票書類，仕訳帳，そこから作成される元帳から読み取れる一切の事情が報告されることを期待している。この点，甲は，毎月依頼者の事務所に赴き，預金通帳，領収証，入出金伝票を見ながらコンピュータにデータの入力を行って，乙の横領が明らかな書類の数々を見ているのであるから，乙の横領の事実を税理士は容易に知り得たはずであり，少なくとも横領の蓋然性がかなり高いことは覚知できた。税理士は，税理士顧問契約に基づいて善管注意義務をもって記帳代行業務を行っているのであるから，乙の横領により依頼者の財産が著しく減少していること又はその蓋然性が高いことを，依頼者に報告すべき義務があった。

　ところが，税理士はこの義務を怠り，依頼者にそのような事実を報告せず，乙の横領の事実を知る機会を与えなかった。

税理士の主張

　甲が依頼者から金員を横領したという事実はないし，乙が横領をしたのかどうかも不明である。当然，甲が乙の横領に結託したという事実もまったく

ない。甲が経理の粉飾をしたこともない。

　税務に関する顧問契約を締結しているにすぎない立場では，依頼者の現金を管理する権限も義務もないし，依頼者の従業員の横領行為を発見し，あるいはそれを未然に防ぐべき義務もない。何人かによる横領が行われることを未然に防ぐ義務があるのは依頼者自身であり，横領行為が行われた場合にそれをいち早く発見し，適切な処置を取る義務があるのも依頼者自身である。

　顧問税理士は，監査役でも会計監査人でもないのであって，事実としての会社財産の変動を税務処理するのみである。会社が会計監査人を選任していない場合でも，会社は取締役，監査役による会計監査で会社自らの責任を全うするのであり，顧問税理士の業務に変わりはない。もし顧問税理士に会計監査類似の業務を期待するのであれば，コンサルタント契約のような特別な契約が必要であるが，本件ではそのような契約もない。

　顧問税理士が会計帳簿などの記帳を代行する際に，帳票書類などを顧問税理士に提出する義務があるのは会社そのものであり，その帳票書類などの適否や当否に関して一次的に責任を負うのも会社そのものである。顧問税理士としては，会社から帳票書類などの提出があった場合，それらは一応会社の適正な経理に関するものであるという推定を認めて差し支えないというべきであり，それらすべてを税務処理をする前提として記帳することに問題はない。顧問税理士には，会社から提出された帳票書類などについて，その適否や横領の可能性を調査する権限も義務もない。

裁判所の判断

①　証拠によれば，乙が依頼者名義のアメリカン・エキスプレスのクレジットカードを作成しそれを使用して自己のために物品を購入していたことが認められる。そして，乙は，依頼者の決済口座から物品購入代金の引き落としがあった後も，乙が依頼者の口座にその代金額の入金をしていなかったことがあったと供述する。また，乙は，個人的な飲食や物品購入の代金について，領収証を依頼者に提出し，その代金額を依頼者の経理から引き出していたと

も供述している。したがって、乙は、依頼者の金員のいくらかを、無断で使用して横領したものと認めることができる。

②　しかし、次のとおり、そのほかには乙が横領したことを認めるに足りる証拠はなく、甲が乙の横領に加担したと認めるべき証拠もない。

　R信用金庫S支店の依頼者の預金口座について、平成7年10月11日から平成8年7月10日までの入出金が第8期（平成8年8月期）の元帳に記載されていない。しかし、この期間の入出金についてまったく元帳に記載がないということは、この期間に関する預金通帳が甲に示されなかったことを推認させるのであって、その記載がないことから乙や甲の横領行為が推認されるものではない。

③　そのほかにも元帳への計上漏れ、金額相違、二重計上、勘定科目の相違や、預金通帳に記載されていないにもかかわらず元帳に計上されている仕訳がある。しかし、これらは記帳の際の単なるミスや、依頼者から税理士に帳票書類が開示されなかったことによって生じたものと認めることができるのであり、これらの計上漏れや金額相違などから乙や甲の横領行為が推認されるものではない。

④　依頼者は、乙や甲が個人的な物品購入を会社の経費で賄った証拠となる領収証があると指摘する。しかし、その大部分は依頼者宛の領収証か、宛先不明のものであり、商品の届け先が「(株)A社内　乙」と記載されている領収証についても、それだけで乙が物品を購入したとまでは認めることができないから、これらの領収証の記載から乙や甲の横領行為が推認されるものではない。社長宛の出金伝票、乙宛の入金伝票、乙宛の出金伝票が作成されている。これらは乙が手書きで作成しただけのものであって、社長の受領サインなどはない。しかし、そのことから乙や甲の横領行為が推認されるものではない。

⑤　税理士丙の意見書は、税理士の第1期（平成元年8月期）から第11期（平成11年8月期）までの帳簿や決算書などに記載された金額を比較検討して、甲が横領を隠すために帳簿を偽装したと指摘している。しかし、その意

見は推測にすぎず，これらの証拠から甲が横領を隠すために帳簿を偽装したと認めることはできない。

⑥　税理士は依頼者との間で，会計監査のような業務も行うといった特別の約定はしていない。また，甲に示された領収証などからは乙が横領行為をしていることが一見して明らかであるとはいえないから，税理士の履行補助者である甲が，会計監査を行うかのように，これらの領収証などの内容について調査をする義務はないし，横領の蓋然性について依頼者に報告する義務もない。したがって，税理士には，乙の横領に関して税理士顧問契約上の義務違反は認められない。

[税理士としての検討と対策]

　顧問税理士としては，経営者から役員・従業員による横領行為の報告を受けることがある。辻褄の合った結果の資料から不正を判別することは難しく，やはり現況を把握している社内の人間が発見しやすい。また，企業内の不正調査を行う会社もあるようであるが，手間と時間とお金はかかる。

　また，税務調査で取引先の反面調査の結果から，役員・従業員の不正が発覚することも少なくない。この場合には，課税庁に個人の行為ではなく，会社ぐるみで行われたのではないかと疑われることもあるから，顧問税理士としては混乱する。

　本事案では，経営者は従業員の行動を疑いながら，不正行為の責任を顧問税理士に押し付け，しかも税理士事務所の職員も結託したと主張した。帳簿，領収書，請求書などからは，いろいろな物語を想像してしまうことがあるが，こんな笑い話に，依頼者は6名の弁護士を擁した弁護団を編成して訴訟に及んだ。驚くべき話である。

【林・伊澤】

譲渡契約書の内容確認と税理士の責任

（参考）
東京地判平成 17 年 4 月 13 日《平成 14 年（ワ）第 9080 号》
（TAINS コード Z999-0109）

[着目点]

　譲渡所得の帰属に関する税理士の助言により履行した譲渡契約に係る所得税申告が否認された場合に，税理士は譲渡契約の内容を最終確認していないことから，税理士の責任はないとされた事例。

[当事者の関係・立場]

　依頼者（大正 6 年 7 月 28 日生）は，代々農家で東京都 G 区内に多数の土地建物を所有していた甲（平成 5 年 9 月死亡）の妻であり，多数の不動産を所有している。乙は，依頼者の長男であり，戊は乙の妻である。

　税理士は，昭和 41 年 4 月，国税局に入局し，平成 3 年，統括国税調査官として退官するまで，一貫して税務署の資産税部門に所属し，退職後，資産税専門の税理士事務所を開設した。

　依頼者と乙は，平成 5 年 10 月，知人から税理士を紹介され，税理士に甲の死亡に伴う相続税の申告手続を委任し，これを契機として，平成 6 年分以降の所得税の確定申告手続を委任した。税理士は，甲家の資産運用について助言を行っており，所有不動産の売却の際に不動産取引仲介業者の斡旋をしたり，賃貸用アパートの建設や平成 11 年には依頼者に対して年間の掛金 2,000 万円の大型の生命保険に加入させた。

[事案の概要]

　本事案は，税理士に対し，依頼者が平成 9 年 10 月 30 日付け売買契約で売

却した不動産の譲渡所得につき，税理士から予め平成10年分の譲渡所得として扱われると教えられていたのに平成9年分の譲渡所得として認定され，その結果，過少申告加算税・延滞税等を賦課されたことから，委任契約上の債務不履行又は不法行為による損害賠償請求を求めた事件である。

依頼者及び乙は，借地権の負担のついた甲家の所有地の整理及び処分が進まなかったことから，平成8年12月5日ころ，税理士から税理士協同組合の指定業者であるA不動産の紹介を受け，A不動産に対しその所有地の管理業務を委託した。これ以降，依頼者及び乙は，A不動産の仲介を受け，合計4件（依頼者所有土地2件，乙所有土地2件）の売買契約を締結し，税理士は，A不動産から規定の紹介料（売買仲介手数料の20パーセント）を受領した。

依頼者は，平成9年8月ころ，A不動産の担当者である丙から，B社への不動産の売却を勧められた。高齢の依頼者に代わり丙との交渉を行った乙及び戊は，依頼者には既に別の土地の売却に伴う譲渡所得があり，これ以上平成9年中の譲渡所得が生じるのは累進課税により高額の課税を受けて税務上得策でないことを理由として，これを断った。

税理士は，丙から依頼者を説得するよう求められ，平成9年10月4日ころ，丙及び税理士，税理士の妻とともに依頼者の自宅を訪れ，乙及び戊と面談した。丙は，乙に対し，改めてB社への不動産の売却を勧めた。その際，税理士は，乙に対し，平成10年中に売却すれば，譲渡所得の金額が低くなって，税率を抑えることができると助言した。乙は，丙の勧め及び税理士の助言を受け，B社への売却による譲渡所得が，平成10年分の所得として申告できるのであれば売却に応じると返答し，丙もこの趣旨に沿って売買契約を締結することを約した。

その後，丙は，B社から，不動産の所有権移転登記手続を平成9年中に行うことを求められ，平成9年10月20日ころ，依頼者の自宅を訪れ，乙に対し，平成9年中にB社に対し所有権移転登記手続をすることが可能かどうかを確認した。乙は，丙に対し，売買代金の全額の支払を受けないうちに所有権移転登記手続をすることはできないと回答し，また，平成9年中に売買代金の支払を

受けて所有権移転登記手続をした場合，譲渡所得が平成9年分とされ平成10年分とならないのではないかとの不安もあり，丙に対し税理士と相談するよう求めた。

　税理士は，平成9年10月下旬，丙から電話で相談を受け，丙に対し，所有権移転登記手続を平成9年中に行ったとしても，平成10年に入って最終の引渡しをすれば，譲渡所得の発生年を平成10年として申告することができる旨説明した。その後，税理士は，税理士の事務所に来所した丙に対し，自らが関与したE税務署での事例として，当該年内に所有権移転登記手続及び代金の大部分の支払が完了したものの，隣接地との境界確定手続が難航しており，実際の引渡しができず，所轄税務署の担当者と相談した上，このような経緯を説明した書面及び当該契約の契約書等を所轄税務署に提出して翌年の引渡しの認定を受けた事例を紹介した。

　丙は，税理士の説明を受け，所有権移転登記及び中間金7,952万6,840円の支払日を平成9年11月28日までとし，引渡日及び残金100万円の支払日を平成10年1月14日とする売買契約書を作成し，平成9年10月30日，依頼者との間で売買契約を締結した。

　依頼者は，税理士に対し，〈1〉平成10年3月ころ，平成9年分の所得税確定申告手続，〈2〉平成11年3月ころ，平成10年分の所得税確定申告手続をそれぞれ委任した。税理士は，B社への売却による譲渡所得について，平成10年分の譲渡所得として確定申告手続をした。

　依頼者は，平成10年分の申告手続を行った後，F税務署長から，B社への売却による譲渡所得の発生時期が平成9年中であるとして，所得税の修正申告をするように指導を受けた。これを受けて，税理士は，依頼者の代理人として，税務署長宛に嘆願書を提出した。その内容は，今回の一連の売買契約は，顧問税理士である税理士の関与の下で進められたこと，仲介業者からの申出に加え，近隣の境界確認が平成10年1月14日にそろうという事情もあって，売買契約書上，引渡日をその日としたことなどを述べて重加算税を課せられるような依頼者に租税を回避したり脱税をしたりする考えのなかったことを説明したも

のであった。その後，依頼者は，平成12年6月30日，税務署長から譲渡所得の発生時期が平成9年中であるとして，平成9年分の所得税の更正及び過少申告加算税賦課決定処分並びに平成10年分の所得税の更正及び過少申告加算税の変更決定処分を受けた。

税理士の主張

　丙から依頼を受け，乙に対し，B社に対して不動産を平成10年中に売却すれば，平成9年中に売却する場合と比較して，平成9年の譲渡所得の金額を低く抑えることができ，適用される税率も下がるため，節税できる旨説明したことは認めるが，B社への不動産の売却を執拗に勧めたことは否認する。

　平成9年10月半ばから下旬にかけて，丙からの電話により，B社との売買契約において，不動産の所有権移転登記手続を平成9年中に行っても問題がないかとの相談を受け，丙に対し，所有権移転登記手続を平成9年中に行ったとしても，平成10年に入って最終の引渡しをすれば，譲渡所得の発生年を平成10年として申告することができる旨説明した。その後，事務所に来所した丙に対し，前年度に売買契約を締結し所有権移転登記手続をした場合でも，引渡しを翌年度に行って翌年度の所得と認められた実例を紹介し，その契約書を示した。丙とのやりとりは以上のとおりであり，丙に対し平成9年中に移転登記をしても，売買代金の残金の支払を平成10年中に行うことにしていれば，その額が仮に100万円と少額であっても，残金決済の日が不動産の引渡しの日として認定され，譲渡所得を平成10年の所得として確定申告手続をすることができる旨説明した事実はない。また，依頼者から，売買契約の内容について，一切相談を受けていない。売買契約の締結日である平成9年10月30日以前，売買契約書又はその原案を見せられたことはない。

裁判所の判断

① 税理士は，平成9年10月4日ころ，丙及び税理士の妻とともに依頼者の自宅を訪れ，乙及び戊と面談し，乙に対し，依頼者が平成9年中に不動産を売却すると，平成9年の譲渡所得の金額のうち8,000万円を超えた部分の税率は累進課税で39パーセントにも上るが，平成10年中に売却すれば，譲渡所得の金額が低くなって，税率を26パーセントに抑えることができるという税務上のメリットを受けることができる旨助言した。

② 税理士は，平成9年10月下旬，丙に対し，所有権移転登記手続を平成9年中に行ったとしても，平成10年に入って最終の引渡しをすれば，譲渡所得の発生年を平成10年として申告することができる旨説明し，自らが関与したE税務署での事例を紹介した。

③ 依頼者は，上記事実のほかに，〈1〉依頼者が，平成6年以降，税理士との間で税務処理に関する顧問契約を締結したこと，〈2〉税理士が，平成9年10月20日ころ，丙に対し，平成9年中に移転登記をしても，売買代金の残金の支払を平成10年中に行うことにしていれば，その額が仮に100万円と少額であっても，残金決済の日が本件不動産の引渡しの日として認定され，本件譲渡所得を平成10年の所得として確定申告手続をすることができる旨説明したこと，〈3〉税理士が，平成9年10月24日ころ，丙からA不動産の作成した本件売買契約書の原案の送付を受けたことを主張する。しかし，上記〈1〉の点については，これを認めるに足りる証拠はない。上記〈2〉の点については，丙がこれに沿う供述をしているものの，この供述自体が採用し難く他にこれを認めるに足りる証拠はない。上記〈3〉の点については，丙が本件売買契約の締結前，税理士に対し，本件売買契約書の各条項の内容について，その原案を示して各条項を読み上げ，税理士の了解を得た旨供述するが，この供述自体が採用し難く他にこれを認めるに足りる証拠はない。

④ 他方，認定した事実及び証拠によれば，本件売買契約の内容等を点検する条理上の注意義務を否定する事情として次の事実を指摘することができる。すなわち，税理士は，平成9年10月4日ころ，丙から本件不動産の売却を

依頼者に説得するよう依頼され，初めて本件売買契約に関与した。税理士は，本件売買契約の締結当時，甲家の税務問題に深く関わっていたものの，平成10年7月に至るまで，依頼者との間で顧問契約を締結していなかった。

⑤　税理士が，依頼者から，本件売買契約の内容の点検について依頼された事実は窺われない。そして，乙も，本件売買契約の締結前，丙に対し，税理士と契約条項の定め方を相談するよう求めたのみで，直接税理士に対し本件売買契約書の原案を送付するなどして，本件譲渡所得が平成10年分の所得として認定されるか助言を求めなかった。税理士は，本件売買契約の実際の履行状況，すなわち，依頼者において平成9年11月28日B社に対し同日売買を原因として本件土地の所有権移転登記手続をしたこと，B社において同年12月13日に本件土地を売却したことなどの事実については，丙からも，乙及び戊からも事前に相談を受けていないし，事後にも何ら報告を受けておらず，「平成9年10月30日付不動産売買契約に基づき，売主は登記必要書類を買主に交付し，本日13時30分に下記物件の受渡しを完了したことを確認いたします」と記載した本件確認書の作成にも関わっていない。税理士は，本件売買契約締結後，A不動産から，本件売買契約についての規定の紹介料として，約52万5,000円を受け取ったが，依頼者はもちろんのこと，A不動産からも，報酬を受け取っていない。税理士は，本件売買契約の締結以前，丙，乙及び戊のいずれからも本件売買契約書又はその原案を示された事実は窺われない。

［税理士としての検討と対策］

　一般的に不動産の売買契約は，買主からの代金の入金を確認した売主が，所有権移転手続に必要な売主の印鑑証明書，売主が保持する，いわゆる権利書などを買主に交付することで成立する。ただ買主の資金調達の都合により買主は売主に手付金を支払い，残金の支払期日と残金支払時に登記手続に必要な資料を売主が買主に交付する旨の売買契約を締結することもある。手付金の扱いは，契約解除の申出があった場合には，例えば，買主には返還放棄，売主には倍返

しなど違約金的な特約条項を定める契約は多い。つまり，違約金を支払うことより解約の方が効果的であるわけであるから，手付金は少額である。売主にしてみれば，残額受領時が売買契約の成立と考えることが多い。この手付金と残金の収受が同年中に行われた場合には問題は生じないが，このふたつの支払が年を挟んで行われたのが本事案である。

　税務の取扱いでは，裁判所も言及するように，所得の帰属を判定する「資産の引渡しがあった日」とは，当該資産について売買当事者間で行われる支配の移転の事実，例えば，土地の譲渡の場合には，所有権移転登記に必要な書類の交付という事実に基づいて総合的な見地から判定した日であると解される（所得税基本通達36-12）。いわゆる登記基準が原則といえる。残額の多寡に関わらず残額受領と同時に登記関係の資料を交付することが取引慣行とするなら，この登記基準は実態に即したものといえる。

　本事案は，典型的な「言った言わない」論争である。税理士は，依頼者らに対して，譲渡所得の帰属に伴う節税効果など基本的なことのみを説明したと主張する。そうなると帰属の判定については，登記基準に基づく適用を解説したはずである。

　これに対して依頼者らは，税理士が，当該年内に所有権移転登記手続及び代金の大部分の支払が完了したものの，隣接地との境界確定手続が難航しており，実際の引渡しができず，所轄税務署の担当者と相談した上，このような経緯を説明した書面及び当該契約の契約書等を所轄税務署に提出して翌年の引渡しの認定を受けたという経験談を披露したという。もっとも登記完了後，隣接地との境界が紛争となることは極めて異例であり，それが事実ならば，例えば隣人は親族などで境界が曖昧なまま時が過ぎていた事例と想像できる。これは登記基準と異なる例外的な登記完了後残金受領基準といえる。

　税理士の主張が正しいなら，つまり平成9年10月4日ころ甲家で行われた依頼者ら，税理士，A不動産の担当者との事前協議の席では，税理士は自己の経験に基づく登記完了後残金受領基準を開示しなかったことになる。そうなると依頼者らは，何時，税理士の経験談を知ったのかが興味深いが，事案の経緯

から考えれば，税務調査後に税理士が，「近隣の境界確認が平成10年1月14日にそろうという事情もあって，売買契約書上，引渡日をその日としたこと」という嘆願書を作成した，平成11年3月以降かもしれない。依頼者らは，知らされた期日をすりかえたことになる。なお，本事案でも境界争いがあったという記載はない。

　一方，依頼者らの主張が正しいなら，10月4日の甲家で行われた事前の三者協議の席上，税理士は経験による登記完了後残金受領基準の適用を示唆し，それに依頼者らとA不動産の担当者もその適用に納得した。この協議でB社との売買契約の基本方針が定まったことになる。A不動産は，税理士協同組合と関係が深く，税理士御用達の不動産仲介業者である。三者協議成立後，税理士は否定するが，A不動産の担当者が，税理士に対して確認等をしたという供述があるが，担当者自身も税理士の助言に懐疑的であったかもしれない。しかし，売買取引の基本方針は明確になっていたわけであるから，税理士による契約内容の点検もなく，売買契約の締結と履行は粛々と行われたともいえる。

　しかしながらその後の税理士の言動に疑問は残る。税理士は甲家の資産運用にも関わり，毎月，甲家を訪れていた。平成9年10月30日のB社との売買契約の締結後も，税理士は甲家を訪問していたはずである。最初に訪問したときの話題は，B社との取引であり，その際，売買契約書の原本を見せられた可能性も高い。税理士が主張するように，所得の帰属について登記基準という原則を説明したならば，税理士は契約内容に異論を挟むべきである。そのときの当事者間の会話は不明であるが，税理士は平成9年分申告には，B社との売買契約で生じた所得を計上していない。

　1年後に，税理士が平成10年分申告手続を受任した際に，初めてB社との売買契約の内容を知ったなら，税理士は依頼者らに平成9年分の修正申告を勧告すべきであるが，税理士は当該所得を平成10年分所得に計上し，申告している。

　要するに税理士は，税務調査で指摘されるまで，例外的な登記完了後残金受領基準が適用されると一貫して思い込んでいた節がある。資産税専門としての

税務職員の経験が長い税理士が，登記完了後に境界が確定しなかったという珍しい事例に，なぜ固執したかは疑問が残る。土地建物の譲渡には，様々な特例の適用の可否と税額計算の検討が必要となる。長年資産税の第一線に勤め経験豊富な専門家であればあるほど，レアケースに対峙した場合の特殊な対処法を知っている。今回の事案では，その経験則が裏目に出てしまったようにも感じる。原則である登記基準から逸脱していれば，申告書が税務署の目に留まることは予測できたといえよう。

　結局，本事案の本質は，「言った言わない」論争ではなく，税理士による税務上の誤認・誤解による平成 9 年分，同 10 年分の申告ミスである。

【林・有賀】

減価償却方法の選択と税理士の責任

(参考)
東京地判平成 18 年 3 月 29 日《平成 16 年（ワ）第 9609 号》
（TAINS コード Z999-0106）
損害賠償請求，報酬金等請求反訴事件

[着目点]

依頼者が個人で歯科医院を経営していた際の減価償却の方法として定額法を採用したことは適切であるとされた事例。

[当事者の関係・立場]

依頼者は，平成 4 年 10 月から，個人として歯科医院を開設し，経営している歯科医師であり，平成 14 年 2 月に医療法人を設立して理事長に就任した。税理士は，平成 6 年頃から依頼者の顧問税理士に就任し，医療法人の設立時から法人と顧問契約を締結していた。

[事案の概要]

依頼者は，平成 14 年 11 月，平成 11 年分から平成 13 年分までの所得税確定申告について，課税庁の実地調査を受けたため，税理士に対してその対応を依頼した。税理士は，平成 15 年 2 月，この 3 年分について，依頼者の押印を得た修正申告書を提出して，修正申告を行った。税理士は，同年 9 月，依頼者に対し，未払の報酬金ないし立替金があるとして，その支払を請求した。依頼者は，同年 10 月，書面をもって，税理士との間の委任契約を解除する旨の通知をした。

その後，依頼者は，税理士が顧問税理士としての義務に違反し，依頼者に対し，適切な指導，助言を行わず，そのため損害を被ったと主張して提訴した。すなわち，依頼者は，個人歯科医院当時，高額医療機器の導入を重要視してい

たから，税理士は，減価償却資産の償却に当たり，設備投資額を早期に費用化し，税負担の軽減を図り，次期の設備投資を行えるようにするために，定率法を採用すべき義務を負っていたにもかかわらず，税理士は，定額法を採用し，また，その後も，平成14年の個人歯科医院廃業に至るまで，定率法に変更することをしなかった。そのため，依頼者は，廃業によって未償却分を費用化できない結果に終わった。これにより，平成9年から平成13年にかけて，定率法を採用していれば，減価償却費のより多くの計上に伴って得られたはずの税負担の軽減を得られなくなり，平成9年分から平成13年分までの所得税，住民税及び事業税の差額分として，合計240万6,400円の損害を被った。

税理士の主張

　依頼者の個人歯科医院の税務処理において，減価償却資産の償却方法として定額法を採用したことは認めるが，定率法を採用すべき義務を怠ったとする依頼者の主張はすべて争う。定額法も定率法も，所得税法及び会計規則によって認められた適正な会計処理の方法であり，いずれの方法を採っても，償却期間終了時には減価償却費の総額は同じになるし，個人事業者の場合は，定額法が原則とされている。

　本件において，依頼者が途中で個人歯科医院を廃業することは予想されておらず，また，償却資産取得後，早期の段階における償却額をどのように設定するのが良いかは，依頼者の現実の所得の増減によって変わるため，定額法と定率法のいずれが有利であるかを当初において断定することはできないものであるから，依頼者の主張は結果論にすぎない。

裁判所の判断

①　税理士が，依頼者の個人歯科医院の税務処理において，減価償却資産の償却方法として定額法を採用したことは，当事者間に争いがない。この点について，依頼者は，高額医療機器の導入を重要視していたから，依頼者は，

減価償却資産の償却に当たり，設備投資額を早期に費用化して税負担の軽減を図り，次期の設備投資を行えるようにするために，定率法を採用すべき義務を負っていたにもかかわらず，定額法を採用した結果，平成 9 年分から平成 13 年分までの間，減価償却費の点で税負担の軽減を受けられなかった旨主張し，これに沿う証拠として，文献や意見書を提出する。

②　所得税法上，減価償却資産の償却方法としては，定額法と定率法が定められているところ，納税義務者には，その選択が認められており，選択がされない場合には，定額法が法定償却方法とされている。ところで，本件において，依頼者は，個人歯科医院の経営に当たり，医療機器の更新のためには，早期に，より多くの減価償却費を計上して費用化することが必要であった旨主張するが，定額法も定率法も，前記のとおり，いずれも，減価償却資産の償却方法として是認されている方法であり，また，償却期間終了時には減価償却費の総額は同じになるのであるから，一概に，いずれの方法が適切であり，また，ある方法を採用したことが不適切であるかを直ちに論じることは困難であるといわなければならない。

③　本件について具体的に考えてみると，証拠によれば，依頼者は，平成 4 年 10 月の個人歯科医院の開設に当たり，医療機器や什器備品等を購入したが，これらについては，取得当初から，定額法に基づいて償却されてきたこと，その後，平成 11 年 8 月に至り，大規模な設備の更新が行われたが，税理士は，定額法によって償却することにしたことが認められる。これらの事実関係によれば，依頼者が現実に医療機器等の設備更新を実施したのは，前記開設時から約 7 年後のことであって，この事実に照らせば，依頼者が早期の設備の更新を考えていたものとは必ずしも認め難いものである。そして，税理士が，依頼者の顧問税理士に就いたのが平成 6 年頃のことであることからすれば，減価償却資産の償却方法として定額法を採用し，その後も定率法に変更することをしなかったからといって，税理士のこの判断をもって，直ちに不適切なものであったとすることはできない。

④　法人の設立に伴って個人歯科医院が廃業されたのが，平成 14 年 2 月の

ことであることからすれば，依頼者主張のように，平成9年の時点から，税理士において，廃業によって未償却分が生じないようにするため，定率法に変更すべき義務があったとすることは困難である。よって，減価償却資産の償却に当たり，税理士が定額法を採用し，その後も定率法に変更しなかったことをもって，直ちに委任契約上の義務違反があったとすることはできない。のみならず，依頼者は，税理士が定額法を採用したことにより，所得税等について税負担の軽減を受けられなかったために240万6,400円の損害を被った旨主張するのであるが，本件において，個々の減価償却資産の償却方法の違いにより，税負担上，具体的にいかなる差額が生じ，依頼者主張のような総額の損害が実際に発生することになるのかを確定できるような証拠の提出はされていない。以上によれば，税理士が定額法を採用したことを理由とする依頼者の損害賠償請求は，いずれにせよ，認めることができない。

[税理士としての検討と対策]

　本事案は，税理士業界ではまさしくよく聞く話である。

　第一に税務調査の実施時期である。個人事業が法人化，いわゆる法人成りをした際には，個人と法人の両方が同時に税務調査を受けることはある。個人から法人に移行する資産と負債の適性評価と計上内容，法人と個人の売上の帰属時期など，課税庁が興味を持つ点は少なくない。特に本事案の納税者は，典型的な高額所得者である医療関係であり，なかでも定額的な収入形態である保険収入と異なる流動的な保険外診療収入の占める割合が高い歯科医業であることは，有力な調査対象といえる。

　第二に税務調査後の納税者と顧問税理士の紛争である。本事案でも調査後，修正内容の詳細は明確ではないが，所得税の修正申告がなされている。修正申告に伴い発生した追加税額や加算税の負担を，顧問税理士の責任として顧問税理士に押し付ける納税者は確かにいる。本事案でも，税理士は依頼者に対して未払報酬等の請求を求めていることから，損害賠償金と未払報酬の相殺を依頼者は試みたかもしれない。

　本稿では，依頼者が訴えた複数の争点のうち主たる事項を紹介している。裁判所の判断からも分かるように，依頼者の身勝手な主張であることから，依頼者が主張する他の争点の内容は推して知るべしといえる。

　本事案のような依頼者の極めて自己中心的な主張による訴訟が，依頼者自身の発案によるものなのか，あるいは第三者の助言によるものかは明らかにできない。

　税理士変更時によく聞くこととして，「税理士は依頼者に有利になるように指導，助言すべき義務がある」と考える納税者が少なくない。裁判所が言うように，「税理士は，専門家として適正な納税を指導する義務があるとともに，顧客の信頼にこたえることとの関係上，租税関係法令に適合する範囲内で，選択可能性がある場合においては，依頼者にとってできる限り節税に資するような内容の業務を行うことが期待されている」ということは，税理士資格を持つ者は重々理解して業務に当たっているだろう。

　処理方法が複数あり，選択によっては有利不利が生じる事項については，予め納税者に説明し，いずれの方法で処理することを希望するという意思表示を明確にしてもらう必要がある。

　インターネットが普及し，納税者も調べればある程度のことがわかる時代である。しかし，ネットの情報は必ずしも正確ではないこともあるし，何より専門家から説明を受けることが，一番納得のいく決断の後押しとなる。つまり，納税者が税理士に求めることは，考え得る合法な選択肢を示し，決断の決め手となる説明と助言を行うことであろう。

【林・齋藤】

PC ソフトの操作ミスと更正の請求

(参考)
東京地判平成 18 年 12 月 8 日《平成 17 年（行ウ）第 603 号》
(TKC 文献番号 28130968・TAINS コード Z256-10597)
更正をすべき理由がない旨の通知処分取消請求事件

[着目点]

　税理士による会計ソフトの誤入力による消費税の過大申告について更正の請求が認められた事例。

[当事者の関係・立場]

　依頼者は，魚介類販売等を業とする株式会社で，神奈川県を中心に 26 店（本事案の係争期間は 25 店舗）の小売店舗を有している。顧問税理士との経緯は明らかになっていない。

[事案の概要]

　依頼者から税務申告業務を委任された税理士は，税務申告書をコンピュータで作成していた。税理士の補助者は，依頼者の対象課税期間における消費税等を申告するに当たり，コンピュータの会計ソフトを用いて，確定申告書の「規則 22 条の適用」欄の「有」欄に○印を，A 店については，消費税額等が預け入れられている預金口座の金額を入力したが，その他の店舗については，操作を誤り，各店舗が 1 日に売り上げた商品価格の合計額と消費税額等との合計額（商品売上高）を会計ソフトに入力したものの，会計ソフトにおいて積上計算方式により算出される消費税額を求めるために必要な情報を入力しなかった。

　会計ソフトは，上記必要な入力がなされていない場合，自動的に総額計算方式を前提にして入力された商品売上高から逆算して消費税額等を算出するように設定されていたため，A 店以外の店舗の消費税額の算出については，入力さ

れた商品売上高から逆算して消費税額等を算出し，その上で，消費税額と地方消費税額とをそれぞれ算出していた。

　その結果，税理士の補助者は，A店については積上計算方式に従って求められた消費税額を，A店以外の店舗については総額計算方式によって商品売上高から逆算して求められた消費税額をそれぞれ基礎にして得られた依頼者の消費税額等を記載した確定申告書を作成し，税理士も，同確定申告書に記載された消費税額等を依頼者の消費税額等として，依頼者の確定申告業務を処理した。

　依頼者は，確定申告の課税標準額に対する消費税等に計上誤りがあるとして更正の請求を行った。課税庁は，更正の請求につき，国税通則法23条1項所定の更正の請求ができる場合に当たらないとして，更正をすべき理由がない旨の通知処分を行ったことから，依頼者は，処分の取消しを求めて，提訴に及んだ。

税理士の主張

　税理士自身の主張は記載されていない。本事案は，課税庁の処分を取消しを求めた依頼者を原告，課税庁を被告とする，いわゆる税務訴訟であるので，依頼者と顧問税理士は，原告として一体となっている。

裁判所の判断

①　消費税法施行規則22条1項においては，同条項による計算方式の選択に当たり，積上計算要件のほか特段の要件を定めておらず，その他課税庁が主張するように，正しく計算された消費税額相当額を確定申告書に記載して提出しなければその適用が制限されることを明文で定めた法規もないことからすれば，本件確定申告において算出された消費税額の記載ではなかったとしても，そのことから，直ちに納税者が本件確定申告において積上計算方式を選択しなかったものとはいえず，課税庁の主張は採用できない。

②　本件確定申告は，原告の経営する全店舗の消費税額につき，消費税法施

行規則22条1項所定の積上計算方式を選択して申告し，本来であれば，「端数を処理した後の消費税額等を基礎として」計算すべきであったにもかかわらず，コンピュータが介在することによって，たまたま誤って当該店舗の本体価格と当該取引で受領した消費税等相当額の合計額から総額計算方式で算定された消費税額を逆算するのと同様の計算をしてしまったものであるから，納税申告書に記載した課税標準等又は税額等の「計算に誤りがあったこと」に該当するといえる。

③　消費税額の算出においては依頼者に計算方式の選択が委ねられていることからすれば，その依頼者の選択の自由を無視して，依頼者がその選択した方式とは別個の法律に規定された計算方式により計算された数額と結果においてたまたま一致したことを理由に，国税通則法23条1項1号の「計算に誤りがあったこと」の要件に該当しないと判断することはできないというべきである。

［税理士としての検討と対策］

　更正の請求は，依頼者の立場から税額の減額変更の手続を制限付きで認める制度である。税額の増減に関わらず申告内容の是正は当然のことであるが，依頼者の負担公平を図るために課税庁も，適正な申告と納税のために必要な手段をとる責務があると考える。したがって更正の請求は，依頼者の権利救済の制度として位置づけるべきであるが，その運用においては依頼者の主張が全面的に容認されているとはいい難い現実がある。

　通常の更正の請求は，当初の申告において法律解釈や計算に誤り等があり，税額が過大であった場合には，税務署長等に対し，その申告に係る課税標準等又は税額等につき減額すべき旨の更正を求める請求をすることができる。つまり無制限に更正の請求が容認されると考えがちである。

　しかし実際には，更正の請求について理由がないとされたり，特例適用や租税特別措置にかかる申告には適用されないなどの判断が示された事例が，少なくない。それらの事例は，依頼者の自由な意思による判断に基づく申告を前提

としている。しかし，そこには，単なるミス，錯誤，そして法の不知など，申告納税制度における依頼者の様々な行為が背景にある。そのため，事実認定の捉え方によっては，疑義を感じる事例も出てくる。

　留意すべきは，是正を求める依頼者は，課税庁と対極にある依頼者自身ではない場合もあるということである。申告納税制度における税理士の役割として最終的に確定申告書の作成に従事することが一般的といえる。そのため依頼者から委託された資料の処理，会計ソフトへのデータ入力，申告書類の作成など税理士の日常的な業務から発生する是正理由が少なくなく，人為的なミスを残念ながら否定できない。

　まさしく本事案は，税理士のミスであることはいうまでもない。幸いにも裁判所は，原告である依頼者の主張を認容した。仮に依頼者の主張が否定された場合には，当然，税理士に対する損害賠償が求められる可能性は高い。

　旧規則22条1項の積上計算の特例は，経過措置として容認されていたが，インボイス制度導入に伴い令和5年9月30日で廃止された。そこでインボイス制度のもとにおいては，売上税額についてはインボイスの写しを保存しており，適用税率又は税率ごとに区分した消費税額等の記載がある場合には，これらの書類に記載した消費税額等の合計額に100分の78を掛けて算出した金額を売上税額とする積上計算方式によることができる（新消法45⑤，新消令62①）。この場合においても，積上計算と割戻計算で端数処理による差が生じることになるため，どの計算方法を採るべきか判断が必要であることに変わりはない。

【林・小林】

税務調査立会と税理士の責任

（参考）
大津地判平成 19 年 2 月 26 日《平成 17 年（ワ）第 270 号》
（TKC 文献番号 28140930・TAINS コード Z999–0100）
損害賠償請求事件

［着目点］

　事前通知のない税務調査により依頼者が追徴税額を支払ったことは，損害が発生しているとはいえないとして，税理士の不法行為は成立しないとされた事例。

［当事者の関係・立場］

　依頼者は，自動車の修理・整備・販売等を業とする株式会社である。税理士は，長年，依頼者の税務申告に携わっていると記載されているが，経緯及び期間は不明である。依頼者を担当していた税理士事務所従業員は，平成 3，4 年頃から担当していた。本事案は，平成 14 年 9 月に実施された税務調査の結果，平成 15 年 2 月の更正処分等が背景にある。その後，依頼者は異議申立て及び国税不服審判所への審査請求を行っているが，それらの手続は他の税理士が受任している。

［事案の概要］

　平成 14 年 9 月 9 日から同月 13 日までの間，依頼者に対し課税庁による事前通知なしの税務調査が，依頼者事務所で実施された。税務調査において，まず，依頼者の過去 3 年の事業年度について調査が行われる予定であったが，過去 3 年の事業年度の総勘定元帳が提示されなかったため，過去 5 年遡り，平成 9 年事業年度及び平成 10 年事業年度についての調査が行われた。納税者は，以下のように主張して，税理士の不法行為に対する責任を指摘した。

　税理士法34条は，税理士の調査立会権を保障しているところ，税理士が代理人として確定申告している場合には，税務調査に先立って事前の通知がなされるはずであるが，税務調査は，事前の通知なく行われた。依頼者と税理士との税務顧問契約において，税務調査に当たり，税理士には事前通知を含めた適正な税務調査を確保する義務があるにもかかわらず，税理士は，事前の通知がなされなかったことについて抗議しなかった。

税理士の主張

　過去3年分の総勘定元帳を作成し，これを依頼者に交付し，税理士自身も，控えを保管していた。税務調査時に，依頼者事務所に過去3年分の総勘定元帳が存在しなかったのは，依頼者が，これを紛失したからである。依頼者が過去3年分の総勘定元帳を保管しておらず，これを提示できなかったため，税務調査の担当者が不審に感じ，4年前，5年前の総勘定元帳の提出を求めた。課税庁による適法な調査を正当な理由なく拒否することは，むしろ強硬な税務調査を招くことから，税理士事務所保存の平成9年事業年度，平成10年事業年度の総勘定元帳を提示した。

裁判所の判断

①　税務調査の際，調査担当者は，まずは，平成11年ないし13年の各事業年度の総勘定元帳や補助元帳の内容を確認しようとして，依頼者の従業員にそれらの書類の提示を求めた。しかし，これらの書類は，依頼者の従業員が，依頼者社内を探し回っても見当たらなかった。税理士は出張中であったことから，税務調査の初日に立ち会わず，依頼者を担当する税理士事務所従業員が立ち会った。その際，平成9年及び10年の各事業年度への調査がなされることに先立って，同従業員は，平成11年ないし13年の各事業年度の総勘定元帳が税理士の事務所にあること，勘定科目ごとの補助元帳については税理士の事務所にはないが，税理士が利用する会計システムの情報センターに

再発行を依頼することができることなどの説明はしなかった。

②　国税通則法70条5項の規定は，単なる過失によるものでなく，偽りその他不正の行為により故意に課税を免れた場合に，既に成立する抽象的納税義務を適正に具体化するために更正の制限期間を延長するにすぎないものと解されるのであって，申告期限から3年を経過したとしても納税義務は抽象的には存続するものと解される。そして，質問検査権（法人税法153条等）に基づく税務調査に関して，調査担当者が，どの事業年度の資料を調査するか等の調査方法は，税務職員の合理的判断に委ねられているものと解される。

③　税務調査において，調査担当者が，依頼者の事務所に本来存在するべき過去3年分の総勘定元帳等の帳簿書類が存在しないことなどを理由に，平成9年及び10年の各事業年度を対象とする調査が必要であるとして調査を開始したことは，合理的な判断と評価できる。これに加え，税務調査の時点では，税理士の事務所にも調査に必要十分な資料が存在しなかったと認められること，質問検査権の行使について，質問に対する不答弁並びに検査の拒否等には刑罰が科され（法人税法162条2号等），質問・検査の相手方には，質問に答え検査を受忍する義務があるといえることなどの事情に照らせば，仮に税理士や税理士事務所従業員が税理士事務所にある総勘定元帳の控えを提出して，まずは過去3年分の税務調査から行うように求めるなどしたとしても，平成9年及び10年の各事業年度を対象とする調査を阻止できたものとはいい難い。

④　平成9年及び10年事業年度の総勘定元帳等を提示したのは，依頼者の従業員が調査担当者からの求めに応じたからとの事情が窺われる。したがって，税務調査における税理士や税理士事務所従業員の対応をもって違法とまでいうことはできない。国税通則法70条5項の規定は，既に成立する抽象的納税義務を適正に具体化するために更正の制限期間を延長するにすぎないものであり，申告期限から3年を経過したとしても納税義務が消滅するものではないと解される。したがって，依頼者が本税の不足分を支払ったことは，本来支払うべきものを支払ったといえるにすぎず，これをもって依頼者の損

害と評価することもできない。よって，税務調査の際の税理士や税理士事務所従業員の対応については，不法行為は成立しない。

[税理士としての検討と対策]

平成23年度の税制改正により，税務調査を行う際に事前通知が行われることとなったが，本事案は，この改正前の事案である。事前通知なしに臨場した国税職員から，直前3年分の総勘定元帳等の提示を求められた依頼者が，紛失等の理由で提示できなかったことから，税務調査の対象が直前5年前まで拡大された。ところが，4年前及び5年前の年度において，買掛金の会計処理の過誤から，架空仕入が発覚し，依頼者は青色申告承認の取消処分並びに更正処分等を受けた。依頼者は税理士に対して，買掛金の会計処理は，税理士事務所従業員の過誤によるものであったことから，更正処分等で負担することになった追徴税額と税務調査における精神的肉体的負担の損害賠償を求めた。裁判所は，会計処理の過誤は，依頼者の資料整理の不備も一因することを認め，税理士8，依頼者2の割合で過失相殺を示したが，税務調査における税理士の責任は否定した。

判決には，直前3年の事業年度に関する調査結果についての言及はない。仮に課税庁の指摘が4年前，5年前の期間のみであり，直前3年間は非違事項がなく，調査開始時に過去3年分の資料が提示できていれば，本事案のような大事には至らなかったかもしれない。

しかし，事前通知なしの臨場調査の際には，代表者が不在のため関係資料の保管場所が分からないことや，関係資料が社外で保管されていることなどから，調査ができない場合がよくある。結局，後日に延期されることになるが，これは事前通知がないことの弊害である。

本事案では，臨場調査の開始時の状況は明らかになっていないが，依頼者の初期対応が不適切であったことは否めないような気がする。

ただし，最近でも，電子帳簿保存法の改正により，帳簿及び請求書等の保存方法についてが話題となっているが，税理士としても依頼者に対して，帳簿及

び請求書等の保存方法について説明と対応を行うことの重要性を本事案通じて再度認識する必要はあるであろう。

【林・伊澤】

CASE
10

減価償却における定率法選定の届出を
怠った場合の損害賠償の範囲

（参考）
大阪地判平成 19 年 5 月 14 日《平成 17 年（ワ）第 608 号》
（TAINS コード Z999-0102）
損害賠償請求事件

［着目点］

　定額法でも定率法でも，減価償却期間全体を通してみると，償却総額に差異
はなく，減価償却期間全体における損害額を算出することは不可能であり，差
額を認定することは理論上できないとしたが，税理士の過失が認定された事例。

［当事者の関係・立場］

　依頼者は，平成 13 年 12 月 1 日に開業し，委任を受けた税理士は，平成 13
年度から 15 年度までの事業所得等の確定申告手続を履行した。

　実務的にいえば，当初の申告期間である平成 13 年分の対象期間は 1 か月で
ある。税理士が受任した経緯や期日は不明であるが，当然，平成 14 年 3 月 15
日以前のはずとなる。

　なお，本事案では，減価償却方法の選択に関する手続が争点となっているが，
開業届，青色申告の申請，給与支払事務所の開設等の源泉徴収関係の諸届など
新規開業に係る届出の有無については，明らかになっていない。

［事案の概要］

　スーパー銭湯を共同経営する夫婦である依頼者らは，平成 13 年 12 月 1 日
に銭湯を開業した。依頼者らは，平成 13 年度から同 15 年度までの所得税，住
民税（市民税・府民税）の確定申告手続を税理士に委任し，税理士はその委任
に基づいて，各申告手続を履行していた。

　確定申告手続の際，依頼者らは，税理士に対して，建物の付属設備，機械及

び装置，運搬具等の所得税法施行令 120 条 1 項 2 号にいう資産に係る減価償却費は，定率法に基づく計算によって税務署に申告するよう依頼していた。そこで税理士は，定率法によって確定申告手続を税務署に行い，依頼者は，当該方法で計算した所得税等を納付していた。ところが，税理士は，過失により，定率法を選定するとの償却方法の届出書の提出を怠っていた。

　当時，個人が事業を行う場合の償却額の計算方法は，定率法を届け出たときは定率法によるが，届出のないときは，通常，定額法によって計算した償却限度額が必要経費に算入されることになっていた。依頼者らは，税理士の過失により定額法による減価償却計算での修正申告を余儀なくされ，所得税，延滞税，過少申告加算税，住民税（市民税，府民税）を納付した。

　その後，依頼者らは，平成 16 年 12 月 14 日，税務署に対し，定額法から定率法に変更する旨の届出を提出した。税理士は，平成 17 年 3 月 7 日，依頼者らに対して，損害賠償として 100 万円ずつ支払った。

　これに対して，依頼者らが，税理士が定率法を選定する旨の償却方法の届出の提出を怠ったことにより，定額法の減価償却による修正申告を余儀なくされ，税金の追納付による損害を被ったとして，委任契約の債務不履行による損害賠償請求権に基づき，所得税，延滞税，過少申告加算税，及び市民税・府民税の合計額（依頼者 A については総額 1,624 万余円。依頼者 B については総額 2,144 万余円）から既払金各 100 万円を差し引いた残額（依頼者 A については 1,524 万余円。依頼者 B については 2,044 万余円）等の支払を求めて出訴した。

税理士の主張

　定額法によるか定率法によるかは，減価償却の方法の問題であり，使用可能期間全体すなわち減価償却期間の全体でみれば，税額は基本的に公平な負担となる。つまり，税金の負担という面では，使用可能期間すなわち減価償却期間のはじめの方に，より多額の税金を納付する方法を採用するのか，終

わりの方に，より多額の税金を納付する方法を採用するのかという問題になるだけである。定額法と定率法とで，減価償却期間全体の納税額に差異が生じることはないというのが原則である。

　依頼者らは，修正申告により納付した追納金全額が損害額であると主張している。しかし，定率法と定額法の前記の説明からすると，依頼者らの損害は単年度で計算すべきでなく，使用可能期間すなわち減価償却期間全体で計算するべきことになり，納税額に差異は生じないのであるから，依頼者らの主張は失当である。

裁判所の判断

①　定額法とは，当該減価償却資産の残存価格から取得価格を控除した金額に，償却費が毎年同一となるように当該資産の耐用年数に応じた償却率を乗じて計算した金額を各年分の償却費として償却する方法である。定額法によると，毎年の償却額が等しくなる。

②　定率法とは，当該減価償却資産の残存価格（第2回目以後の償却の場合にあっては，当該残存価格から既に償却額として各年分の不動産所得額，事業所得額，山林所得額，又は雑所得額の計算上必要経費に算入された金額を控除した金額）にその償却額が毎年一定の割合で逓減するように当該資産の耐用年数に応じた償却率を乗じて計算した金額を各年分の償却費として償却する方法である。定率法によると，毎年の償却率は等しいが，未償却残高が漸減することになる（漸減の度合いは初めに大きく漸次小さくなる。）から，償却額は初め大きく年の経過とともに小さくなる。

③　定額法でも定率法でも，減価償却期間全体を通してみると，償却総額に差異はない。

④　延滞税，過少申告加算税は，税理士が委任の趣旨に従って定率法の届出をしていれば，償却期間全体を通してみても，依頼者らが支出する必要は全くなかったものであるから，相当因果関係の範囲内にある損害である。

⑤　償却期間全体を通しての償却費総額は，定額法，定率法で差異はなく，

法が税金負担という面で基本的に公平な立場にあると解されることを考慮すると，所得税等の追納付に対応する依頼者らの損害とは，税理士が委任の趣旨に従い定率法で計算した場合に発生する償却期間全体を通しての所得税等の総額（所得税総額①）と，税理士の過失により定額法による修正申告を余儀なくされた償却期間全体を通して発生する所得税等の総額（所得税総額②）との差額（所得税総額②－所得税総額①）である。

⑥　所得総額②と所得総額①の差額が認められるか問題となるが，そもそも，各年度の所得税等の額は，収入から減価償却費等の必要経費を控除して所得額を計算し，これから雑損控除，人的控除等の所得控除額を差し引いて課税所得金額を求め，それに一定税率を乗じて税額を出し，最後に住宅借入金等の特別控除や源泉徴収税額等を差し引いて算出されるものであって，減価償却期間を通しての将来の収入，所得控除額等は現時点において確定することはできないから，現時点において，所得税総額①及び所得総額②を算出することはまず不可能であり，結局，その差額を認定することは理論上できないし，また，その差額を認めるに足りる証拠もない。

⑦　定率法又は定額法のいずれでも，償却期間全体を通してみれば，納付する所得税等の総額に差異はない可能性も十分あるばかりか，各年度の収入額によっては，定額法による方が所得税等の総額が少なくなる可能性すらある。

⑧　減価償却期間を通しての納税総額に差異が出るかどうかということは，損害発生を主張する依頼者らが主張，立証すべき事柄である。

⑨　税理士が委任の趣旨に従って定率法を選択して税務署に届出をしていれば，平成17年度という早期にそれらの所得税等の追納付をすることはなかったのであるから，早期納付を余儀なくされたことにより発生した損害，すなわち，依頼者らの所得税等の追納付額に対する金利相当分は相当因果関係の範囲内にある損害である。

[税理士としての検討と対策]

本事案は税理士損害賠償の問題であるが，両者が争っていることは，依頼者

が定率法に基づく減価償却費の計算による申告を依頼していたにもかかわらず，その前提となる定率法を選定したとの償却方法の届出を税理士が怠っていたことによって生じた損害賠償の額である。

裁判所は，定額法及び定率法による減価償却の方法を確認した上で，定額法でも定率法でも，減価償却期間全体を通してみると，償却総額に差異はないとした。その上で，本事案における税理士の過失を認め，相当因果関係の範囲内にある損害には，延滞税，過少申告加算税の支払と，早期に所得税等の追納付をすることを余儀なくされたことによる損害であると判示した。そして，所得税等の追納付額に対する金利相当分についての損害賠償請求を認容している。

減価償却の方法については，原則として定額法に基づく償却がなされ，届出を行った場合には，例外的に定率法による償却が認められる。定額法及び定率法は，償却期間内での各課税年度における償却額の配分の相違にすぎず，減価償却期間全体では，いずれの方法を採用したとしても償却総額に差異はない。定額法によると，毎年の償却額が等しくなり，定率法によると，償却額は初め大きく年の経過とともに小さくなるにすぎない。

依頼者は，定率法では初めに大きな償却額が計上できることを根拠に，税理士の過失により所得税等の追納付も損害賠償の範囲内にあると主張するが，裁判所も指摘するように，定率法が選択できなかったことにより，償却期間全体で，具体的にいくらの金額であるかが明らかにできない。この点を指摘した上で，本事案の損害賠償額を認定した裁判所の判断は妥当であるといえる。

しかし，依頼者が定率法による減価償却を明確に依頼していたのであるから，税理士の過失が問われるのは当然である。依頼者が，減価償却のいわば前倒しである定率法を利用することで，開業当初の経営計画を立てていたとするなら，依頼者の方針は混乱したことになる。

平成 13 年から平成 15 年までの追納金総額は，約 3,800 万円に上り，特に平成 14 年度の追納金が約 3,700 万円と，約 9 割を占めている。

依頼者の主張にもあるように，営業の利益が当初は大きくて次第に逓減することを見越して定率法の選定を希望したにも関わらず，その手続を失念された

結果，莫大な追納金を支払うことになってしまったため，キャッシュフローとしてはかなりの痛手であったであろう。単一年度の追納付のみを捉えて損害が発生したと主張する依頼者の気持ちもわからなくもない。

　しかし，償却方法の選定ミスによって，各年度ごとの納税総額に差異が出るかどうかということを主張，立証するには，起訴した時点で所有する資産の償却がすべて終わっていて，そこまでの各年度ごとの所得計算も完了していなければならない。

　通常であるなら，新規開業とともに依頼を受けた税理士は，上述のような一連の開業に関する諸申請の届出を行う。なかでも減価償却の方法は，依頼者の意思を確認する必要もある。本事案では，事前に依頼者が償却方法を指示していた可能性が高い。そうなると税理士の責任は重い。

【林・齋藤】

税理士による架空仕入額の計上

（参考）
東京地判平成 19 年 11 月 30 日《平成 17 年（ワ）第 22638 号》
（TKC 文献番号 28141761・TAINS コード Z999–0116）
損害賠償請求事件

［着目点］

依頼者から預かった資料を紛失したことから，依頼者に無断で架空の仕入額を計上したと推認されることは善管注意義務に違反するとされた事例。

［当事者の関係・立場］

依頼者は，東京都新宿区歌舞伎町において飲食店（ホストクラブ）を経営する法人であり，その事業年度は，毎年 8 月 1 日から翌年 7 月 31 日までである。依頼者は，平成 11 年 12 月，税理士のアドバイスで設立された。

依頼者の代表者である甲は，平成 11 年夏ころ，銀座のクラブに勤務している知人から税理士を紹介され，経営相談を行った。甲は，税理士が初対面のときから，「私は大学教授という立場だから税務署からも信頼されている。ぼくに任せてくれれば間違いない。」などと述べ，自信満々の様子であったことなどから，大変頼れそうな人物であるとの印象を受け，また，銀座のホステスの確定申告業務にも複数件携わっているとの話を聞き，依頼者の業界の実情に通じ，腕の立つ評判のよい税理士なのだろうと考えた。そこで，甲は，平成 11 年秋ころ，税理士と顧問契約を締結した。

［事案の概要］

依頼者は，平成 17 年 3 月 31 日付けで，課税庁から，依頼者の青色申告の承認は，平成 13 年 8 月 1 日から平成 14 年 7 月 31 日までの本件事業年後これを取り消した旨の青色申告承認取消処分を受けたが，その基因となった事実は，

本件事業年度の法人税の調査において，取消事由〔1〕売上金額の一部443万2,093円について，売上に計上していなかったこと，取消事由〔2〕取引事実のない仕入金額1,694万9,010円を計上していたこと，取消事由〔3〕給与を360万円過大に計上していたこと，取消事由〔4〕社員及びホストから受領している1,090万1,733円を収入に計上していなかったことが認められ，このことは，青色申告に係る帳簿書類に取引の一部を隠ぺいし又は仮装して記載したことになるというものであった。

　依頼者が青色申告承認取消処分を受けたのは，平成12年7月期及び平成13年7月期に関する調査において，依頼者が多額の否認を受け，その際，課税庁から経理改善要請があり，また，修正事項を指摘されていたにもかかわらず，税理士が，その対処，指導を怠り，その結果，税理士が行った平成14年7月期の確定申告においても，上記の取消事由〔1〕ないし〔4〕が存在し，それが青色申告に係る帳簿書類に取引の一部を隠ぺいし又は仮装して記載したことになるとされたことによるものであった。

　平成14年7月期に関する上記否認事項に関して，取消事由〔1〕に関しては，税理士のデータ入力の誤りによるもの，取消事由〔2〕に関しては，依頼者が税理士に対して，約半年間にわたる3,000万円にも及ぶ広告宣伝に関する領収書をはり付けたスクラップ帳をデータ入力の基礎資料として渡していたところ，税理士が，これを紛失した結果，利益が過大となってしまい，これを隠そうとして，依頼者に無断で毎月架空の仕入を計上していたことによるもの，取消事由〔3〕に関しては，従前から課税庁の指摘を受け，減額指導がなされていたにもかかわらず，税理士がただ漫然と平成14年7月期においても納税者代表者である甲の父の給与を過大計上し続けていたことによるもの，取消事由〔4〕に関しては，依頼者が従業員ないしホストの福利厚生費，旅行積立金及び寮費を給与から天引きしていたから，その旨を記載した上で，「雑収入」として収益計上しなければならないところ，税理士が収益に計上せず，いい加減な処理をしたことによるものであった。

税理士の主張

　依頼者が主張する取消事由〔1〕の売上金額の計上漏れについては，税理士が経営する会計法人がパソコンに依頼者の売上のデータを入力したが，依頼者からの報告を受けてそのまま入力したものである。

　取消事由〔2〕の過大仕入計上については，依頼者から合計3,000万円にも及ぶ広告宣伝費に関する領収書を預かったこともないし，領収書を紛失したこともない。入力した依頼者の仕入額は，上記売上の数字の入力と同様，依頼者からの報告に基づいて行われたもので，税理士が依頼者に無断で毎月仕入額の架空計上を行ったことはない。

　取消事由〔3〕の給与過大計上については，平成14年の依頼者に対する税務調査の際，税理士が，税務署員に対し，依頼者の売上が大きい，社員及びホストの数が多い，依頼者は今後有限会社から株式会社にする予定であるが，信頼できる人物がおらず，依頼者代表者，甲の父を役員に迎えることを予定しており，現在，甲の父をアドバイザーとして迎えており，そのための給与と説明したところ，税務署員は納得し，同年の税理士が関与した税務調査のときは，否認されなかった。

　取消事由〔4〕の社員及びホストからの預かり金収益振替忘却については，売掛金の処理のことと思われるが，会計法人は，平成13年6月20日及び同年7月12日，依頼者の売掛金の処理について質問したが，依頼者が回答しなかったもので，会計法人及び税理士が忘却したものではない。また，税理士は，福利厚生費，旅行積立金及び寮費が社員及びホストの給与から天引きされていることが記載された依頼者の給与台帳を見たことがなかった。

裁判所の判断

　①　課税庁は，売上に関する会計基礎資料が存在したからこそ，それらの資料を調査し，確定申告に際して売上計上漏れがあったと指摘して，否認したものということができる。そして，税理士本人も，売上のデータが依頼者の事務所に存在したこと自体についてはこれを認める供述をしているのである

から，顧問である税理士において，売上に関する資料が依頼者から提出されなかったなどという弁解が通用するものでない。すなわち，税理士本人は，依頼者の事務所を何度も訪問していたと供述しているのであるから，仮に，税理士に送付されていない会計基礎資料があったのであれば，顧問税理士として，依頼者の事務所を訪問した際，依頼者の事務所に存在した売上に関する会計基礎資料を持ち帰って，これをデータ入力しなければならない義務があったというべきである。したがって，税理士が，平成14年7月期の確定申告手続において，売上金額の一部を売上に計上しなかったことについては，少なくとも税理士としての善管注意義務に違反した過失があるといわざるを得ない。

② 依頼者の平成14年当時の経理担当者は，それまで領収書を日付順に茶色のスクラップ帳にはり付けていたが，税理士の指示により，科目ごとにA4の紙に領収書をはり，そのA4の紙を厚さ5cm程度の青色の表紙の2穴ファイルに綴じるようになり，同年9月ころ，同年7月期の決算報告の準備のため，税理士に対し，上記の領収書をはり付けたファイルのほか通帳のコピーをはじめとする書類一式をA4のファイルが10冊入る程度の大きさの段ボール箱に入れ，依頼者事務所近くのクロネコヤマトの事務所から宅急便で送付したものであり，税理士本人自身，中身の確認はしていない旨供述するものの，依頼者から書類が宅急便で送られてきたことは認めているものである。そして，税理士が平成14年10月初旬ころ，依頼者の顧問税理士を辞めるに当たり，依頼者の経理担当者が同年9月ころに宅急便で送付した資料も含め，依頼者からの預かり書類一切を依頼者に返却した際，依頼者の経理担当者が返却された書類を確認したところ，領収書ファイル1冊が紛失していることが判明した。依頼者代表者らが，税理士にこの事実を指摘したところ，税理士は，初めからそのようなファイルはないなどと回答し，依頼者代表者らとの間で押し問答になった。税理士本人は，これを否定する供述をするが，依頼者代表者らの供述に照らし，たやすく採用することができない。以上によれば，税理士は，依頼者から，領収書のはり付けられたファイルの

送付を受けながら，これを紛失したことから，これを隠すため，依頼者に無断で広告宣伝費を架空の仕入額として振り分け，毎月架空の仕入額を総勘定元帳にデータ入力していたものと推認するのが相当である。したがって，税理士がした架空仕入額の計上は，税理士としての善管注意義務に違反することが明らかである。

③　給与の過大計上について否認されなかったのは，平成12年7月期及び平成13年7月期については，単に1回目の指摘だから見逃されたにすぎず，翌期の平成14年7月期以降については，課税庁から税理士に対し，減額指導がなされていたものである。したがって，平成14年の税務調査のときに給与過大計上について否認されなかったからといって，その後減額指導があったにもかかわらず，それをそのまま放置してよい理由となるものではない。税理士は，依頼者の代表者の父に対する給与を減額するよう依頼者を指導すべき義務があったのにこれを怠り，平成14年7月期の確定申告手続において，過大な給与をそのまま計上したものであって，これが税理士としての善管注意義務に違反したことは明らかというべきである。

④　社員及びホストからの預かり金収益振替忘却について，税理士は，従業員及びホストからの受領金を「収入」として計上しなければならないのに，これを誤って入力し，各月の仕訳を行った結果，預かり金について，否認を受けたものである。この点につき，税理士は，社員及びホストからの預かり金収益振替忘却とは売掛金の処理のことと思われるなどと主張する。しかし，税理士がこの受領金を収入に計上しなかったのは，税理士のデータ入力の誤りによるものであり，売掛金の処理とは無関係である。

［税理士としての検討と対策］

依頼者の主張及び裁判所の認定が事実であるなら，極めてお粗末な話であり，その要因は税理士における知識不足というより，実務経験の欠如といわざるを得ない。

本稿では言及していないが，税理士は依頼人との顧問契約は，税理士の実母

が代表者を務める会計法人との契約である旨を主張しているが，これは税理士業務の本質を理解していないことを物語っている。領収書等からのデータ入力を行うなら，資料不足のまま申告書を作成することはあり得ないことはいうまでもない。さらに，税務調査後の処理・対応も不可解である。

　税理士は，依頼者の代表者との初対面の際に，大学教授である旨を披露している。これもまた事実であるなら，実務に疎い税理士かもしれない。理論的という高尚なものでなく，実務には教科書に書かれていない当たり前の仕事がある。

　裁判所の判断では，税理士の善管注意義務に違反する行動により，依頼者との顧問契約に対する債務不履行に該当し，依頼者が損害を被ったと判断されている。税理士の行動により，依頼者は青色申告承認を取り消され，修正申告による重加算税等が課されたといっても過言ではない。納税者の信頼に応え，納税義務の適正な実現を図る，という税理士の使命を思い出す必要がある。

【林・小林】

依頼者に対する税理士と
監査法人の責任の範囲と限度

（参考）
大阪地判平成 20 年 7 月 29 日《平成 18 年（ワ）第 8656 号》
（TKC 文献番号 25421448・TAINS コード Z999-0118）
損害賠償請求事件

［着目点］

監査法人が特例適用不可能と誤った判断をし，依頼者から特例を適用しないで申告するよう依頼を受けたとしても，税理士は税務代理の趣旨に沿うように事務を処理する義務があり，特例を適用できなかった不利益は税理士に責任があるとした事例。

［当事者の関係・立場］

税理士によれば，依頼者は多くの税理士，会計士を擁しており，顧問税理士として，会社の税務事務を一手に引き受けてその処理に当たるといった関係ではなく，また依頼者は，税務に関して税理士の判断に反する結論を採用したこともあり，依頼された事項以外のことをすることは禁じられていたという。

［事案の概要］

被告である監査法人の公認会計士Ａは，原告である依頼者の，第 110 期（平成 16 年 3 月期）に租税特別措置法 68 条の 2 第 1 項 4 号に基づく，法人税にかかる同族会社の留保金課税を非課税とする特例制度を利用することについて，依頼者の経理担当取締役総務部長のＢに対して，「110 期　留保金課税不適用の判定」と題するメモを交付した。そのメモでは，自己資本の額は，前期末の利益積立金の額を用いて計算すべきであるのに，金額項目は「利益積立金」と表記しながら，金額は誤って前期末の利益剰余金の額を用いて計算されていた。その結果，メモには，本件特例制度の適用要件である，「自己資本比率 50 パー

セント以下」を満たさないと書かれていた。

　Ｂは，依頼者を訪れた被告である税理士に対して，監査法人の公認会計士に依頼して，依頼者に本件特例制度が適用されるか否かの自己資本比率の計算をしてもらったところ50パーセントを超え，本件特例制度は適用されないという結果となったことを伝えるとともに，前年の申告と同じようにしてくれるように述べて，法人税確定申告書等の作成と税務代理を依頼した。

　正しく利益積立金の額を用いて計算すれば，依頼者の自己資本比率は50パーセント以下と算出でき，依頼者は本件特例制度が利用できた。しかし，税理士が是正しなかったこと等によって，依頼者は第110期においては約1,528万円，上記と同様の計算をＢが行い自己資本比率の計算を同様に誤り，また税理士が是正しなかったこと等によって，第111期（平成17年3月期）においては約3,667万円の余分な納税を余儀なくされる損害を被った。依頼者は，更正の請求を行ったが，税務署長から，更正をすべき理由がない旨の通知を受けたため，合計約5,196万円の損害を被ったとして，債務不履行又は不法行為に基づき，被告らに対し，損害賠償請求訴訟を起こした。

税理士の主張

　依頼者は，税理士に対し，本件特例制度の適用の可否につき検討することは，110期，111期とも明確に委任事務の対象外とした。

　Ｂは，平成16年4月20日午後2時半ころ，税理士に対し，依頼者の会議室で，税効果会計を織り込んだ内容の110期の法人税申告書，住民税申告書を作成するように委任したが，その際に，依頼者は自己資本比率が50パーセントを超えているので本件特例制度は利用することができないと監査法人に検討してもらったと説明した。そして，同年からは，税効果会計の計算も依頼することから，時間的余裕もないので，本件特例制度の適用の可否を検討しなくてもよいと述べ，留保金の申告は，昨年と同様にして欲しいと依頼した。その際，Ｂは，その場にいた監査法人のＤに，留保金に課税され

ることについて，念のために確認をとり，税理士も同人にお任せしましたよと声を掛け，Dはうなずいていた。

裁判所の判断

（1）　監査法人の責任について

①　監査の目的は，経営者のした計算書類が一般に公正妥当と認められる企業会計の基準に準拠して，会社の財産及び損益の状況を，すべての重要な点において適正に表示しているかを意見として表明することにあるところ，監査意見の表明に際しての「適法性」とは，貸借対照表及び損益計算書が法令及び定款に従い会社の財産の損益の状況を正しく示しているかなどを意味する。同族会社については，留保金課税がなされることが原則であり，本件特例制度を利用するか否かは，申告者の任意であり，本件特例制度を利用しない申告も完全に適法である。本件においては，依頼人は，本件特例制度を利用することができたのであるが，この本件特例制度を利用してもしなくても，適正な法人税等及び法人税等調整額を計上して適法な納税がなされている以上，適法かつ妥当な未払法人税の表示を含む計算書類等につき適正意見を表明した監査法人の監査については，債務不履行があるとはいえない。

②　監査の目的やその業務の内容及び税理士の受任義務の内容に照らせば，メモの交付という先行行為があったとしても，監査法人の従業員が税理士の作成した計算書を見て，その誤りを指摘しなかったことには，落ち度がないとはいえないが，これをもって，法的責任があるとまではいえない。

（2）　税理士の責任について

①　委任された事務処理の範囲や方法について，依頼者の指示があれば，税理士は，原則としてそれに従うべきことは当然であるが，税理士は，専門家として，一般人よりも高度な知識と技能を有し，公正かつ誠実に職務を執行すべきものであるから，依頼者からの明示の指示がなくても，自己の裁量によって依頼の趣旨に沿うように事務を処理すべきであるし，さらに，依頼者の指示が不適切であれば，これを正し，それを適切なものに変更させるなど，

依頼者の依頼の趣旨に従って依頼者の信頼に応えるようにしなければならない。したがって、税理士は、専門的な立場から依頼者の説明に従属することなく、必要な範囲で、その依頼が適切であるかも調査確認すべきである。

② 依頼者は税理士に対して、法人税確定申告書の作成及び税務代理を委任しており、このような場合、税理士には、法令の許容する範囲内で依頼者の利益を図る義務がある。実際にも、Bは「同族会社の留保金額に対する税額の計算に関する明細書」の作成を依頼しているから、その前提として、本件特例制度が依頼者に適用されるか否かを検討せざるを得なかったといえ、税理士は、自主的な調査・確認をしている。

③ 税理士は、110期においては、その調査・確認において、メモに記載された利益積立金の金額が利益剰余金の金額であったことから、この金額を用いた計算を行い、その結果、メモの誤りを受け継いでしまった。111期においては、Bが前期メモの計算方法と同じ方法での計算を記載した計算書に記載された利益積立金の金額を利益剰余金と表記して引き継いだ。

④ 税理士が依頼者に対して、税理士の受任者としての注意義務に反したことによって、依頼人は、本件特例制度の適用がなくこれを利用できないことを前提とする納税をしたことによる損害を被ったということになるし、また、税理士は、過失によって、依頼人である原告の権利を侵害したともいえる。よって、税理士は、これにより被告に生じた損害を賠償すべきである。

[税理士としての検討と対策]

依頼者の決算、申告に当たり、監査法人と税理士の双方が関わることは珍しいことではない。ただし、本来両者の職域は分かれており、双方が関わっていたとしても、法人税や消費税の計算、判断に監査法人が関わることはない。

本事案では監査法人の公認会計士が留保金課税を非課税とする特例の適用が可能かどうかを判断し、適用できない旨を依頼人に伝えていた。そこで依頼者は、この経緯を税理士に伝え、特例を適用しなかった前年度同様に申告するよう依頼し、税理士はそのように申告した。

　結果として公認会計士の判断が間違っており，依頼者は適用できたはずの特例を適用できなかったため多額の損失を被った。この責任は監査法人と税理士のどちらにあるといえるかが争点である。

　いうまでもなく法人税の計算，判断に監査法人が関与したということが誤りだったといえるだろう。監査法人は会社が作成した財務諸表を監査するのであってその財務諸表に直接関係する項目に関わったことにまず問題があった。しかし実際本件は公認会計士であるＡのメモをＢが信用し本件特例制度は適用できないとＢが信じたことに端を発している。どんなかたちにしろ，公認会計士のミスから起こった本件で，監査法人に落ち度がないとはいえないが法的責任があるとはいえない，とされたのには疑問が残る。

　本判決では税理士のみに損害賠償金の支払が命じられた。しかし，税理士が控訴した結果，高等裁判所で税理士3,000万円，監査法人1,100万円で和解が成立している。和解であるため詳細は不明だが，監査法人側の責任も認められたかたちとなった。

　本事案は，監査法人の公認会計士が特例適用の判定を行った上，依頼者から税理士への依頼も，特例を適用せずに前年通りに，という依頼方法となっており，特殊な事案であるといえるが，税理士が債務不履行責任を逃れることはできないだろう。ただし，監査法人と税理士の責任割合は今後まだ検討する必要があるといえる。

　一般の依頼者は公認会計士と税理士の職域に対する認識が低い。両資格を標榜して業務を行う税理士も多くいることから，この選別について曖昧になっていることも否定できない。

　しかし本事案の場合は，監査法人が関与する依頼人であることを踏まえると，業務の区分は明確であるはずといえる。それぞれの専門分野で確実な業務を適切に処理していれば，本事案のような問題は生じなかったとも考えられる。本事案のように，監査法人から特例制度の適用の可否を検討しなくてもよいと言われたとしても，税理士として税務申告を請け負った以上，税理士自身でも制度を確認する必要がある旨を監査法人に伝え，判断することが必要となる。税

法の専門家としての確立は，重要である。

【林・初鹿】

CASE
13

税理士による遺産分割への関与と限界

（参考）
東京地判平成 19 年 10 月 26 日《平成 19 年（ワ）第 23597 号》
（TAINS コード Z999–0114）
東京高判平成 20 年 5 月 29 日《平成 19 年（ネ）第 5872 号》
（TAINS コード Z999–0115）
最決平成 20 年 10 月 24 日《平成 20 年（受）第 1518 号》
（TAINS コード Z999–0117）
損害賠償責任請求事件

[着目点]

　依頼者が，父の相続について，他の共同相続人らとともに，依頼した税理士の事務処理に，依頼人に不利益で違法なところがあるとして，損害賠償を求めたが，依頼者の主張が斥けられた事例。

[当事者の関係・立場]

　長男である依頼者の父を被相続人（平成 2 年 8 月死亡）とし，相続人は被相続人の妻（依頼者の継母），依頼者，依頼者の異母妹 2 名の計 4 人である。

　相続人らは，平成 2 年 9 月乃至 10 月上旬，税理士に相続に係る税務処理を委任した。委任の経緯は不明である。相続財産の総額は，22 億 7,160 万 9,000 円であり，課税総額は，6 億 4,169 万 2,800 円であった。相続財産は，不動産が主であるが，その所在地は多岐にわたっていた。また，依頼者の主張によれば，税理士は，継母や妹たちから，相続税務の処理を受任した後，「自分らを有利に取り扱うように種々の要望を浴びせられるなどした」とされる。その真偽はともかく，これらのことから，税理士は，不動産業であった被相続人の納税申告等を受任し，従前から相続人らと面識のあった，被相続人の顧問税理士ではなかったかと推察できる。

[事案の概要]

税理士は，平成3年2月14日，相続人らの相続分は，未分割の状態，すなわち，法定相続分による分割にて，税務署に相続税の申告書を提出した。

税理士は，同年6月11日までに，代償分割の要望に従った代償金の計算を完了させ，相続税の修正申告書及び遺産分割協議書（相続人らの調印前の草案）を作成して，同日，相続人らに交付した。

相続人らは，平成3年6月23日の遺産分割協議書に調印するに至ったが，実際には，税務署には提出されなかった。なお，同年9月から12月に及ぶ税務調査により一部，申告漏れが指摘されたため，税理士は，同月19日，相続分未分割のまま，すなわち，法定相続分に従い，相続税の修正申告書（再修正申告書）を依頼者に提出した。

相続人らが，同月27日，税務署に提出した相続税の修正申告書は税理士が関与しない相続税の修正申告書で，作成は，税理士によるものではなく，税理士か否かは不明である人物に非常に短期間で作成してもらったという。

その後，平成17年12月になって，依頼者は税理士に対し，税理士が案出した特異な「圧縮」の実際上の狙いについて照会し，ついに税理士から「圧縮」が実は他の相続人の利益を図るために案出されたものであることを知らされた。そのため，依頼人は，以下のように主張した。

税理士が依頼者を代表とする相続人ら全員から共同委任を受けていたのであるから，委任者各自に対して，これを平等に取り扱うべき忠実義務を負っていたが，税理士は，他の相続人との比較において，依頼者を不利益に扱ったから，委任契約における忠実義務に違反したものであり，他の相続人と共謀し，依頼者の無知と税理士に対する信頼に乗じて，不当に他の相続人の利益を図り，依頼者に本来負うべき義務のない支払を行わせたのであるから，税理士の行為は，詐欺に類する行為であって，不法行為を構成する。

第1審及び控訴審はいずれも依頼者の請求を棄却し，上告は不受理となっている。

裁判所の判断

① 依頼者が過分にＰ土地を取得し，その代償金を他の相続人等に支払うという遺産の分割方法は，依頼者の不動産の取得割合が多く，しかも，これを相続人全員の相続税の原資に充てることを想定したものであり，バブル経済の崩壊によって土地価格の暴落という経済情勢の中にあって，依頼者に不利益な結果をもたらしたことは首肯できるところである。

　しかし，税理士が遺産分割協議を主導したことを認めるに足りる証拠はなく，遺産分割協議については，依頼者の父の友人又はその顧問弁護士が相続人間の調整に当たった経緯があり，税理士が課税標準としての不動産価格について助言したことがあるとしても，遺産分割協議の過程においては，不動産の実勢価格を基準として相続人間で協議されるものであるから，不動産業を営む依頼者の父の友人がこれに精通しており，税理士が実勢価格についての情報を提供する立場にあったとは考えられない。また，遺産分割協議が進行していた平成２年10月から平成３年６月ころの段階で，土地価格が暴落することを税理士が予想していたと認めるに足りる証拠はなく，経済情勢の先行きが不透明であったにしても，不動産を取得してこれを換価し，代償金を支払う立場を選択することは，不動産を高額に売却処分できれば，その売却益を取得することができる立場を確保できるのであって，遺産分割協議が成立した平成３年６月の段階において，その遺産分割の内容が依頼人に不利益であったとはいえず，税理士を含めた関係者においても公平な分配との認識があったものと推測できる（そうでなければ，協議が成立しない。）。まして，税理士が相続人間の公平を害することを意図していたとは到底いえない。

② 依頼者主張に係るＰ土地の評価額は，路線価によるものであり，平成３年当時，路線価と実勢価格とが著しく乖離していたことは当裁判所に顕著な事実であって，路線価による評価額をもって上記土地の適正な価額とみることは相当ではない。遺産分割協議は，平成２年10月ころから平成３年６月までの長期間にわたって土地の評価額を主な協議対象の一つとして行われていたものであり，その間に相続人間で十分検討されたものと推測され，遺産

分割協議における代償金の金額は，まさに相続人間の協議による結論そのものであって，遺産分割協議の時点において明らかに不公平な内容であるとの立証がない本件においては，その差額が依頼人の損害と観念する余地はない。また，その協議結果に対して，税理士による誤った助言・指導があったことを認めるに足りる証拠はない。

③　相続税の課税における代償金の圧縮は，相続税評価額と実勢価格との乖離がある場合における不都合を回避するために認められた措置であり，これによって各相続人が負担する相続税額に変動を生ずるものであるから，税務処理を行う税理士としては，代償金の圧縮を行うについては，依頼者である相続人にその趣旨の説明を行う義務があることはいうまでもない。

　本件についてみると，平成3年6月の遺産分割協議書の作成過程において，税理士が，代償金の計算を行い，税務申告において代償金の圧縮をした場合における各相続人に生ずる相続税額を算出して示しており，提出されなかった修正申告書にも代償金が圧縮されて記載されており，遺産分割協議書及び修正申告書案をみれば，代償金圧縮の制度趣旨，計算過程の詳細について，これを承知できないとしても，これによる相続人間の利害得失について判断ができないとまでいうことはできない。

④　依頼者において，相続人全員の相続税を自ら負担する意思であったことから，各人の相続税額についてあまり関心を抱かなかったことがあるとしても，税理士としては，代償金圧縮による各相続人の税額について，遺産分割協議の過程において示しており，修正申告書においても明示しているのであって，税理士の業務として義務違反があったとはいえない。最終的に遺産分割を完了して行われた修正申告については，税理士が関与して行われたことを認めるに足りる証拠はなく，この申告によって確定した各相続人の税額について税理士の税務処理の責任を問うことは，法律上困難である。

⑤　土地価格の暴落によって，遺産分割において土地を多く取得した者に思わぬ損失が生じたとしても，それは，税務処理の問題ではなく，税務処理をした税理士にその損失を負担させることができないことも明らかである。

[税理士としての検討と対策]

　本事案においては，申告期限までには遺産分割協議が整わなかったことから，税理士は遺産分割協議書の草案と修正申告書案を相続人らに提出したが，返還されることのないまま，税務調査を迎えている。その間に何らかのトラブルが生じ，両者の信頼関係が損なわれたと推察できるが，確定申告書を作成した税理士として，税務調査に立ち会うことは当然といえる。しかし，申告漏れを追加した修正申告書については，相続人らは税理士ではなく他の人物が作成したという不可解な結果となっているが，少なくともこの段階で税理士が受任した業務の処理は完結している。

　ところがおよそ15年後，依頼者は行動を起こしたことになる。裁判所が言及するように，遺産分割の原案は，継母や異母妹たちがどう関わっていたかは分からないが，父の顧問弁護士や友人の不動産業者が絡んでいる。しかし，結果として残っているものは，税理士が作成した遺産分割協議書しかないことから，税理士に矛先を向けたのだろうか。

　ところで，15年も前の相続について見直す機会は何があったのか興味深い。ありがちな話とするならば，継母の相続が発生したのかもしれない。本事案の提訴時，昭和5年生まれの依頼者は75歳前後であり，人生100年時代といわれるから，この時期に継母の相続が開始したとしても，決して不自然ではない。

　一般に，第二次相続と考える妻の相続は，夫の相続において繰り延べ先送りした遺産分割やそれに伴う税負担の精算的要素はある。本事案では，父は，継母と昭和初年に再婚したが，旧民法下の家制度のなかで，わざわざ継母と長男が養子縁組をするはずもない。仮にその状態のまま継母の相続が発生したとしたら，長男には相続権はない。子連れ再婚の養子縁組についてあまり知られていないが，継母と継子が養子縁組していなければ，継子は継母の財産の相続人にはなりえない。継母と継子との間には親子関係が発生しないので，互いに扶養・相続をしあう関係とはならないということである。依頼者は継母と血がつながっていないことは知っていても，まさか相続権がないとは思わなかったのかもしれない。

こんな話題は，ネット上の相談にも散見している。長男は，税理士と異母妹たちが共謀し，長男の無知に乗じたと主張する。税理士の関与はともかく，継母や異母妹たちがそこまで想定したとしたら，ドラマの世界であるが，かなり恐ろしい話である。

【林・有賀】

従業員の業務に対する注意義務

(参考)
東京地判平成 21 年 10 月 26 日《平成 20 年（ワ）第 10470 号》
（TKC 文献番号 25470524・TAINS コード Z999-0124）
損害賠償請求事件

[着目点]

　従業員が依頼者から提出された資料に基づき作成した確定申告書について，税理士が資料の内容を精査，確認しないまま漫然と確定申告書を提出した結果，不動産収入の申告漏れ等を生じたことは，税理士が職務上の注意義務を怠ったとされた事例。

[当事者の関係・立場]

　依頼者は，7 棟の賃貸用建物及び 2 つの駐車場を所有して，これらの賃貸業を営んでいる者である。税理士は，経緯は不明であるが，平成 12 年 1 月頃，平成 11 年分所得税の確定申告等の手続を受任した。その後，平成 17 年分まで毎年，受任した。

　申告業務については，依頼者の子 A と税理士の甥であり従業員である B が担当していた。

[事案の概要]

　依頼者は，平成 18 年秋以降，税務署による税務調査を受け，平成 11 年分から平成 17 年分までの確定申告につき，不動産収入の申告漏れ及び必要経費の計上の誤り等を指摘された。依頼者は，同年 12 月 13 日，上記各年分の確定申告について修正申告を行い，所得税の加算税等の賦課決定を受け，過少申告加算税，重加算税及び延滞税として，合計 366 万 6,900 円を支払った。

　依頼者は，税理士が，依頼者から提供された各資料を精査せず，礼金等の収

入の有無や必要経費の内容を逐一確認しないまま，Bに依頼者から提出された各資料に記載された数額を，そのまま書き写させて，不正確な内容の各確定申告書等を作成させた。各確定申告書等には，礼金等の収入の記載が漏れ，また，借入利息など，必要経費に該当しない支出が計上されていたが，税理士は，これらの内容を精査，確認しないまま，漫然と作成税理士欄に押印した。

したがって，税理士が，委任契約に基づく税理士としての職務上の注意義務に違反したことは明らかである，と主張した。

税理士の主張

依頼者は，礼金等の収入の有無，支出の使途を明らかにせず，依頼者の計算どおりに申告してほしい旨を要望した。不動産の賃貸借契約における更新料は，免除される場合が多く，依頼者が提出した賃料収入に関する明細書に更新料の記載がないからといって，更新料の記載が漏れているとは断言できず，更新料を免除したと理解するのが当然である。

裁判所の判断

① 認定事実並びに弁論の全趣旨によれば，依頼者には，平成11年分から平成17年分までの各年分において礼金等について相当額の収入が存在したにもかかわらず，AがBに提出した平成11年分の賃料収入に関する資料には礼金収入が1件のみ記載され，平成12年分から平成17年分までの各内訳明細書には，礼金等の収入が全く記載されていなかったこと，不動産のうち建物については，月額賃料が5万円から10万円までの賃貸物件で，貸主において，契約締結時又は更新時に礼金又は更新料を受領したり，退去日等との関係から日割賃料が発生するケースも少なくないこと，また，Aは，Bに対し，私的な犬小屋の建設費用や借入利息の支払を含む，依頼者が保管していたすべての支出に関する領収書等を，不動産賃貸業のための経費とそれ以外のものとに適切に区別しないまま，同領収書等を科目別に集計した各集

計メモとともに提出したこと，Bは，Aから提出された各資料に記載された数額等につき，特に精査したり，依頼者等に確認することなく，そのまま転記して本各確定申告書等を作成したため，各確定申告書等には，礼金等の収入が計上されず，また，借入利息等を含む不動産賃貸業に関係しない支出が必要経費として計上されたことが認められる。

② 各資料の内容及び各確定申告書等の記載に照らせば，税務に関する専門知識を有する税理士において，各確定申告書等の記載と各資料の記載を照合して，各確定申告書等の根拠となっている各資料の内容を精査すれば，礼金等の収入の有無や必要経費の内容や金額などについて，疑問をもち，依頼者に対し，これらについて説明を求め，追加資料の提出を促すことは容易であったというべきである。しかしながら，各認定事実，証拠並びに弁論の全趣旨によれば，税理士は，Bが作成した各確定申告書等の税理士欄に記名又は記名・押印したが，その際，税理士が，各確定申告書等の根拠となっている各資料の内容を精査して，礼金等の収入の有無や必要経費の項目などについて，依頼者に説明を求めたり，追加資料の提出を促した形跡は一切窺えない。以上の税理士の対応は，従業員であるBをして，依頼者から提出された各資料を精査，確認することなく，そのまま転記して不正確な内容の各確定申告書等を作成させ，自らも，その内容の正確性を精査，確認せず，漫然と記名又は記名・押印したという他はなく，委任契約を受任した税務の専門家として，依頼者からの委任の趣旨に沿うよう，依頼者に対し，適切な助言や指導を行って確定申告書等を作成すべき義務を怠ったと認められる。

③ 税理士は，更新料は免除される場合が多く，依頼者から提出された各資料にその記載がなければ，免除されたものと解するのが当然であると主張する。しかし，不動産のような賃貸物件の賃貸業者が更新料を免除する場合が多いとは直ちにいえないのであって，依頼者に対し，更新料の免除の有無を確認することなく，免除したものと解するのが当然であるとの税理士の主張は採用することができない。また，税理士は，Aに対し，礼金等の有無の確認などを求めたが，Aがこれに応じなかった旨主張し，現金出納帳の追加資

料の提出を書面で求めたなど，これに沿う供述をする。しかし，上記書面は証拠提出されておらず，その他，上記主張を裏付ける的確な証拠はない。また，Ａが，７年間に亘って，一度も上記要請に応じなかったのであれば，職責を担う税理士としては，もはや，適切な業務が遂行できないとして，委任契約を解除するなどの手段を講じるのが自然であるところ，そのような形跡は窺えず，この点について的確な説明はない。

④　税理士は，依頼者が礼金等の収入の有無や支出の使途を明らかにせず，依頼者の計算どおりに申告して欲しい旨を要望しており，税理士の立場では，不動産賃貸の仲介業者に対して契約内容を確認する権限がないから，やむを得ず依頼者の計算どおりの金額を採用した旨主張し，これに沿う供述をする。しかし，税理士は，納税義務の適正な実現を図るために，独立した公正な立場において，職務を遂行すべき職責を担う税理士の職にあり，顧客から何らかの要望を受けた場合には，必要な範囲で，税務の専門家としての専門知識や技能に基づいて，顧客の信頼に応えるべく，その要望内容が適切か否かについて，調査，確認すべきであり，仮に，不適切な要望である場合には，その要望を漫然と受け入れることなく，これを改めるよう，助言又は指導すべき義務を負うと解される。然るに，認定のとおり，税理士は，各資料の内容を精査せず，依頼者に対し，必要な事実確認等も行っていないことに照らせば，仮に，依頼者から何らかの要望を受けたとしても，それをもって，委任契約において，被告が税理士としての職務上果たすべき義務の内容を左右する事情とは言い難く，税理士の上記主張は，到底採用することができない。

⑤　税理士は，依頼者が故意に仮装隠ぺいした事実について，税理士としての職務権限をもって調査することは不可能である旨主張する。しかし，依頼者が重加算税の賦課決定に対する不服申立てをしないまま，加算税等を支払ったことをもって，依頼者が税理士に対し，殊更に仮装隠ぺいを行う意思をもって各資料を提出したとは認められず，他に依頼者が故意に仮装隠ぺいしたと認めるに足りる証拠はないので，税理士の上記主張は理由がない。

⑥　税理士は，各確定申告書等の作成に当たり，依頼者の所得を適正に申告

するために必要な資料の精査や事実確認等を怠っており，委任契約に基づき，税理士として果たすべき職務上の注意義務に違反したと認められる。そして，依頼者が税理士に対し，各確定申告書等の作成を依頼するに当たり，礼金等の収入を記載しない資料や不動産賃貸業の必要経費とはいえない領収書等を提供したとしても，税理士の税務の専門家という職責に鑑みると，上記の事情は，直ちに税理士の債務不履行責任の有無や程度を左右するようなものとはいえないというべきである。

［税理士としての検討と対策］

本事案は極めて単純な話である。顧客から提供された資料等を鵜呑みにして，顧客を担当する従業員が作成した所得税の申告書の内容を，税理士が確認しないで申告した結果，税務調査で申告漏れ等が発覚したという事案である。

申告漏れ等の実態は，地代家賃収入に付随する礼金又は更新料の計上漏れと家事費等を必要経費に計上したことである。礼金制度は地域によって異なるが，少なくとも東京地裁の管轄地域では一般的といえる。家事費の経費計上は問題外である。結局，Ｂは不動産所得及び事業所得の計算方法を全く知らないと推測できるが，税理士が自身の甥とはいえ，このような人物を全面的に信頼して仕事を任せていることも疑問である。

本事案で税理士が言及した依頼者の言動に，裁判所はその不自然さを指摘している。しかしそのなかで，税理士は前年分，すなわち平成10年分における決算方法を踏襲したとは主張していない。依頼者が平成11年中に不動産賃貸業を開始したとは考えにくいので，平成10年分以前の申告は前任の税理士が担当したはずである。その場合に，Ａは前任の税理士に本事案のような不備の資料等を提出していたのだろうか。

しかも，本事案の税理士は，受任当初の平成11年分の青色決算書の作成に当たっては，建物等の減価償却費の計算等について前年分の決算書の記載内容を確認する必要も出てくる（仮に平成10年中に新規開業したならば，Ｂの能力から考えて，減価償却資産の計上等に不備があり，税務調査で指摘されたは

ずである）。さらに前年分決算書を見れば不動産収入の概要も把握できることになる。いずれにしても不可解な内容といえる。

実務では，不動産所得の申告時に確認すべき事項として，収入ついては①年間の家賃収入，更新料，礼金，敷金のうち，返還しないことが契約条項内で明らかな部分があるかどうか，②敷地内に自販機を置いているかどうか，電柱敷地料，修繕費用に係る保険収入など，不動産所得に付随する収入があるかどうか，必要経費ついては，不動産管理会社へ支払う管理費用，固定資産税，火災保険・地震保険，マンションの場合には修繕積立金や管理費，リフォームや修繕等を行ったかどうか，借入によって購入した物件かどうかということについて，依頼者に確認すべきである。新たに物件を追加購入した場合は，建物の取得価額算出や，資産分解を行う必要もあるため，契約書や謄本など，購入時資料一式を預かって確認する必要がある。

不動産所得は，基本的に不労所得であり，不動産の維持管理コスト以外の経費はかからないはずであるから，必要経費に算入できる経費も，他の所得に比べるとかなり限定的である。

しかし，投資物件を買い足している依頼者については，優良物件を紹介してもらったり，情報収集のための交際費や，現地見学のための旅費なども，経費性のあるものである。

こういった一見不動産所得に関係のなさそうな必要経費についても，依頼者にヒヤリングをしなければ，それが本当に経費性があるものかどうか判断できない。

税理士として一番やってはならないことは，「納めなくても良い税金を納めさせてしまうこと」である。そのため，先入観や憶測で判断せず，丁寧なヒヤリングを行って，適正な申告へと導くことが重要であり，求められていることである。

【林・齋藤】

CASE

15

税理士事務所従業員の誤回答と損害賠償

（参考）
東京地判平成 21 年 2 月 19 日《平成 19 年（ワ）第 29110 号》
（TKC 文献番号 25460159・TAINS コード Z999-0123）
東京高判平成 21 年 7 月 23 日
（判例集等未登載）
最高裁上告不受理平成 21 年 11 月 24 日
（判例集等未登載）
損害賠償請求事件

[着目点]

　税理士事務所従業員が面談の際，誤った回答をしたため損害を被ったとして弁護士法人が税理士事務所を訴えたが，その面談のメモに疑問があり客観的証拠がないとして退けられた事例。

[当事者の関係・立場]

　依頼者は，弁護士法人であるが，その前身である弁護士事務所の経営者である弁護士は，被告である税理士と税理士の夫が代表者である会計法人の両者と，平成 17 年 1 月に顧問契約及び業務委託契約を締結し，同年 3 月に，税理士は，弁護士の平成 16 年分の所得税確定申告を行った。依頼者を担当した従業員は，平成 8 年 4 月から会計法人に勤務し，税理士資格を有していない。依頼者は平成 17 年 5 月，資本金 1 千万円で設立された。

[事案の概要]

　依頼者の弁護士法人の前身である法律事務所（個人事業主である弁護士）と税理士らとの間で税務に関する顧問契約が締結されていたところ，依頼者は，依頼者を設立するに当たって，節税に資する資本金額等について税理士の従業員に相談していたが，資本金額はいくらでも良い旨の誤った回答を得たため，資本金額を 1,000 万円として法人を設立したところ，資本金額を 1,000 万円未

満にしていれば課されなかったはずの消費税が課されることになり，既に納付した消費税相当額3,060万9,700円分の損害を被った。税理士の従業員の上記回答は不法行為を構成し，税理士らはこれについて使用者責任を負うと主張し，これに対し税理士らは，従業員は上記回答を行っておらず不法行為が成立しないのであって，税理士らも使用者責任を負わない等と主張した。

税理士の主張

　仮に依頼者が主張するような問い合わせをし，これに対して従業員が「いくらでもいい」という趣旨の回答をしたことが事実であるとしても，従業員は税理士資格を有しない単なる事務員である上，税法上の有利不利が法人の規模・事業内容，経費支出の多寡等様々な要素によって異なってくることは常識的に見て明らかな事柄なのであるから，そのような事情を一切捨象して，資本金額はいくらでもいいなどと単純に回答できるものではないことも明らかである。したがって，従業員の回答は，税理士の意見を反映したものではありえず，事務員の単なる感想程度にとどまるものと受け取るのが当然なのであるから，このような行為を，税理士である被告の正式回答と同視して，不法行為と評価することはできない。

裁判所の判断

①　依頼者は，当初，税理士の従業員からの回答があったのは平成17年3月11日ころであったと主張し，依頼者の陳述書にも同旨の記載があったところ，その後，税理士の従業員からの回答を受けた日を同年3月22日と変更した。しかしながら，この主張ないし供述の変更は，単に日時の変更というのにとどまらず，税理士の従業員が一人で依頼者の許を訪ねてきて回答をしたのか（前者の主張ないし供述は，これを前提にしているものと考えられる。），確定申告書の作成を終えた税理士が，挨拶も兼ねて，税理士の従業員を同道して依頼者の許を訪ねた際に，税理士の従業員が回答をしたのか（後

者）という状況の説明にも大きな変更があり，さらに，同年４月１日という法人設立の日時を基準として考えると，その約10日前という直前ともいえる時期になってようやく回答があったのか，それとも約３週間前という比較的余裕のある時期に回答があったのかという印象の全く異なるはずの出来事についての説明変更になっているのであって，単純な勘違いや記憶違いとは考えられない主張ないし供述の変更であるといわざるを得ない。

②　税理士は，節税の観点から法人の資本金額をどの程度にするのがよいのかを質問された場合には，消費税ばかりでなく法人税その他の税も念頭に置いた上で，法人の規模・種類・事業内容，経費支出の多寡等様々な要素を考慮に入れて判断する必要があるから，これらの点について確認をし，資料の提供を求めるはずであると供述するところ，この供述は，租税特別措置法も含めた複雑な税法体系を踏まえて考えるならばもっともな事柄であるし，質問を受けた税理士として当然の反応であるということができる。しかしながら，依頼者が電子メールで質問をしたという平成17年２月24日から本件面談のあった同年３月22日までの間，依頼者からこれらの点についての質問がなかったことは依頼者自身が認めているところであるし，本件面談の際にもそのような質問はなかったというのであり，この点も極めて不自然であるといわざるを得ない。

③　依頼者の主張ないし依頼者の代表の供述によれば，本件面談の場には，税理士である税理士が同席していたにもかかわらず，税理士ではなく単なる事務職員にすぎない税理士の従業員が回答をしたというのであるが，[1] 事務所の代表である税理士がわざわざ訪問してきているにもかかわらず，一介の事務職員にすぎない税理士従業員が税理士を差し置いて回答をした（しかも，依頼者の代表の供述によれば，税理士が「税理士の従業員から回答させる」と述べたわけでもないのに，税理士の従業員が勝手に話し始めたのだという。）ということ自体不自然であるばかりではなく，[2] 節税という観点から最も適切な資本金額という質問事項は，税法に関する専門的な知識がなければ答えられない事柄であって，まさに税理士が答えるべきものであるに

もかかわらず，税理士ではなく，税理士資格を持たない税理士の従業員が回答することも不自然であるといわざるを得ない。さらに，[3]税理士の従業員からの回答を聞いた依頼者が，税理士に質問や確認をしようとしないというのも不自然であって，結局，本件面談当日のやりとりに関する依頼者の主張ないし依頼者の代表者の供述は余りにも不自然であるといわざるを得ない。

④　税理士及び税理士の従業員の各供述を併せ考えてみると，本件面談当日のやりとりに関する依頼者の主張ないし依頼者の代表者の供述には疑問点が多く，そのまま採用することは到底困難であるというほかはない。

⑤　依頼者は，税理士らに質問をした証拠として税理士の従業員宛のメールを提出しているところ，発信された電子メールが届かないことは通常考えられないところであるから，本件メールが税理士の従業員の許に届いていた可能性があることは否定できないところである。しかしながら，税理士の従業員がこれを見逃した可能性や，税理士らではなく事務職員にすぎない税理士の従業員に送られた本件メールを真剣に受け取らなかった可能性もあり得るところであって（むしろ，仮に本件メールによる質問が税理士らに認識されていたとすれば，当然されるはずの法人の規模・種類・事業内容，経費支出の多寡等についての質問がされていないことは上記のとおりなのであって，このことは，税理士の従業員や税理士らが本件第一メールを認識していなかったことをうかがわせる事実であるということができる。），質問のための電子メールが発信されていたからといって，これに対する回答があったと決めつけることはできない。

⑥　また，依頼者は，本件面談の際に作成したメモであるとして証拠を提出しているが，これらが本件面談の際に作成されたことを裏付ける客観的証拠が存在するわけではない以上，これも上記認定判断を左右するものではない。

⑦　以上のとおり，依頼者の主張は，その中核である本件面談に関する部分に疑問があり，他の観点からこれを裏付けることもできないから，結局，これを採用することは困難であるといわざるを得ない。

[税理士としての検討と対策]

　節税のため法人を設立した弁護士が税理士事務所の職員の不法行為により損害を被ったとして税理士を訴えた。弁護士法人は税理士の職員が適切なアドバイスを行わなかったため，法人を資本金額1,000万円で設立した。そのため，設立第一期から消費税の納税義務者となったため損害を被ったとした。税理士の従業員からそのような誤った回答があったのか，が問題となった。

　本事案の場合，メールが職員宛ではなく税理士宛に発信されていたとしたらまた違った結論となったかもしれない。書面だけでなく，メール等も税理士損害賠償請求事件の証拠となり得るというのは今後の参考となる。

　確かに裁判所が認めるように税理士は税法の専門家であり，税法は複雑多岐な体系である。しかし，わが国唯一の総合的な法律職である弁護士には自動的に税理士資格が付与されることからも明らかのように，税法は法律の一領域にすぎない，と書けば皮肉と受け止められるだろうか。

　いずれにしても，顧問先との取り決めは契約書をはじめとした書面で残すことが肝要である。また，日々の業務に関しては，税理士法において，業務処理簿の作成について義務規定が定められており，多くの民間会計ソフトでも業務処理簿作成機能が提供されている。ただ，特に本事案で問題となったような税務相談については，会計ソフトの機能にある業務処理簿自動作成システム等では記録が難しいといえる。しかし，本来この税務相談に関する点こそ記録していかなければならない内容であり，税理士は顧問先及び事務職員とコミュニケーションをとりながら，税務相談の内容を記録する業務フローを作成するなどをして，税務相談の内容の記録に努めなければならない。

　本事案では依頼者側から面談内容のメモが提出されているが，面談の際に作成されたことを裏付ける客観的証拠も裁判所は求めている。税理士は，税務相談の内容はもちろん，税務相談を受けた日時等を含め継続して記録していく必要があるといえるだろう。

　本事案は，最高裁の不受理決定により税理士の勝訴が確定している。ただし，同様な事件は事務職員のいる税理士事務所では起こり得ることであり，顧問先

と，言った言わないの水掛け論になってしまうことは往々にしてあるだろう。事務所内のコミュニケーションや情報共有，そして依頼者とのやりとりを書面等で残しておくことの重要性を再認識させられる事案である。

【林・伊澤】

税理士の善管注意義務の範囲

（参考）
東京地判平成 22 年 12 月 8 日《平成 20 年（ワ）第 28964 号》
（TKC 文献番号 25482789・TAINS コード Z999–0133）
損害賠償請求事件

［着目点］

会計事務所の勤務経験を有する経理担当者の作成した資料に依拠して税務申告を行ったことは，税理士の善管注意義務を尽くしたはいえないとされた事例。

［当事者の関係・立場］

依頼者は，人材派遣業を営む株式会社であり，平成 17 年 2 月 1 日に，依頼者を存続会社として，A 社を消滅会社として吸収合併した。税理士と依頼者は，平成 16 年 6 月 1 日に顧問契約を締結した。その経緯については明らかにされていない。

［事案の概要］

税理士は，依頼者の平成 16 年 8 月 1 日から平成 17 年 7 月 31 日までの事業年度（「第 26 期」），平成 17 年 8 月 1 日から平成 18 年 7 月 31 日までの事業年度（「第 27 期」），平成 18 年 8 月 1 日から平成 19 年 7 月 31 日までの事業年度（「第 28 期」）についての消費税及び地方消費税の申告を行ったが，これらの申告の際に，納付すべき消費税及び地方消費税の額を税理士が誤って過少に申告したため，後に，過少申告加算税，延滞税等の納付を要することとなり，損害を被ったと主張して，税理士に対し，債務不履行に基づく損害賠償を求めた。

依頼者の営む人材派遣業においては，人材派遣の対価としての紹介料等は課税売上に含まれるが，所得税法に定める給与等を対価とする役務の提供は，そ

の対価が消費税の課税対象とならないため，課税仕入れに含まれず，したがって，依頼者が依頼者と雇用関係にある派遣対象者に支払う賃金，給料等は，課税仕入れに係る支払対価（課税仕入れ額）に含まれず，控除税額の算定の基礎に含まれない（消費税法 2 条 1 項 12 号参照）。

　税理士は，依頼者からの委任に基づいて，第 26 期，第 27 期及び第 28 期について依頼者の消費税及び地方消費税並びに法人税の確定申告手続を行った。

　ところが，その後の税務調査により，上記各期の消費税及び地方消費税の申告につき，依頼者において「労務賃金」との名称の勘定科目により経理処理されていた上記の派遣対象者に対する賃金・給料等が課税仕入れ額に含められて控除税額が算定され，申告されており，依頼者が納付すべき消費税及び地方消費税の額が，本来納付すべき税額よりも過少に申告されていたことが判明した。

　これにより，依頼者は，上記の納付不足分の消費税及び地方消費税の納付を要することとなったほか，各期の過少申告加算税及び延滞税を課せられ，これを納付した。

　依頼者は，税理士が，すべての原資料と集計表・集計データとを対照してこの誤りの有無を確認することは，委任契約に基づく受任者の中心的義務の一つである。ところが，第 26 期から第 28 期の税務申告の際に，依頼者の経理担当者の N が作成した税務申告のための集計表と依頼者の帳簿等の資料を一切対照せずに申告を行い，集計表中の誤りを確認する義務を怠ったため，集計表では賃金・給料等が課税仕入れの対価に含められているという重大な誤りが存在していたことに気付かず，誤った申告がされることとなったと主張した。

税理士の主張

　依頼者は年商約 6 億円の人材派遣業を営む会社であり，年間約 4 万 5,000 人ものアルバイトを募集して業務を行っているから，税務申告に関する原資料の量は膨大なものであって，顧問契約に定められた条件の中で，原資料と集計表を対照して確認を行うことは不可能である。

裁判所の判断

①　税理士は，依頼者の第26期から第28期の各税務申告の際に，依頼者の経理担当者であるNから，会計システムにより作成された消費税集計表や，勘定科目別税区分表の交付を受け，これらを基に消費税及び地方消費税の申告を代行したのであるが，上記各表を見れば，依頼者が「労務賃金」の名称の勘定科目に計上した額を課税仕入れ額に含めていたことは明白であり，税理士もこれを認識していたところである。

②　依頼者は，平成17年2月1日のA社との合併を機に，新たな会計用ソフトウェアを導入し，経理担当者であるNが勘定科目や消費税の課税区分の初期設定を実施し，その際，Nは，「労務賃金」との勘定科目を，誤って課税仕入れの対象として分類し設定したのであるが，Nは，税務の専門家ではなく，消費税の納付税額の算出の観点からみて，勘定科目や課税区分について正確な理解を有していない可能性があったのであり，しかも，Nは，自らの理解不足のおそれを懸念して，税理士に対し，初期設定した課税区分等の一覧表の確認を依頼したのである。このような状況の下においては，顧問契約に基づき，依頼者に対して税務上の助言等を行うべき義務を負っていた税理士としては，Nによる課税区分等の設定に誤りがないかを慎重に検討し確認すべきであったということができる。税理士は，Nが上記の確認を依頼してきた際には，依頼者では「労務賃金」との名称の勘定科目は使用しておらず，平成17年4月ころから使用を開始したと供述するとおり，依頼者においては合併前から「労務賃金」との名称の勘定科目が使用されており，合併後も引き続きこれが使用されたものと認められるから，税理士の上記供述は採用することができない。

③　税理士は，依頼者の平成15年8月1日から平成16年7月31日までの事業年度の税務申告を代行するとともに，依頼者との合併を控えたA社の平成16年4月1日から平成17年1月31日までの期間の税務申告を代行し，その前事業年度の決算報告書等も入手していたのであるから，税務の専門家として，第26期の税務申告の準備の過程において，依頼者から提供された

第26期の税務申告資料，中でも課税仕入れ額の把握の適否について，疑問を抱いてしかるべきであったということができる。そして，「労務賃金」の名称の勘定科目に計上された額が，本来課税仕入れ額に含めることのできない賃金・給料等であることは，税理士が，依頼者において，これらについて所得税の源泉徴収をしているかどうかを確認するなどすれば，容易に判明する事柄であったということができる。

　しかるに，税理士は，Nからの課税区分の確認の依頼に対し，「労務賃金」の名称の勘定科目を課税仕入れの対象として区分したことについて，その適否の検討を何ら行うことなく，問題がない旨の回答をし，その後，第26期の税務申告を代行するに当たっては，依頼者がこのような区分に基づいて作成した資料に依拠したものである。

④　依頼者が第26期の税務申告に関し作成した消費税集計表や，勘定科目別税区分表といった資料には，本来課税仕入れ額に含まれない減価償却費を誤って課税仕入れ額に区分していたり，また，本来課税仕入れ額に含めるべき通勤費を課税仕入れ額の対象外として区分していたりするなど，「労務賃金」の区分の誤りのほかにも，消費税の課税区分の誤りが相当数存在していたのであるが，税理士はこれらの誤りを何ら是正することなく，同期の税務申告を行っている。

⑤　税理士は，課税仕入れ額の不自然な増加という状況の下にあっても，これを契機として，依頼者から提供された税務申告資料の課税仕入れ額の把握の適否について調査・確認をしなかったのみならず，依頼者が作成した資料を一読したのみで，各勘定科目を個別に確認すれば容易に発見することができるような消費税に係る課税区分の誤りについても気付かぬまま，漫然と依頼者の作成した資料に依拠して税務申告書類の作成を代行したものといわざるを得ない。さらに，税理士は，第27期，第28期の申告の際には，Nに対し前期との変更点の有無を口頭で尋ねたのみで，課税仕入れ額の適否については，自らは特段の調査・確認をすることはなかった。

⑥　税理士は，第26期の税務申告に当たり，依頼者が「労務賃金」として

計上した額を課税仕入れ額に含めている点について疑念を持ち，「労務賃金」との名称の勘定科目について，これが人件費であるのか外注費であるのかをNに確認し，課税対象であるとの回答を得た旨供述する。しかしながら，Nの陳述書には，上記供述内容を否定する記載がある上，依頼者においては，人材派遣について他の事業者への外注は行っておらず，Nはこれを知悉していたのであるから，税理士から上記のような質問を受けたとしても，「労務賃金」として計上されているのが外注費であるとの回答をすることは通常考えられないことに照らせば，税理士の上記供述は採用することができない。また，仮に税理士が上記のような回答を得たとしても，「労務賃金」の名称の勘定科目に計上された金額が課税仕入れ額に含まれるか否かは，まさに税務上の判断を要する事項であるにもかかわらず，税理士は，Nの回答をそのまま受け入れており，「労務賃金」として計上された額が，課税仕入れ額に含まれる外注費であるか否かについて，自ら資料を調査し確認してはいないのであって，その確認は，不十分なものであったといわざるを得ない。

⑦　総合すれば，税理士は，依頼者において合併や新たな会計用ソフトウェアの導入といった消費税に関する課税仕入れの対象の区分につき慎重な検討を要する状況下において，依頼者の算出した課税仕入れ額の把握に誤りがあることをうかがわせる事実が存在していたにもかかわらず，十分な調査・確認を行わず，誤りを是正しないまま依頼者の作成した資料に基づいて税務申告を行い，その結果，第26期から第28期までの消費税及び地方消費税の過少申告がなされるに至ったのであるから，税理士は，顧問契約に基づく善管注意義務に違反したものと認められる。

⑧　税理士は，依頼者の経理担当者であるNが，会計事務所への勤務経験もある税務知識のある人物であり，同人の作成した資料に依拠して税務申告を行った被告に善管注意義務違反はない旨主張する。なるほど，Nは，約4年3か月間の他の企業の経理部における勤務経験と，約6年間の公認会計士の営む会計事務所における勤務経験を有していたことが認められるが，税理士資格を有してはおらず，これらの勤務先において税務申告に関与したことは

なかったのであるから，Nに，税務に関する専門的知識や経験があったとはいえない。

　したがって，Nの作成した資料の適否について何らの検討を加えることなく，これに依拠して税務申告を行ったのみでは，適正な税務申告を行うことを目的とした顧問契約に基づく善管注意義務を尽くしたということはできず，税理士の上記主張は採用できない。

［税理士としての検討と対策］

　税理士にとって，顧問先企業の経理担当者とのコミュニケーションは重要であることはいうまでもない。経理担当者の資質能力が税理士の仕事に及ぼす影響は大きく，いわば税理士の負担の増減に繋がる。他方で，経理担当者まかせにして，税理士業務を怠っていいかというと，もちろんそういうことではない。

　中小零細企業のなかで，税理士業界は，業務の機械化に成功した業種である。それは，税理士業界が，主要業務である記帳代行を手作業から会計ソフトを開発・製作した企業が売り込んできた会計専用機，いわゆるオフィスコンピュータに変換できたからである。ただ顧問先企業から提供される資料は，相変わらず伝票，帳簿など紙媒体であったから，データの入力作業が税理士事務所の主要な作業となった。

　その後，中小企業がパソコンで事務作業の効率化を図ってきたことを踏まえて，紙媒体ではなく顧問先企業がパソコン用会計ソフトで作成した磁気記録の提供を受けることで税理士事務所も効率化を目指してきた。顧問先企業と同じ会計ソフトを購入すれば，データの互換性が容易である。

　本事案の税理士は，直前期である25期の申告書等を比較検証すれば26期における消費税の計算ミスが自ずから明らかになったはずである。直前期と比較すれば納税額が明らかに少なくなっていることに気が付くはずであり，事業内容が変わらず，多額の設備投資等がない場合で急に納付税額が少なくなることに違和感を覚え，原因を突き止めようとすべきであった。つまり新規の顧問先企業に関する基礎的な情報を確認していない。もちろん経理担当者のNも指摘

すべきだったが，税理士の責任の方が重い。

　また税理士は，膨大な原資料と集計表の照合は不可能と主張する。原資料の
レベルは分からないが，集計表は会計ソフトのデータを印刷した書類であり，
消費税の計算内容が一目瞭然のはずであろう。

　本事案に登場する会計ソフトは，ネット通販や家電量販店でも購入できる決
して高価なソフトではない。税理士と新規契約を締結した時期に，依頼者は新
しく会計ソフトを導入した。それ以前の会計処理の方法は不明ではあるが，当
該ソフトの導入を税理士が推薦したような記載もない。おそらく依頼者の判断
で導入したシステムである。税理士が当該ソフトを利用していないのなら，同
時に税理士も購入すべきである。安価な顧客サービスである。

【林・小林】

税理士の職務と責任の範囲と限界

(参考)
那覇地判平成 23 年 10 月 19 日《平成 22 年（ワ）第 106 号》
(TKC 文献番号 25480593・TAINS コード Z999-0127)
損害賠償請求事件

[着目点]

　税理士は税務に関する法令，実務の専門知識を駆使して，納税義務者の信頼に応え，納税義務者のため税務代理，税務書類作成等の業務を行うに当たっては，調査，納税義務者への説明義務を負うという税務の専門家であり，法律の専門家ではないから，相続税の課税対象を確定する場合に，所有権の移転原因を厳密に調査する義務があるとまではいえないとした事例。

[当事者の関係・立場]

　平成 10 年に死亡した A の相続人は，長男 B 以下 8 人いたが，このうち B の異母弟 C が，A の死後，2，3 週間後に税理士に相談している。A は，何らかの同族会社等を経営していることが窺われるから，税理士は従前から法人の顧問税理士だった可能性も高い。本事案は，B の死後（死亡日不明），B の相続人である B の妻と子らが，税理士に対して，A の相続税申告について，損害賠償を提起しているが，事件番号から提起されたのは，平成 22 年と判読できる。その間，本事案の関係者一族と税理士の関わりは不明である。

[事案の概要]

　A の相続人である B ら（A の子ら）は，税理士に対して，A の遺産相続に係る相続税申告の税務相談を行い，相続税申告業務を依頼した。本件申告書を作成するに当たり，税理士が本件土地の登記簿謄本及び固定資産評価証明書の名義が A の父（相続人らの祖父）であることを確認した。このため，税理士は本

件土地の所有関係を相続人に尋ねるなど調査して，本件土地はＡに帰属すると判断した。

　税理士の作成した平成 10 年 8 月 3 日税務署受付に係るＡの遺産相続についての相続税申告書には，ＢがＡから相続した財産の評価額を 1 億 2,426 万余円とし，Ｂの納付すべき税額を 4,311 万余円とする旨の記載がされていた。同申告書の「相続税がかかる財産の明細書」には，本件土地について，その利用区分が「自用地（居住用）」と「貸宅地」に分かれ，前者の価額を 2,161 万余円，後者の価額を 4,950 万円とし，いずれもＢが取得した旨記載されていた。

　Ｂは，平成 10 年 9 月 22 日，税務署に対して，4,311 万余円の相続税を納付した。またＡの遺産に係る平成 10 年 7 月 28 日付け遺産分割協議書には，Ｂが取得する財産として，本件土地の記載があるほか，Ｂの署名押印があった。

　これに対して，Ｂの死亡後にＢの相続人であるＢの妻及び子らは，税理士が，Ｂの相続において課税対象となる相続財産を調査すべき義務を怠り，あるいはＢに過大な相続税を納税する危険を説明すべき義務を怠った結果，Ｂが相続していない土地についても相続税を納付して損害を被ったと主張して，税理士に対して，不法行為に基づき，Ｂの妻につき損害金 1,233 万余円，Ｂの子らにつき各自損害金 308 万余円の支払等を求めて出訴した。

裁判所の判断

　①　税理士は，税務の専門家として，税務に関する法令，実務の専門知識を駆使して，納税義務者の信頼に応えるべき立場にあるから，納税義務者のため税務代理，税務書類作成等の業務を行うに当たっては，課税対象となる財産の範囲を調査し，これを納税義務者に説明すべき義務を負う。

　②　Ａの相続税申告において，税理士は，本件土地の所有名義人がＡの親であることを確認したことから，Ａの相続人らに事情を尋ねたところ，Ａが本件土地を所有していた旨の回答を得たばかりか，Ｂから，自分が本件土地を相続したと主張された。税理士が，税務の観点に立って，相続税を負担する

ことになるにもかかわらず相続による取得を主張する者の供述に信用性を認めたことには，合理性が認められる。そして，税理士は，遺産分割協議書の内容や本件土地の利用状況も調査し，供述の裏付けを得ている。

③ （職務として）税理士は，税務の専門家であって，法律の専門家ではないから，ある財産を遺産に含めて相続税の課税対象として処理する場合に，所有権の移転原因を厳密に調査する義務があるとまではいえず，税務署が納税行為の適正を判断する際に先代名義の不動産の有無を考慮している現状にも照らせば，税理士が本件土地に関する調査義務に違反したということはできない。

④ Ｂは，自己の納付税額が4,300万円を超える高額なものである上，その納付資金のほぼ全額を銀行借入れによって調達しており，その納付の根拠につき強い関心を有していたものとみられるところ，本件確認書に署名押印し，さらに本件申告書にも押印していることからすれば，税理士が，Ｂに対し，本件土地を同人の相続財産に含めることで，納付する相続税額が増加する旨を説明したとの税理士本人の供述は採用することができる。そして，税理士は，調査を行い，本件土地がＡの親の所有名義になっていることも認識していたのであるから，税理士が，Ｂに対し，本件土地の相続登記のために，Ａの親の相続人（Ａの兄弟等）の遺産分割協議書が必要である旨を伝えたとの税理士本人の供述も採用することができる。

⑤ 税理士がＢに対する説明義務に違反したということはできない。なお，相続財産となる土地が増えれば納付する相続税が増加することは一般人にも容易に認識できることであるし，Ｂは本件確認書等で本件土地の相続税評価額を確認していたものと認められるから，税理士にＢから書面による承諾を得る義務があったということはできず，この点に関するＢの妻らの主張は採用することができない。税理士に注意義務違反すなわち過失を認めることはできないから，税理士のＢに対する不法行為は成立しない。

［税理士としての検討と対策］

　相続税における相続財産の認定では，依頼者と税理士との信頼関係が築かれ，依頼者がすべての相続財産を税理士に伝えなければ，適正な相続税申告を行うことができない。両者の信頼関係の構築が税理士業務を行う前提となる。税理士の側は，相続財産が適正に把握できているかを，依頼者に質問し，自ら調査する必要があるが，これには限界もある。

　本事案では，依頼者に対する質問・調査が適正であったかどうかが争われている。本事案で問題となっているのは，相続財産の認定に当たって，相続税申告業務についての税理士の善管注意義務違反があるか否か，また，損害賠償請求が認められるかどうかという点にある。

　Aの相続に際して，Aの親名義である本件土地がAの相続財産に含まれるかが問題となったが，税理士は，本件土地の所有者の調査内容を踏まえて，Aの相続財産に含まれると判断した。税理士の回答を受けてBは本件土地の相続に係る相続税を納付していたが，Bの死亡後にBの相続人である妻と子らは，税理士の相続財産調査義務の不履行に基因して，Bの相続していない本件土地に係る相続税を納付せざるを得ないという損害を被ったとして，税理士に対する損害賠償請求訴訟を提起した。本件の争点は，相続税申告業務について税理士の善管注意義務違反が認められるか否かである。

　裁判所は，税理士は税務の専門家として，納税義務者のため税務代理，税務書類作成等の業務を行うに当たっては，課税対象となる財産の範囲を調査し，これを納税義務者に説明すべき義務があるとした上で，税理士は税務の観点に立って相続人らに供述を求めるなど調査義務を十分に果たしており，税理士には調査義務違反は認められないと判断した。

　相続財産調査は地道な作業で，手間がかかる。相続財産を把握できていないまま相続手続をしてしまえば，あとで新たに相続財産が見つかり，又は事案のように相続財産ではないものを相続財産に含めてしまう恐れがある。租税は形式ではなく実質に着目して課税されるから，税理士は，その業務遂行上，証拠に基づいて相続税の課税対象が実質的に誰に帰属するかを確認しなければなら

ない。事案の税理士は，本件土地の登記簿謄本や固定資産評価書がAの親名義となっていたところから，本件土地は実質的に誰に帰属するかの調査に着手した。そして，税理士は，司法書士作成の遺産分割協議書の内容や土地の利用状況等の証拠に基づき，本件土地はAに帰属すると確認してAの相続財産に含まれると判断するに至った。同時に，税理士は，財産目録を下に遺産の内容の確認をする書面を作成し，Bを含むAの相続人らの署名押印を得ているなど，用意周到であることを踏まえると，裁判所が，税理士は相続財産の帰属について専門家として適切に認定作業を遂行したとの評価をした判断は，当然の帰結である。近年，不動産（土地・建物）の所有者が亡くなっても，相続登記がされないケースが数多く存在し，社会問題に発展している。このような問題を受け，国は2024年4月1日から相続登記を義務化することを可決した。改正後は，相続発生から3年以内の相続登記が義務化され，期限内に相続登記をしなかった人に罰則が科せられることとなる。所有者不明土地等の発生予防が目的の改正だが，相続財産調査の利便性に有用となろう。

　本事案に残された疑問は，裁判所が「税理士は，税務の専門家であって，法律の専門家ではない」と述べた点である。法律の専門家をいわゆる法曹三者に限るとするならともかく，この判断には違和感がある。もちろん，税務の定義も曖昧である。裁判所は税務の専門家の職務を，「税務に関する法令，実務の専門知識を駆使して」とするから，税務が租税実務の略称ともいえないようだ。

　契約書などの証拠から取引の法的評価を明らかにして，納税義務者のため税務代理，税務書類作成等を行うのが本来の税理士業務である。税額の計算をするだけが税理士業務ではない。また，租税法を専門とする弁護士が少数であるわが国では，税理士が租税法専門の法律家として納税者の権利救済を図るための重要な役割を担っている。そうすると税理士は租税法専門の法律家であり，国家の恣意的課税から国民を守り，納税者の予測可能性と法的安定性の確保に重要な役割を果たす専門職業人であると捉えるべきではないだろうか。

【林・有賀】

公正な顧問契約と税理士の責任

（参考）
東京地判平成 23 年 11 月 16 日《平成 21 年（ワ）第 47815 号》
（WL 文献番号 2011WLJPCA11168004）
損害賠償請求事件

［着目点］

　総勘定元帳を作成せず資料も未整理な依頼に基づく税務申告を行い，税務調査後に修正申告書を提出した税理士に対して善管注意義務違反による損害賠償を求めた依頼者の主張が排斥された事例。

［当事者の関係・立場］

　依頼者は，テレビ番組に関する企画・制作等を業とする会社であり，依頼者の代表者によって昭和 63 年に設立された。B 社及び C 社は依頼者の子会社であり，A 社は依頼者の代表者及びその配偶者が持分ないし株式を保有する会社である。

　依頼者，A 社，B 社，C 社は，平成 15 年 1 月 27 日頃，その経緯は不明であるが，税理士に決算報告書及び確定申告書の作成等の業務を委任した。業務委託契約では，総勘定元帳の作成は税理士の受任業務として含まれていない。依頼者は，税理士に委任するまでの間，8 名の税理士に順次税理士業務を委任しており，また，税務調査を受けたことがあった。

　依頼者は，青色申告の承認を受けており，総勘定元帳の作成が義務付けられていたが，総勘定元帳を作成しないまま税務申告を行ってきた。また，依頼者や関連会社では，貸し借りを記載した帳簿が存在せず，関連会社間の債権債務の状況を知る手がかりは，過去の決算書に記載されている貸付金等の残高と付属の内訳書だけであるなど，帳簿が整っていなかった。しかも関連会社間で決算期が異なっている上，それぞれで債権又は債務として計上している金額が異

なっていたため，関連会社間の債権債務の状況を正確に把握するのは極めて困難な状態であった。

　税理士は，平成15年10月頃，依頼者に対し会計ソフトの導入を薦めたが，拒否された。また，税理士は依頼者の経理担当者に振替伝票の作成を依頼していたが，依頼者の代表者から作成をやめるよう命じられた。

　依頼者の代表者は，平成15年12月頃，税理士に対し，総勘定元帳を作成する必要はないと述べた。税理士は，「青色申告の承認を受けている以上，総勘定元帳を作成する必要がある」旨伝えたが，依頼者の代表者から，「以前の税務調査でも経理担当者の手書きの経費帳で十分に対応することができた。余計なことはしないでほしい。」などと言われた。そのため，税理士は平成16年以降総勘定元帳等の帳簿類の作成を行わないことにしたが，帳簿の整備，作成，管理は依頼者の責任ということにしてほしいと伝えたところ，依頼者の代表者はこれを了解した。こうして，税理士は，平成15年12月以降，依頼者から確定申告書と決算書の作成のみを依頼され，帳簿の作成は依頼者が責任を持つという約定の下で，依頼者及び関連会社の税務申告に関与するようになった。

［事案の概要］

　依頼者が，その税理業務を委託した税理士において，①平成17年7月期確定申告書に関連会社であるA社に対する貸付金を貸倒損失計上したのは誤りであった，②平成19年7月期確定申告書に企画料を経費として計上したのは誤りであった，③税務署による税務調査時への対応が不適切であった，④税務署に対し修正申告書や申述書を提出する際に依頼者に対し何らの説明をしなかったのは不適切であったとし，そのために，依頼者が追徴課税を受けるに至ったのは税務業務委託契約上の善管注意義務や，不法行為法上の注意義務に違反する，また，⑤依頼者が追徴課税を受けた後，異議申立ての手続がある旨の説明義務を負うのに，その説明を怠ったため，法律の規定に従った不服申立ての道が閉ざされてしまったなどと主張して，債務不履行又は不法行為に基づく損害賠償の請求を税理士に求めた。

税理士の主張

　依頼者と依頼者の代表者は法的には別人格であり，A社が代表者に対して貸付金を有していたとしても，依頼者がA社に対して貸付金を有していたことと両立する。依頼者においてA社貸付金を貸倒損失として計上したのを税務署が否認したのは，税理士と税務署の見解の相違というほかない。税務署との間で税法の解釈について見解の相違があったとしても，直ちに被告に善管注意義務や注意義務に違反することにならない。企画料は，依頼者の代表者の指示により計上したものである。税務署への申述書を含む修正申告書等の作成の際，依頼者の代表者に対し，その内容について十分に説明しており，代表者はこれに納得して修正申告書等に署名・押印したものである。

裁判所の判断

①　税理士は，A社貸付金について，A社が依頼者の代表者に対し貸付金債権を有していたとしても，依頼者と代表者は法人格が異なることから，損失計上が可能と考えて，これを損失計上したものである。依頼者と代表者は法人格が異なる以上，依頼者のA社に対する貸付金債権と，A社の代表者に対する貸付金債権とは別個のものであるから，A社貸付金を損失計上するというのも一つの会計判断としてあり得るところである。本件では，税務署が「A社が代表者に対し貸付金債権を有していたため，実体的には依頼者がA社を通じて代表者に金銭を移転しただけであり，依頼者のA社に対する貸付金でない」と判断して否認しているけれども，依頼者らが指摘するような，関連会社間及びその代表者間の金銭貸借については，税務当局が一般に貸倒損失の認定を厳格に解するものであることや，その要件を満たさないと税務署に否認される可能性が高いことの立証はない。そうすると，本件においてA社貸付金を損金計上してはならないとはいえず，税理士がA社貸付金を損金計上したことは業務委託契約上の善管注意義務や不法行為法上の注意義務に違反するものではない。

②　業務委託契約では総勘定元帳の作成は税理士の受任業務に含まれていな

かったこと，依頼者における総勘定元帳の作成は，青色申告の承認を受けていた依頼者にて行うべきであり，依頼者はそのことを知りながら，総勘定元帳を作成しないまま税務申告をしてきたこと，依頼者及び関連会社の帳簿は整備されていなかったこと，税理士は，こうした状況の中で，依頼者の代表者から企画料を経費として計上するよう要求されたこと，税理士が代表者に対し企画料の内容の説明を求めると，代表者は資料を見せて企画料の内容の説明し，債務の実体があるとして経費計上を要求したこと，税理士は企画料の実体があり，その期の経費であれば経費計上が可能であると説明したところ，代表者は企画料の実体があることは間違いがないとして経費計上をするよう税理士に依頼したこと，そこで税理士は企画料を経費計上する内容の確定申告書を作成したことは認定のとおりである。このような事実関係の下で，税理士が，代表者から依頼を受け，代表者の説明を信じて企画料を経費として計上したことは，業務委託契約上の善管注意義務や不法行為法上の注意義務に違反するとはいえない。税理士は，企画料を経費計上する際に，企画料に関する請求書や見積書等を確認していないけれども，依頼者では帳簿が整理されておらず，企画料に関する代表者の説明内容を客観的な資料で確認するのが困難であったことに照らせば，この点は善管注意義務や注意義務に違反しないとの上記判断を左右するものではない。

③　業務委託契約では総勘定元帳の作成は税理士の受任業務として含まれていないこと，依頼者は青色申告の承認を受けていて総勘定元帳の作成が義務付けられており，そのことを知っていたのに，総勘定元帳を作成してこなかったこと，依頼者及び関連会社は帳簿が整備されていなかったことは前述のとおりである。このように，依頼者では総勘定元帳が作成されておらず，依頼者及び関連会社の帳簿も整備されていない状況であったから，税理士である被告といえども，依頼者及び関連会社の費用や入出金の状況についての理解が概括的なものにとどまるのは無理からぬところであり，税務調査当時，税理士において税務署の指摘や指導に対し客観的な根拠をもって反論したり説明することは困難であったといわざるを得ない。そうすると，税理士は，

税理士として業務委託契約上の善管注意義務や不法行為法上の注意義務の一内容として，税務調査当日での調査官からの指摘に対し，その場で反論したり説明したりする義務を負うとはいえず，税務調査の際の調査官からの指摘に対し反論や説明をしなかったとしても，義務違反があるということはできない。

④　税理士は，税務署からA社貸付金の損失計上を否認された際，税務署の見解を受け入れることとしたこと，税理士も，依頼者には不明朗な経費や資金の移動が多かったことから，税務署と対立姿勢をとることによって他の部分への調査が及んでしまうことは避けたいと考え，税務署の見解を受け入れて修正申告書を作成することにしたこと，また，依頼者は，税務調査後，税理士との本件企画料をめぐる打合せを経て，企画料の否認を受け入れることとし，税理士に企画料の否認を認める内容の修正申告書の作成を依頼したこと，こうして税理士は依頼者の意向に沿う修正申告書等を作成し，これに代表者が押印したことは認定のとおりである。税理士はこのような経過により申述書や修正申告書の案を作成したのであるから，税理士は，依頼者が修正申告書等に押印する際に，依頼者に対し必要な説明をしていたというべきであり，税理士に説明義務違反はない。

⑤　依頼者の代表者は長年にわたって会社経営を行い，その間に税理士が受任する前に8人の税理士に順に税務を委任してきたこと，依頼者は青色申告の承認を受けている以上，総勘定元帳を作成する義務があり，そのことを知りながら，総勘定元帳を作成せず，帳簿の整備をしてこなかったことは前示のとおりである。また，依頼者と税理士の会話録音の反訳書，依頼者と税務署の会話録音の反訳書等によれば，代表者は税務について相当の知識を有していることが推認される。このように，税務に関する知識を相当有する代表者が，代表者として，依頼者に課税される額をおよそ把握せず，重加算税の意味も分からないまま申述書を含む修正申告書等に押印したとは考え難い。むしろ，依頼者が，税務署から税務調査を受け，A社貸付金の損失計上や企画料の経費計上を否認するとの指摘を受けた際に，これまで総勘定元帳の作

成をせず帳簿の整備をしてこなかったことを踏まえ，税務署の指導に従い，修正申告を受け入れることにしたというのは相応にあり得る事態と思われる。

[税理士としての検討と対策]

　本事案の依頼者は，まれに見る人物であることはいうまでもない。会社設立以来約15年間に渡って総勘定元帳を作成しないで税務申告を行い，税務調査に対応してきたと豪語し，その間に8人の税理士が交代しているという強者である。本事案の業務委託契約では総勘定元帳の作成は被告の受任業務に含まれておらず，依頼者における総勘定元帳の作成は，青色申告の承認を受けていた依頼者において行うべきであることを知りながら，総勘定元帳を作成しないまま税務申告をしてきた。それよりも驚くべきことは，そんな依頼者と契約を締結した税理士の存在である。税理士は会計処理の健全化を目指したような記述もあるが，結局，税理士は理不尽な損害賠償を求められたことになる。

　依頼者は，A社貸付金の損失計上に係る注意義務違反の有無，企画料の経費計上に係る注意義務違反の有無，税務調査への対応に係る注意義務違反の有無など複数の事項を争点としているがどの請求も棄却されている。

　依頼者は，税理士が請求書や見積書等を十分に確認することなく企画料を経費計上したのは，業務委託契約上の善管注意義務や不法行為法上の注意義務に違反すると主張した。税理士が依頼者に対し企画料の内容の説明を求めると，依頼者は資料を見せて企画料の内容を説明し，債務の実体があるとして経費計上を要求した。税理士は企画料の実体があり，その期の経費であれば経費計上が可能であると説明すると，依頼者は企画料の実体があることは間違いがないとして経費計上をするように税理士に依頼した。税理士は企画料を経費計上する際に，企画料に関する請求書や見積書等を確認していないが，依頼者では帳簿が整理されておらず，企画料に関する依頼者の説明内容を客観的な資料で確認するのが困難であったと裁判所は判断した。

　税理士は，依頼者から確定申告書と決算書の作成のみを依頼され，帳簿の作成は依頼者が責任を持つという約定のもとで申告に関与していた。本事案のよ

うな契約内容であれば，原始資料をすべて確認することは難しい。しかし，依頼者のこれまでの言動からすれば，高額な企画料を経費計上の依頼があったような場合には，トラブルを避けるための意味でも聞き取りだけでなく契約書や請求書といった原始資料を確認すべきであった。本事案では，税理士に対する報酬額は明示されていないが，高額な報酬を支払うような依頼者の代表者とも思えない。やはり税理士としての職責を認識すべきである。

【林・初鹿】

税理士の助言・指導の真偽

（参考）
東京地判平成 24 年 2 月 27 日《平成 21 年（ワ）第 40463 号》
（TKC 文献番号 25491869）
損害賠償請求事件

［着目点］

　所得税の更正処分等を受けた依頼者に税理士が本税を納めなければ延滞税が発生することを説明せず，訴訟により争えば必ず勝てる旨の誤った指導をしたなどの依頼者の主張が否定された事例。

［当事者の関係・立場］

　依頼者は，賃借していた店舗併用住宅で飲食業を営んでいたが，家主との賃貸借契約に関する訴訟・和解の結果，同住宅及び和解金を取得したが，課税庁からの，いわゆるお尋ね文書を受け取った際に，税理士に依頼した。依頼の経緯は不明である。飲食業として納税申告については明らかではない。税理士は依頼者の訴訟費用，納税資金など約 240 万円を立て替えているが，その間，税理士が依頼者から収受した税理士報酬等については記載がない。

［事案の概要］

　依頼者は，店舗併用住宅を賃借し，飲食業を営んでいたが，家主との賃貸借契約に関する紛争が生じ，訴訟の結果，依頼者は家主に 1,000 万円を支払うことで店舗併用住宅を取得し，併せて家主から和解金 900 万円の支払を受けた。

　税理士は，依頼者から，課税庁から送付された「取得不動産についてのお尋ね」と題する書面への記入と平成 9 年分確定申告書の作成等を依頼され，それが契機となり依頼者の顧問税理士となった。

　税理士は，依頼者の説明に基づき，店舗併用住宅について譲渡所得額を算出

し，和解金については，一時所得の額と算出した確定申告書を作成し，課税庁に提出した。

依頼者は，課税庁に対し，和解金は非課税とされる損害賠償金及び慰謝料に該当するのに，税法の無知から一時所得の収入として申告したものであるなどと主張して，更正の請求をした。依頼者は課税庁との間で，ときには深夜まで及ぶ交渉を重ね，課税庁から，和解金のうち250万円程度を非課税の慰謝料として認める余地はあるが，更正の請求では対処できないので，これを取り下げ，改めて嘆願書を提出してもらうことで対応したいとの提案がされた。

税理士は，依頼者に対し，〔1〕和解金の全額が慰謝料であると主張し続けると，課税庁は全額を非課税とする根拠がないとして，更正の請求を却下することとなり，その場合，国税不服審判所に不服申立てをしても認めてもらえる見込みはない，〔2〕和解調書には慰謝料の額が明記されていないため，課税庁がいう250万円以上に慰謝料を認めてもらうためには，和解金の内訳を具体的に証明しなければならないが，どのようにして証明するかが問題であるなどと説明したが，依頼者は，課税庁が非課税の慰謝料を500万円と認めるなどと主張し，譲らなかったため，交渉は決裂した。

課税庁が依頼者の請求には更正すべき理由がない旨を通知したところ，依頼者は激怒し，依頼者は，差置送達された通知書を返送した上，署長に会わせてもらえるまで通知書を受け取らないなどと記載した文書を課税庁に送付した。

課税庁は，和解金は一時所得に当たるとして，更正処分等を行ったが，依頼者は，異議申立て，審査請求を経て，更正処分等の取り消しを求めて提訴した。その際に税理士は依頼者に弁護士を紹介し，弁護士に対して訴訟実費，着手金を支払い，さらに不動産鑑定費用を支払った。

東京地方裁判所は，依頼者の請求を棄却したが，依頼者は1審判決を不服として本人訴訟により控訴したが控訴棄却され，さらに上告したが不受理となった。

依頼者は，税理士が本税を納めなければ延滞税が発生することを説明せず，更正処分等は誤りであるから，異議申立て，審査請求あるいは訴訟により争え

ば必ず勝てる旨の誤った指導をしたため，これを信じて本税を納めなかったことから，延滞税を負担することとなったと主張した。

税理士の主張

依頼者に対し，更正処分に示された金額を納めるべきこと，納めない場合には延滞税が発生することを説明していた。更正処分に対して異議申立て，審査請求，訴訟をすれば絶対に勝てるなどという指導を依頼者にしたことはない。依頼者は本税を納めなければ延滞税が発生することを知っていたし，更正処分に示された税金を納めなかったのは資金がなかったためであったから，依頼者が主張する税理士の行為と延滞税相当額の損害の発生との間には因果関係がない。

裁判所の判断

① 税理士は，依頼者の主張に係る事実を強く否定し，依頼者に対し，争う場合でも本税だけは納めるべきである旨を何度も助言したが，依頼者は納めるお金がないと言うばかりで納税しなかったのである旨を陳述・供述しているところ，以下の検討に照らせば，税理士の陳述・供述が明らかに自然で信用でき，依頼者の陳述・供述は到底採用できないというべきである。

② そもそも本税を納めなければ延滞税が発生することは，税理士が相談者に助言する際に注意喚起しないはずがないと考えられる基本事項である上，依頼者が更正処分を受けて最初に税理士に相談した際に持参した更正処分の通知書には，「本税には，確定申告期限の翌日から納付する日まで延滞税がかかりますから，別添の『延滞税の計算方法』により延滞税を計算して同時に納付してください。」と明記されているのであり，本人尋問においてその点を追及された依頼者は，当初は，「この説明は自分には分からないので，税理士のところに行ったが，税理士から説明はなかった」旨弁明したものの，さらに追及されて，延滞税のことは上記通知書を受け取る以前より税務署員

から聞いて知っていた旨を自認するに至っているのであるから，延滞税の説明がなかったから損害が生じたという依頼者の主張が失当であることは，この点のみからも既に明らかというべきである。

③　滞納税額の一部を支払った場合には本税から充当され（国税通則法62条），還付加算金の制度（同法58条）も存するから，納税者にとっては，資金さえ有するのであれば，処分が後日取り消される可能性の大小にかかわらず，本税を一旦納税しておくことが合理的であることは明らかであり，税理士はもとより上記制度を念頭においていたはずであるから，税理士が供述するとおり，争うとしても本税だけは納めておいた方がよいと助言するのが当然であって，争えば必ず勝てると言われたから納税しなかったという依頼者の主張自体が，不自然・不合理なものである。

④　依頼者は，更正処分の前にされた更正請求に係る交渉の頃から，自らの主張に固執し，税理士の助言にもかかわらず課税庁に対する要求を譲歩しなかったし，取消訴訟1審判決が言い渡された後依頼者との話合いにおいても，独自の見解に基づいて同判決の証拠評価や事実認定を非難し，同判決で採用された証言を何としても覆したいなどと述べ，挙げ句は，税理士や弁護士の方から依頼者に対し，控訴して1審判決をひっくり返したい，これをさせてくれと申し出るべきであるなどとして，控訴に消極的な弁護士や税理士の姿勢を非難するなどし，その後も本人訴訟で控訴，上告，再審と，執拗に係争を続けているのであって，これらの事実に照らせば，依頼者は更正処分が誤りであるとの自らの強い思い込みに基づき係争を続けたのである旨の税理士の陳述・供述が明らかに信用できるというべきである。さらに，依頼者は，依頼者自身の主張によっても「税理士の指導の誤り」を知ったはずの時期においてすら，本税を支払わずに延滞税を発生させ続けて現在に至っていること，依頼者は税理士に平成9年分の確定申告書作成を依頼した頃，納税資金として500万円しか用意していなかったため，更正処分以前の平成10年の特別区民税・都民税の納税についても納付する見込みが全くないとして減免の申請をしていたこと等に照らせば，税理士が陳述・供述するとおり，依頼

者が本税を納付しなかったのはその資金がなかったためであることもまた，明らかというべきである。

⑤　税理士が異議申立て，審査請求あるいは訴訟により争えば必ず勝てる旨の指導をしたとの依頼者の主張についても，そもそも税務署や国税不服審判所，裁判所が将来行う判断を予め断定することができないのは当然のことであって，専門家たる税理士が依頼者に対して争えば必ず勝てると断言するなどということ自体が不自然・不合理な話でにわかに考え難いところであり，もとより税理士もこれを明確に否定する供述をしている。

⑥　依頼者は，依頼者と税理士との間でされた会話を一方的に録音したものの反訳書等を提出し，これらの中で依頼者が，「税理士から『審判所で負けても訴訟をすれば勝てる』などと言われた」旨の発言を繰り返しているのに，税理士が強い否認をしていないことから，依頼者の発言のような事実があったことが明らかであるなどと主張する。しかしながら，そもそも上記各録音は，1審判決が言い渡された後や再審請求が却下された後の時点で，依頼者が，税理士から金銭の交付を受けたい等の意図で，その手段あるいは証拠とするために録音したものであると推認され，その内容の理解に当たっては，依頼者の上記意図等に配慮すべきである上，その内容を見ても，依頼者の上記発言に対する税理士の対応は，従前から繰り返し持ち出されて何度も否定してきた話の蒸し返しであるとして，正面からは相手にしない態度をとっているものと認められ，むしろ，上記発言に係る事実を認めない姿勢で一貫しているということができるから，依頼者の主張は採用できない。

[税理士としての検討と対策]

　本事案では，税理士も依頼者に対して立て替えた約240万円の返済を請求したが，裁判所は依頼者に対して全額弁済を命じている。ただささほど長い付き合いでもない依頼者の訴訟費用や納税資金を立て替える行為は，税理士業界の感覚では奇異に感じることは否定できない。

　当初の確定申告において，和解金の非課税性を考慮しなかったことは議論の

余地があるかもしれない。しかし，その後の課税庁との交渉で，和解金の一部を非課税とする妥協案を引き出したり，拒否した場合の課税庁の方針の予測など，税理士は依頼者に適切な助言をしたことが窺われる。

　依頼者は，更正処分等取消訴訟では，税理士から紹介された，税務訴訟では著名な弁護士に依頼したが，その後は弁護士や税理士の助言を斥け，本人訴訟で最高裁まで争い敗訴した。ただ，本事案では，依頼者は新たに弁護士を選任している。

　税務知識に関する依頼者への指導や情報提供は，基本的な顧問契約に含まれている場合が多い。ただし，指導したか，していないか，税理士自身も何件も顧問契約を持っている場合には，忘れてしまう可能性も否定できない。この対策として，税理士側で，依頼者とのやりとりの内容，相談事等は少なくとも記録しておくことが有効である。

【林・小林】

税理士の顧問契約上の助言と指導義務

（参考）
東京地判平成 24 年 3 月 30 日《平成 22 年（ワ）第 42085 号》
（TKC 文献番号 25492446・TAINS コード Z999–0132）
損害賠償請求事件

［着目点］

　顧問契約書の内容や顧問料の金額から税理士が依頼者の業務内容を積極的に調査し，又は予見して，依頼者の税務に関する経営判断に資する助言，指導を行う義務は原則としてなかったとした事例。

［当事者の関係・立場］

　依頼者である法人の設立手続は，税理士が担当している。一方，税理士は，依頼者である法人の代表者は，経験豊富な経営者である旨主張している。また顧問契約の締結の際に，依頼者から顧問報酬を低額にしてほしいとの希望が出され，税理士法人は承諾している。これらのことを踏まえると，依頼者である法人の代表者又は関係者と税理士法人は従前から何らかの関わりがあり，新たな事業を始めるに当たり，法人の設立手続から税理士法人に依頼したのではないかと推察するが，経緯は不明である。

［事実の概要］

　平成 20 年 1 月に設立された映画制作等を業とする株式会社である依頼者は同年 3 月に税務等に関する顧問契約を税理士と締結した。依頼者は設立時の資本金が 1,000 万円未満であったため，平成 20 年 1 月から同年 9 月末までの第 1 期は消費税の免税事業者，第 1 期中に資本金を 3,602 万円に増加させたため同年 10 月 1 日から平成 21 年 9 月末までの第 2 期は課税事業者となり，同年 10 月 1 日から平成 22 年 9 月末までの第 3 期は，その基準期間に課税売上がな

く，かつ課税事業者選択届出書を提出しなかったため，免税事業者となった。

依頼者は平成21年1月に訴外の出資者らと依頼者を幹事会社とする寺院向けDVDの制作委員会を組織した。幹事会社である依頼者は10万枚の購入を保証し，同年7月末日までに発注本数が保証本数に満たなかった場合は，不足する分のDVD制作委員会収入に相当する金員を支払うこととなった。

DVDは寺院向けに特別に製造されたもので一般に市販することが許されておらず，その販売状況は販売を開始してすぐに行き詰まった。そこで，最低保証分の支払を依頼者が同年7月末までに履行できない可能性が高いことから同年5月にDVD10万枚は，不足する制作委員会収入分の金員で依頼者が買い取った形とし，依頼者が頒布していくこととなった。

上記のような事情により依頼者は第2期末において，約3億4,700万円のDVD在庫を有していた。依頼者は，第2期は課税事業者であったが，翌第3期は免税事業者となるため，その在庫分に係る仕入税額控除を第2期に受けることができなかった。

依頼者は，税の専門家である税理士は依頼者が仕入税額控除を認められる届出制度を知っていると確定できない限り，専門知識のない依頼者に対して届出書を提出して課税事業者となるか，提出せずに免税事業者となるかを選択できる制度が存在することを予め助言する義務があったと主張し，専門家として指導・助言義務の債務不履行が生じたとして，在庫に係る仕入税額控除相当額約1,600万円の損害賠償を税理士法人に求めた。

税理士の主張

税理士のウェブサイトには，「月1回お伺いする」旨等の記載があるが，これは，税務顧問契約のモデルケースを示したものにすぎず，本件顧問契約の内容を補充するものではない。また，本件顧問契約は，依頼者から顧問報酬を低額にしてほしいとの希望が出されたのに対し，記帳業務等の日常的な経理業務を依頼者自身が担当者を置いて行うのであれば可能であると回答し，

これについて依頼者から了承を得た上で，顧問報酬を月額2万円という低額に抑えて契約締結に至ったという事情があり，毎月巡回することや経理業務を丸ごと請け負うような記帳義務を負うものではない。

裁判所の判断

顧問契約において，契約書上の委任業務の範囲は，税務代理及び税務書類の作成，税務調査の立会，税務相談，会計処理に関する指導及び相談，財務書類の作成，会計帳簿の記帳代行と定められており，依頼者の税務に関する経営判断に関する助言，指導を行う旨の業務まで含むとは定められていないこと，税理士による依頼者の定期訪問が予定されていないこと，依頼者は税理士に対して委任業務の遂行に必要な資料等を提供する責任を負うものと定めていること，顧問報酬は月額2万円と比較的低廉であることが認められる。

これらの事情からすれば，税理士が顧問契約上なすべき業務は，基本的に契約書に明記された上記の税務代理や税務相談等の事項に限られるものであり，当該税務相談として依頼者からの税務に関する個別の相談又は問合せがない限り，税理士において依頼者に対し，依頼者の業務内容を積極的に調査し，又は予見して，依頼者の税務に関する経営判断に資する助言，指導を行う義務は原則としてないものと解すべきである。

顧問契約は，被告が税理士法人であり専門的知識を有することを前提として締結されたものであるからすれば，依頼者からの個別の相談又は問合せがなくても，依頼者から適切に情報提供がされるなどして，被告において，依頼者の税務に関する行為により課税上重大な利害得失があり得ることを具体的に認識し又は容易に認識し得るような事情がある場合には，依頼者に対し，その旨の助言，指導等をすべき付随的な義務が生じる場合もあるというべきである。

依頼者において第3期に課税事業者となることが消費税法上有利であるといえるのは，第3期及び第4期において生じる消費税負担額より第2期末において仕入控除し得た在庫に係る消費税額の方が多い場合に限られ，具体的

には，第2期末の時点で仕入額が高額となる大量の在庫を抱え，かつ，それを翌期以降の事業年度にも販売することが見込めないような特段の事情がある場合に限られるものというべきである。全証拠によっても，税理士がそのような特段の事情があったことを具体的に認識し又は容易に認識し得たと認めるに足る証拠はない。

　顧問契約において，税理士は，依頼者に対し，第2期中に依頼者の業務内容を積極的に調査し，又は予見して，依頼者の税務に関する経営判断に資する助言，指導を行う義務は原則としてなく，税理士法人は，第2期末までに，依頼者が本件届出書を提出して課税事業者となった方が課税上有利になることを具体的に認識し又は容易に認識し得たとはいえないから，税理士法人に本件届出書の提出を助言する義務があったとは認められない。

［税理士としての検討と対策］

　税理士が依頼者から，期末に在庫として有していた棚卸資産について，税理士が消費税法上の課税事業者選択届出の提出に関する指導，助言等の義務を怠ったことから，仕入税額控除を受けることができなかった，として訴えられた，という事案である。

　税理士の本来の業務は依頼者の税務代理であるが，依頼者は税理士に対し様々なことを期待し，依頼する。一口に顧問契約と言っても様々であり，申告書の作成だけを依頼する場合もあれば，日々の帳簿チェックから経営コンサルタント的な業務まで期待され依頼される場合もある。当然，その契約によって税理士の依頼者に対する関与の仕方も変わってくることとなる。そのため顧問契約書で委任業務の範囲を明確にすることが必要といえる。

　顧問契約書に記載がない場合でも税理士は専門家として依頼者の業務内容を積極的に調査又は予見して，指導や助言をしなければならないのか。税理士は専門家としてどこまで指導や助言等に対する義務を負うのかが問題となった。

　裁判所は，顧問契約の内容を事実認定し，業務内容を積極的に調査，予見して，税務に関する経営判断に関する助言，指導を行う義務はないとした。ただ

し，依頼者から適切に情報提供がされるなどして，税理士において，課税上重大な利害得失があり得ることを具体的に認識し又は容易に認識し得るような事情がある場合には，その旨の助言，指導等をすべき付随的な義務が生じる場合もある，としている。なお，裁判所は，顧問報酬の月額2万円を比較的低廉であると認定していることは興味深い。

　本事案は，消費税の課税事業者選択届出書を提出していれば受けられていたであろう仕入控除を，受けることができなかったとして，その仕入控除相当額の損害賠償を求めた。課税事業者選択届出書はその適用を受けようとする課税期間の初日の前日までに提出しなければならない。3億円以上の在庫が期末に発生しそうであり，しかもその在庫は翌期において売れる見込みがない，という事情を税理士が期末までに把握していれば課税事業者選択届出書の提出を提案できたことになる。少なくとも3億円以上の在庫を期末に抱えそうである，という事情だけでも認識していれば，税務上の対策を講じることができたかもしれない。ただそのような事情は，依頼者からの事前の情報提供又は税理士からの積極的な働きかけがなければ知り得ない事情といえる。そこで，税理士が依頼者の業務に対して積極的に調査，予見しなければならない責任があったかが問題となった。

　一般に依頼者と税理士の顧問契約は，依頼者ごとに，経営コンサルタントとして経営判断に関する助言・指導まで含めたものや，申告書の作成だけに限定したものなど様々な契約がある。また，訪問頻度にしても，毎月の訪問を約束している場合や訪問するのは決算時のみの場合と様々である。また，決算時のみの契約ではなくとも，依頼者から資料が提示されないことにより事業内容が把握できず，結果的に対策ができないということもあり得る。

　税理士に対する損害賠償請求事件は今後，増加する可能性は否定できない。日頃から顧客と密接な連絡をとることの重要性はいうまでもないが，従来からの契約で契約書等を作成していない依頼者に対しても，改めて契約書を作成し，委任業務の範囲や資料の提供責任等を書面で定めるなどの対策を考える必要があることを示している。特に税理士の損害賠償請求で多いのは消費税事案であ

る。依頼者から資料や情報が提示されている場合に，消費税申告で原則課税と簡易課税のいずれが有利か，免税事業者で課税事業者選択届出書を提出すべきかなどの検討は必要である。

　なお，本事案では，税理士のウェブサイトの記載内容が争点となった。宣伝とはいえ，安易な文言や誤解を招きやすい業務の掲載など留意すべきである。

【林・初鹿】

CASE
21

税理士事務所を退職した者の
競業避止義務

（参考）
大阪地判平成 24 年 4 月 26 日《平成 22 年（ワ）第 6766 号》
（TKC 文献番号 25444537・TAINS コード Z999-0130）
損害賠償請求事件

[着目点]

　競業避止義務についての特段の合意をするのでない限り，顧客に対し退職の
挨拶をする際などにおいて，退職後の取引を依頼したとしても，常に，雇用契
約継続期間中における競業避止義務違反とはいえないとされた事例。

[当事者の関係・立場]

　原告 B は税理士である。被告 C は，B の事務所に約 4 年間勤務した後，平
成 21 年 7 月に退職した。被告 E は，同じく B の事務所に約 2 年 7 か月勤務し
た後，平成 21 年 8 月に退職し，税理士を開業している。

[事案の概要]

　税務書類の作成を行う原告有限会社 A 会計事務所の代表者である原告 B は，
B 税理士事務所の屋号で税務代理及び税務相談等を行っている。被告 C は，平
成 17 年 8 月 23 日から平成 21 年 7 月 17 日まで A 会計事務所に勤務していた
が，現在は，株式会社 D 社の代表取締役である。被告 E は，平成 19 年 1 月 5
日から平成 21 年 8 月 12 日まで A 会計事務所に勤務していたが，現在は税理
士である。

　A 会計事務所の就業規則では，従業員に対して，就業中及びその後における
業務上知り得た顧客情報等に関する守秘義務を課し，義務違反に対する損害賠
償義務責任を規定していた。平成 21 年 8 月頃，B は就業規則を改訂し，従業
員が，退職前後における顧客への働きかけ，顧客からの勧誘に応ずる関与を禁

じ，当該違反に対する損害賠償責任を規定した。

　C及びEは，A会計事務所を退職するに当たり，「秘密保持に関する誓約書」を作成・提出した。Eは，退職するに当たり，別途，「確認書」と題する書面を作成・提出した。

　C及びEがA会計事務所を退職した後，C及びEの担当していた顧客の大部分が，A会計事務所との契約を解除した上で，Cとの間で記帳代行業務に関する契約を締結し，Eとの間で税務申告業務に関する契約を締結した。

　Bは，C及びEに対し，就業規則等に違反し，違法にBと競業し，かつ，不正の利益を得る目的で，Bから示された営業秘密を使用したなどとして，各雇用契約の債務不履行ないし不法行為並びに不正競争防止法2条1項7号及び同法4条に基づき，6,090万円の損害賠償金の支払等を求めて出訴した。

税理士の主張

　記帳代行業務及び申告業務は，税理士事務所に対する信頼を基礎とするものであり，担当者個人に対する信頼を基礎とするものではないから，被告らによる担当顧客らに対する積極的な働きかけがなければ，原告との顧問契約が解除されることはなかった。

　少なくとも被告Cは，税理士資格を有しないから，被告Eと協力することを前提として担当顧客らに積極的に働きかけたのでない限り，担当顧客らが原告との契約を解除し，被告Cと新たに契約を締結することはなかった。

裁判所の判断

①　C及びEは，Bらとの間で雇用契約を締結していたのであるから，雇用契約継続中，一定の競業避止義務を負う。もっとも，特段の競業避止義務について合意するのでない限り，顧客に対し退職の挨拶をする際などにおいて，退職後の取引を依頼したとしても，そのこと自体が，常に，雇用契約継続期間中における競業避止義務には違反しない。また，特段の合意のない限り，

Ｃ及びＥが退職した後，上記競業避止義務を負わない。

②　本件就業規則は，「退職前後における顧客への働きかけ，顧客からの勧誘に応ずる関与」を一般的に制限するものであるところ，退職後に担当顧客らから従前の人間関係に基づき新たに契約の締結を求められたような場合にも，これに応じることを禁止するが，税理士の資格を有する者に対しても課されるものであることや，期限の定めがないことも併せ考えると，雇用者が従業員に対して一方的に課す制限としては過剰な制限を課すものというほかなく，社会通念上，相当な内容のものとは言い難い。また，このような競業避止義務を課すに当たり，何らかの代償措置が執られたことも窺われない。ＥがＢらを退職した当日に届出がされた本件就業規則は，合理的なものではない。

③　担当顧客らは，Ｂらとの契約を解除する意思をＣ及びＥに伝えた後に，仮にＢらから翻意するように働きかけられたとしても，Ｂらとの契約を継続することはありえないと述べており，Ｃ及びＥが担当顧客らにおいてＢらとの契約を解除することについてＢらに報告しなかったことについて，仮に何らかの義務違反が成立するとしても，少なくともＢらが主張する損害との間に因果関係はない。

④　本件は，担当者と顧客らとの間の個人的信頼関係に依存する業務の性格から，担当顧客らが全く信頼関係のないＢらとの契約を維持することよりも個人的信頼関係の成立しているＣ及びＥが引き続き担当することを選択したと評価することが十分に可能な事案である。Ｃ及びＥの行為について，Ｂらに対する違法な競業行為であるとまでいうことは困難である。

⑤　本件就業規則，本件各誓約書，本件確認書の各文言からすると，本件情報のうち，開示，漏洩，使用が禁止されている情報は，不正競争防止法上の営業秘密に相当する。Ｃ及びＥが，担当顧客に対し，契約締結を積極的に働きかけた事実を認めることはできず，その際，本件情報を使用したと認めることもできない。担当顧客のところへ退職の挨拶に赴いたからといって，その限度では，Ｂらの業務の一環として赴いたという側面を否定することはで

きず，本件情報のうち，担当顧客の社名，氏名，住所，連絡先に関する情報を自己のために使用したということもできない。

⑥　本件情報の使用に関して，C及びEに不正競争防止法違反の事実を認めることはできない。

[税理士としての検討と対策]

　税理士事務所に限らず，独立を夢見て，同業他社に勤務してスキルを磨く従業員は多い。問題となるのは，当該従業員が同業で独立した場合，以前の勤めていた事務所と顧客が当然，重なることになる。この場合に備えて，通常は，就業規則等で競業避止義務を定めることになるが，使用者及び従業員という対立する立場であることから，妥当な規則を作成することは難しい。

　一方で，顧客は自由に顧問先を選択することから，当然，顧客が，従業員が独立，開業した事務所を選択する場合もある。これは競業避止義務違反には当たらない。

　本事案で問題となったのは，税理士補助業務に従事し，退職した元従業員が，就業規則等に規定される競業避止義務に違反して，税理士事務所及び税理士に対して損害を与えたかどうかという点である。

　裁判所の見解は，従業員は，雇用契約継続中には一定の競業避止義務を負うが，特段の合意のない限り，顧客への退職の挨拶などで退職後の取引を依頼することは，競業避止義務に違反せず，また退職後は，従業員は競業避止義務を負わないというものである。本事案では，特段の合意に当たる，「退職前後における顧客への働きかけ，顧客からの勧誘に応ずる関与」を禁じる就業規則について，裁判所は，税理士の資格を有する者にも課され，期限の定めがなく，何らの代償措置も執られていないことを考慮すると，不合理な制約であり，就業規則は適用できないとしている。

　顧客らは，Bらとの契約解除意思を持って契約解除を行ったのであるから，C及びEの行為と契約解除による損害との間に因果関係がないと，裁判所は指摘する。その上で，記帳代行業務及び申告業務が，担当者と顧客らとの間の個

人的信頼関係に依存する業務の性格を有すると確認している。その結果，C及びEが，全く信頼関係のないBらとの契約を解除し，個人的信頼関係の成立しているC及びEとの契約を締結したと評価し，C及びEには違法な競業行為はないと判示した。

判決は，就業規則の不合理性に言及した上で，就業規則違反ではなく，C及びEの行為が違法な競業行為に該当するかによる判断である。事務所退職後に競業避止義務を課す場合には，退職従業員に対する著しく不合理な取扱いは排除されなければならない。本事案の就業規則では，義務履行の期間や義務履行に対する報償等が規定されていないところから，就業規則は適用できないとした判旨は，妥当なものといえる。

競業避止義務契約は，企業利益の保全のために行うことが前提となるが，競業避止義務契約が職業選択の自由を制約しないように配慮を行う必要もあるため，両者のバランスが重要となる。

経済産業省は，平成24年に行った委託調査（「平成24年度　人材を通じた技術流出に関する調査研究」本編）において，競業避止義務契約の有効性の判断について記載された報告書を公開している。そこには，判例をもとに競業避止義務契約の有効性の判断の分析，検討を行っており，①守るべき企業の利益があるかどうか，②従業員の地位，③地域的な限定があるか，④競業避止義務の存続期間，⑤禁止される競業行為の範囲について必要な制限が掛けられているか，⑥代償措置が講じられているかといった項目に基づき，規定自体の評価及び競業避止義務契約の有効性判断を行っているとしている。

裁判になった際は，企業側はこれらの項目の合理性を示して，競業避止義務を求める必要性があることを証明しなければならない。もし，合理性が認められず，退職者の職業選択の自由を不当に拘束すると判断された場合には，退職金の減額や，損害賠償請求などはすべて無効になるため注意が必要である。

もっとも，裁判所は，記帳代行業務及び申告業務が，担当者と顧客らとの間の個人的信頼関係に依存する業務の性格を有するとしているが，税務代理，税務書類の作成，税務相談は，税理士のみが行うことができる税理士業務である

（税理士法2①）。税理士業務を遂行するには，担当職員と顧客の信頼関係が前提となるが，税理士業務は，租税法の専門家である税理士が，独立した公正な立場で，申告納税制度の実効性を担保するために行う業務である（同法1）。つまり，通常の業務委託契約と税理士業務の委託契約とでは，その性格が大きく異なる。このことに裁判所は，言及すべきである。

　税理士事務所に勤務する従業員は，将来，税理士としての独立を目指して，業務に従事する者も多い。従業員の退職・独立と一緒に，担当の顧客も移動することは，よくある業界の話題である。独立当初なら経費が掛からないのだからと，顧客から報酬の値下げを要求されたというしたたかな顧客もいる。独立したのに顧客が付いてこなかったということも聞く。結局，経営者である税理士自身と顧客との信頼関係の構築と維持が事務所経営の基本であると肝に銘じたい。

【林・齋藤】

相続税申告における依頼者の
虚偽の説明と税理士の責任

(参考)
東京地判平成 24 年 10 月 16 日《平成 23 年（ワ）第 27874 号》
(TKC 文献番号 25498362・TAINS コード Z999-0137)
損害賠償請求事件

[着目点]

　納税者の説明を信用し保険契約を有効として相続税の申告を行った税理士法人に，保険契約の有効性を確認しなかった責任はないとした事例。

[当事者の関係・立場]

　長男，三男 A 及び本事案の原告である長女 C の 3 人は，母 B の共同相続人である。本事案の被告である税理士法人が，相続人らから受任した経緯は不明である。C は，税理士法人に所属する税理士が，A の妻の友人であり相続税対策の相談に乗っていたと主張するが，税理士は否認している。申告までの作業は，相続人を代表する A と税理士が面談しながら進めている。税務調査においても，税理士が立ち会っていた模様である。

[事案の概要]

　相続人である三男 A は，被相続人である母 B が亡くなった平成 20 年 12 月 19 日の 3 日前に証券会社の社員と B が入院していた病室を訪れた。そこで B の了解が得られたとして病院の控え室で A が B の署名を代筆することにより受取人を C，A 及び A の子の 3 人とする年金保険契約の申込書を作成し，同日保険会社に保険料 3 億円が支払われた。

　B が亡くなった後，相続人らは，税理士に相続税申告手続を委任した。税理士は，相続人らに対し B の相続財産について聞き取りを行い，資料の提出を求めたところ，相続人らは，他の資料とともに，上記保険契約に基づいて保険金

の受給権が確定したことを知らせる支払調書を提示した。その際，税理士に対しＡは，Ｂがこの保険によって今後を憂うことがなくなったと喜んでいたことなどを説明していた。

　その後，課税庁から調査を受けた際，相続人らは，保険契約はＢの真意に基づくものでありＢも喜んでいた，などと調査官にも説明した。しかし，課税庁がＢのカルテを取り寄せるなどして分析したところ，亡くなる３日前にはＢは「刺激をしても覚醒しない状態」であり，保険契約を締結することができる状態にはなかったことが判明した。そこで課税庁は，保険契約当時，Ｂは意思表示できる状態にあったとはいえず，保険会社に支払われた３億円の保険料の返還請求権が相続財産に含まれるなどとして，相続税の更正及び加算税の賦課決定を通知した。

　相続人らは，当初，課税庁と争う姿勢であり，税理士法人に対し，弁護士の紹介を依頼した。税理士法人は，相続人らに弁護士を紹介するとともに，異議申立てを勧めたが，相続人らは，結局，弁護士に委任することも異議申立ても行わなかった。

　しかしその後，Ｃが，税理士法人は保険契約の有効性を調査検討すべきであり，有効性が否定される可能性が高いのであれば，これを依頼者であるＣに伝え，適正な税務申告をすべきであったにもかかわらず，有効性を検討することを怠ったのであり，税理士法人には債務不履行があり加算税及び延滞税相当額15,382,200円と申告手数料200万円の合計17,382,200円の損害を被った，として税理士法人に対し損害賠償請求を行った。

税理士の主張

　税理士には強制調査権限がないから，税務申告の委任を受けた税理士としては，委任者がもたらす情報に依拠して税務申告業務をすれば足りる。本件委任契約上も，相続人らが提供する情報が事実に反するものであるか否かを調査することは委任外事項であるし，課税当局が本件保険契約の有効性を否

認する可能性を検討することも委任業務の範囲外であったから，本件保険契約の有効性を調査検討する義務はない。

裁判所の判断

① Ａは，税理士に対し，保険契約に係る支払調書を示し，保険会社において相続人らの保険金の受給権を確定させたことを明らかにしたほか，Ｂが保険契約を締結した理由や，保険契約が締結できて喜んでいたことなどを説明したのである。そうすると，保険会社が相続人らの受給権を確定させて保険契約の効力を認めている上，Ａの語る内容は特に不自然なものではなく信用し得るものであるから，税理士において，Ａの提供した資料と説明が不十分，不適切なところはないと判断したからといって，税理士としての義務に違反したと認めることはできない。

② この点，Ｃは，保険契約の締結日のわずか３日後にＢが死亡したことや，合計３億円もの巨額の保険料が支払われていることから，課税当局が保険契約の有効性を否認する可能性があることは，専門家でなくとも容易に認識可能であり，専門家である税理士としては当然に認識すべき事柄であった旨主張する。しかし，Ｂの申告書上の相続財産の価額は10億円を超えることが認められるから，相続人らのために年金を遺す趣旨で３億円の契約を締結することがそれほど不自然であるとはいえないし，契約者が死亡直前まで意識が明瞭であることは十分あり得ることである。そして，上記のとおり保険会社においても保険契約の有効性を認めて相続人らの保険金受給権を確定させている上，Ａの説明は信用し得るものであったのであるから，Ｃが指摘する上記の事情だけでは，税理士において，課税当局が保険契約の有効性を否定する可能性を認識すべきであったなどということはできない。

③ 実際にも，税理士において調査すれば保険契約の有効性に問題のあることを認識し得る状況にあったということもできない。すなわち，Ａは，Ｂの病室にＤ証券の社員とともに入り，保険契約の締結についてＢの了解が得られたとしていたものであり，Ａは，国税調査官に対しても同旨の説明をし

ていたのであるから，税理士が聞いても真実を述べたとは解されない。また，Bの状態を認識していたCも，Aとともに国税調査官の質問を受けながら，自ら認識した内容，すなわちBが契約を了解する意味で頷くことはあり得ない状況であったことを国税調査官に対し明らかにしてはいないのであるから，税理士がCに聞いても，Cがこのことを述べたとは解されない。さらに，保険会社が保険契約の有効性を認めて相続人らの受給権を確定させている以上，代理店であるD証券側から真実が語られるということも考え難い。課税当局において保険契約の有効性を否認することができたのは，Bのカルテを取り寄せて分析を行った結果であるが，税理士にはこのような調査手段がない以上，税理士において課税当局と同様に保険契約の有効性に問題のあることを認識し得るような資料を入手し得たとはいえない。

［税理士としての検討と対策］

　誰もが疑問を持つといってもいい，92歳になろうとする被相続人が死亡する3日前に3億円の保険料が支払われた保険契約の有効性について，税理士側が納得したのは，相続人を代表するAの説明もさることながら，保険契約に基づく支払調書が提示されたことは大きい。

　通常，相続財産の算定においては，金融機関，証券会社，保険会社などから交付される資料が基礎となることが一般的であり，申告書に添付されることも多い。そのため税理士が，支払調書により保険契約が真正に成立したと考えることは当然の成り行きといえる。さらに，保険契約の締結に際して，契約者の署名押印に細かい指摘を受けることは日常的であるから，保険代理店である証券会社社員も同席していたと説明されれば，税理士としては納得せざるを得ない。

　税務調査において，Aは調査官に保険契約の経緯について，税理士が聞かされた話と同様の説明を繰り返している。裁判所は，税務調査にCも同席し，また母の病状も認識していたと言及する。つまりCは，Aによる虚偽の説明をその場で聞いていたかもしれないし，または虚偽ではなく，Bが了承していたと

信じていたかもしれない。ところで本事案では，張本人であるＡの証言等が登場しない。ともに保険契約の受益者であるＡとＣの間で，いわゆる争族が発生しているのだろうか。

　民法644条は受任者の善管注意義務について，「受任者は，委任の本旨に従い，善良な管理者の注意を持って，委任事務を処理する義務を負う」と定めている。税務申告に不慣れな依頼者の不知や不備に対し，税理士の善管注意義務は存在するが，依頼者から虚偽の情報が与えられた場合の税理士賠償責任の裁判では，依頼者からの説明や提供資料のみに依拠して，それ以上の調査確認をしなかった場面がたびたび争われている。

　国税庁が発表する「令和元事務年度における相続税の調査等の状況」によれば，実地調査件数のうち約85％に非違が認められ，うち重加算税が賦課された割合は17％であったことが明らかにされている。悪徳税理士という言葉を聞いたことがあるが，悪質な納税者も存在する。税務調査における様々な場面を想定し，税理士は相続人と交わす委任契約書に財産の隠蔽をしない旨の条項を加え，依頼者は相続に関するやりとりは必ず記録に残すべきであろう。今回の事案は，依頼者が虚偽の説明を行い，税理士が到底知り得ないような状況においては，税理士の善管注意義務はあるがこの限りではないことを示唆し，善管注意義務に関する教訓を与えるものといえる。

【林・有賀】

CASE 23

依頼者の説明と税理士の是正責任

(参考)
東京地判平成 24 年 12 月 27 日《平成 24 年（ワ）第 2033 号》
(TKC 文献番号 25499262)
損害賠償請求事件

[着目点]

　税理士が依頼者の誤った説明を軽信して課税事業者選択届出書の提出時期を誤ったことは，依頼者に対し不法行為責任を負うべきとされた事例。

[当事者の関係・立場]

　依頼者は，平成 20 年 5 月頃，土地を購入して賃貸用共同住宅の建築を F 社に依頼した。F 社から自動販売機を設置することにより住宅の工事代金に係る消費税の還付を受ける方法の説明を受けた。依頼者は，F 社から紹介された税理士に平成 20 年 10 月 1 日，消費税の税務書類の作成及び税務代理業務等を委任した。税理士と F 社の関係は不明である。

　また同年 10 月 17 日，税理士は依頼者の妻が代表取締役を務める A 社と顧問契約を締結した。A 社は，10 月決算 12 月申告の法人であり，第 3 期が終了する時期であった。税理士が依頼者から交付された第 1 期及び第 2 期の決算・申告関係資料と第 3 期の経理データの作成者は不明である。

[事案の概要]

　当時の消費税法（平成 22 年 3 月 31 日法律第 6 号による改正前の消費税法。以下，「消費税法」）上，依頼者に課税売上がない場合でも，〔1〕賃貸用共同住宅の完成までに，自動販売機を設置して飲料水の販売事業を行う事業者となり，〔2〕平成 21 年 3 月 31 日までの間に，消費税を納める義務の免除を受けない事業者（以下「課税事業者」という。）となることを選択する旨の届出書（消費

税課税事業者選択届出書）と課税期間を原則の1年（1月1日から12月31日まで）ではなく，3か月ごとの期間に短縮することを希望する旨の届出書（消費税課税期間特例選択届出書）を所轄税務署長に提出すれば，課税期間を同年1月1日から同年3月31日までの課税期間（以下「本件課税期間」）とすることができ，本件課税期間から，直ちに課税事業者となることができることとされていた（消費税法9条1項，4項，19条1項1号，3号，同法施行令20条）。

　そして，その場合，依頼者は，本件課税期間から，課税事業者として自動販売機の売上に係る消費税（以下「売上税額」）を納める義務を負うが，売上税額が工事代金に係る消費税の額（以下「仕入税額」）より少なければ，その差額について，消費税の還付を受けることができるものとされていた。

　依頼者は，上記の方法により消費税の還付を受けることを企図して，委任契約を締結したものであり，税理士は，同年2月16日，課税庁に対し，消費税の課税対象となる事業である飲料水の販売事業を依頼者が開始したとして，同年1月1日を開始日とする課税期間以後，課税事業者となることを選択する旨の消費税課税事業者選択届出書及び課税期間を3か月ごとの期間に短縮することを希望する旨の消費税課税期間特例選択届出書を提出した。

　税理士は，同年5月29日，上記各届出によって依頼者が同年1月1日から課税事業者となったことを前提として，課税庁に対し，本件課税期間に係る依頼者の消費税の確定申告書を提出した。依頼者は，上記確定申告により，本件課税期間中に依頼者が支払った消費税の一部の還付を受けた。

　依頼者は，A社に依頼者が賃借していた自宅の一部を事務所として使用させていた。A社の平成18年10月期，平成19年10月期，平成20年10月期の各事業年度の各確定申告書に添付されている決算報告書には，依頼者に対する上記事務所の賃料の支払を記載していた。

　ところで，消費税法上，消費税の課税事業者となっていない者が売上税額と仕入税額の差額の還付を受けるためには，課税期間中に1,000万円を超える課税売上を生じさせて課税事業者となるのでない限り，課税事業者選択届出書を所轄税務署長に提出し，消費税の課税事業者とならなければならないものとさ

れていた（消費税法 9 条 1 項，4 項）。そして，初めて課税売上が発生した場合には，同届出書を提出した日の属する課税期間から直ちに課税事業者となるが，既に課税売上が発生していた場合には，同届出書を提出した課税期間の翌課税期間から課税事業者となるものとされていた（同条 4 項，同法施行令 20条）。

　課税庁は，上記 3 期分の確定申告書に添付された決算報告書に A 社の依頼者に対する賃料の支払が記載されていたこと等から，当該賃料を依頼者の課税売上と認定し，依頼者について，平成 20 年 1 月 1 日から同年 12 月 31 日までの課税期間において，既に課税売上があったと判断した。そして，依頼者に既に課税売上があった以上，課税事業者選択届出書を提出した課税期間の翌課税期間である平成 21 年 4 月 1 日から同年 6 月 30 日までの課税期間から課税事業者として扱われることとなり，したがって，売上税額と仕入税額の差額のうち，本件課税期間に係る分については，消費税の還付を受けることができないとして，平成 22 年 6 月 30 日，依頼者に対し，還付すべき税額は 0 円であるとする更正処分及び過少申告加算税の賦課決定をした。依頼者は，税理士を代理人として，各処分の取消しを求めて異議申立て及び審査請求をしたが，いずれも棄却された。

　依頼者は，各処分を受けたのは，税理士が調査を怠り，消費税の還付を受けるために必要な書類を提出すべき時期に提出しなかったためであると主張して，被告に対し，不法行為又は債務不履行に基づく損害賠償を求めた。

税理士の主張

　依頼者に課税売上がないことを前提として，税務書類の作成及び税務代理業務の委任を受けており，課税売上があるか否かの確認作業は依頼されなかったから，その点を調査する義務はない。また，A 社の決算報告書等の資料は，依頼者個人の税務申告のための資料ではないから，依頼者のための消費税還付の手続に際し，これらの資料を精査して，その記載内容と依頼者個

人の税務申告との矛盾点を依頼者に指摘する義務はない。

裁判所の判断

① 依頼者は，税理士に対し，Ａ社を実質的に経営していることを告げており，また，税理士は，Ａ社の本店所在地と依頼者の自宅住所地が同じであることを認識していたことが認められる。このような事実からすれば，税務の専門家である税理士にとって，依頼者が自宅をＡ社に賃貸することによって賃料収入を得ている可能性があることは，容易に推測可能であったというべきである。そして，委任者に問合せれば，同賃料収入の有無を確認することができる上，認定のとおり，税理士は，Ａ社についても税務代理業務等の委任を受け，その資料として，Ａ社の依頼者に対する賃料の支払が記載された経理データを受領し，これを基に本件決算報告書を作成しているのであるから，依頼者の賃料収入の有無について調査をすることは，より容易であったものと認められる。そして，税理士が調査を行っていれば，依頼者の説明が誤りであり，依頼者に賃料収入があることを確認することができたと認められる。にもかかわらず税理士は，わずかに一度，給与以外の収入がないかどうか依頼者に確認したのみで，Ａ社からの賃料収入の有無等について説明を求めることもなく，依頼者の誤った説明を軽信して，平成21年2月16日頃になってから課税事業者選択届出書を提出したものであるから，税理士には過失があったということができる。よって，税理士は，依頼者に対し，不法行為に基づき，依頼者に生じた損害について賠償する義務を負うというべきである。

② 依頼者は，自己が賃借していた自宅の一部をＡ社に使用させていたものであるから，仮に依頼者が，立替金の精算というような説明をしたとしても，それが誤っていることは明らかであり，そのような場合には，これを是正すべきである。また，委任契約において，税理士は，委任事務の遂行に当たり，取るべき税務会計上の処理の方法が複数存在し，いずれかの方法を選択する必要があるなどの場合には，依頼者に事前に説明し，依頼者の承諾のもとに

方法を選択し，処理を行うべきことが合意されていることからすると，依頼者の説明について，依頼者の理解が誤っていることを説明した上で，処理方法を選択することが予定されていたというべきである。

③　税理士は，委任契約では，委任業務の遂行に必要な説明は依頼者の責任において行わなければならず，依頼者の説明の誤りに基づく不利益は，依頼者が負担する旨の条項があると主張する。しかし，税務に関する専門家である税理士は，委任の趣旨に従い，専門家としての高度の注意をもって委任事務を処理する義務を負うと解される。そして，本件では，依頼者の説明が誤っている可能性を認識することができ，その誤りの有無を調査することが可能であったものであり，このような場合についてまで，税理士の免責するのが上記契約条項の趣旨であるとは到底解されない。

［税理士としての検討と対策］

本事案の大きな疑問は，税理士が依頼者から渡されたA社の過去2期分の決算書類と第3期の経理データの取扱いである。第3期の決算・申告は，税理士が処理しているが，その際には第2期決算書類を参考に，A社から依頼者への支払を賃料（家賃）として計上した可能性は高い。

ただこれらの決算書類の作成者は明らかになっていない。税務の専門家が作成したならば，所得税の確定申告において不動産所得を考慮したはずであるが，税理士が依頼者の過年分所得税申告書を確認したという記述は見当たらない。

一方，依頼者は自身の収入について，給与と株式譲渡と説明し，税理士はその説明を鵜呑みにしている。依頼者が，A社からの支払が賃料ではなく立替金の精算と本当に認識していたならば，A社の決算書類の作成に，依頼者は直接，関与していないとも考えられる。兎にも角にも，依頼者側の解釈が，誤っていることはよくあることであり，税理士としては，その取引の実態を正確に認識すべき必要があった。税賠保険の事故事例でも，消費税の事例が半数を占めるとされていることからも，消費税の届出書の提出に際しては，安易な推測が大きなミスにつながることを常に心がけるべきである。

また，本事案における税理士事務所内での具体的な事務処理について明示されていない。そこで想像するに，税理士が依頼者から消費税対策とA社の決算申告という2つの案件を同時に受任した直後から，事務所内で案件に従事した担当者が，例えば，所長と職員，個人担当と法人担当というように別れ，両者の連携が疎かだったのではないだろうか。

　もっとも賃料収入が，課税売上に該当するという消費税法上の解釈について税理士が検討していなかったことも否定できない。

　依頼者は，仮に，税理士が課税売上があったか否かを調査してそれが判明しなかったとしても，平成20年中に課税事業者選択届出書を提出していれば，平成21年1月から課税事業者となって消費税の還付を受けることができた，と主張しているが，税理士はそれに答えられていない。

【林・伊澤】

CASE

24

不正経理に対する税理士の責任

（参考）
東京地判平成 25 年 1 月 22 日《平成 23 年（ワ）第 3957 号》
（TKC 文献番号 25510594・TAINS コード Z999-0153）
損害賠償請求事件

[着目点]

　税理士が，依頼者の利益の過大計上という不正経理を是正せず税務申告をしたことは，善管注意義務違反等に当たるとして，依頼者が求めた損害賠償請求が否定された事例。

[当事者の関係・立場]

　原告である依頼者は，業界新聞社である。被告である税理士は，平成 2 年 6 月ころ，依頼者の代表者と当時の依頼者の経理を担当する A 総務部長の同席の下初めて対面し，税務顧問等を含む本件委任契約を締結した。税理士の受任期間は，平成 3 年 2 月期（平成 2 年 3 月 1 日～平成 3 年 2 月 28 日）から平成 22 年 2 月期の期中の平成 21 年 8 月までであった。依頼者が不正経理をされたと主張する時期は，平成 13 年 2 月期から平成 21 年 2 月期までである。

[事案の概要]

　本件は，税理士に税務代理業務等を委任していた依頼者が，依頼者が 9 期にわたり合計約 3 億円の利益を過大に計上する不正経理がされたことから，税理士が委任契約に基づく善管注意義務に違反しあるいは不法行為（使用者責任）により，不正経理を是正せずに税務申告手続をしたため，依頼者が合計 6,422万 7,778 円の過大な法人税等を支払わざるを得なかったとして，税理士に対して損害賠償請求を求めた事案である。

　依頼者は，税理士と委任契約締結以前は，会計，財務及び税務の経験を長く

積んでいた A が，会計帳簿，財務書類及び税務書類の作成を 1 人で行っていた。委任契約締結後は，A が原始資料を基に仕訳を行い，税理士の事務所へ仕訳伝票を持ち込み，税理士の事務所が仕訳伝票の内容をパソコンに入力して試算表を作成し，A に対し，試算表の内容に誤りがないかを確認した。また，決算期にも，税理士の事務所は，A に対し，各勘定科目の残高に誤りがないかを確認した。依頼者は，税理士に，仕訳の基となる原始資料を預けることはなく，税理士も，上記残高等の確認に際し，税理士自身が直接原始資料を確認することはなく，A を通して確認する方法をとっていた。上記試算表に基づき，税理士は，財務書類及び税務書類を作成し所轄税務署への確定申告書の税務申告手続を代理して行った。

　平成 12 年 10 月，A が依頼者を退社し，後任の B が依頼者の経理事務を担当するようになったが，上記のような依頼者と税理士間の業務の流れには変更がなかった。

　税理士の事務所おいては，当初 C が対依頼者の担当者であったが，同人が退職した平成 4 年 9 月以降，委任契約が終了するまで，税理士の事務所の職員の D が対依頼者の担当者であった。

　平成 19 年 2 月期の途中である平成 18 年中に，税理士の事務所は，「会計大将」と称する仕訳入力ソフトを導入し，上記入力作業を手入力ではなくデータを読み込ませる方法により行うことに変更した。その後も，B が原始資料を基に仕訳を行うことには変更はなく，B がエクセルデータの「仕訳日記帳」と題する仕訳データと「月次集計」とも称する月計表を作成して，これを税理士の事務所に送付し，税理士の事務所において，上記仕訳データを仕訳入力ソフトに読み込ませ試算表を作成することとなった。上記仕訳データは，約 1,000 の仕訳の一覧表によって構成されるものであった。税理士の事務所は，B に対し，試算表の内容に誤りがないかを確認し，決算期にも，各勘定科目の残高に誤りがないかを確認した。依頼者が税理士に仕訳の基となる原始資料を預けなかったこと，税理士が直接原始資料を確認することはなかったことは，当初のころから変更はなかった。上記試算表に基づき，税理士は，財務書類及び税務書類

を作成し所轄税務署への確定申告書の税務申告手続を代理して行った。

税理士の主張

　原始資料から仕訳を作成していたのは依頼者側であり，本件における粉飾行為は，すべて仕訳作成時において依頼者側によって仕組まれたものである。本来の税理士業務に付随する業務として行っていた記帳代行業務の実態は機械的なものであった。特に平成19年2月期の決算からは，依頼者がエクセルデータによって仕訳を作成し，これを会計ソフトに読み込ませて毎月の試算表を作成するものであった。エクセルデータは約1,000もの仕訳の一覧表であり，仕訳のエクセルデータ作成の段階で不正があったとしても容易に発見できない。

裁判所の判断

①　依頼者が原始資料から仕訳を行った結果である仕訳伝票あるいは仕訳データは膨大な分量であること，依頼者が税理士に仕訳の基となる原始資料を預けることはなかったこと，税理士が原始資料を直接確認する作業を行っていないことについて依頼者が異議を述べたことはなかったことから，委任契約締結に際し，依頼者税理士間において，原始資料に基づき仕訳伝票をチェックする業務までを委任業務に含める旨の合意が成立していたと推認することはできない。

②　この点，税理士が依頼者に対し平成12年ころまで原告の経営分析資料を交付していたことが認められ，この限りで，税理士が依頼者に対し経営コンサルタント業務の一内容といい得る役務を提供していたものということができる。しかし，証拠によれば，上記経営分析資料も，税理士が依頼者の原始資料を閲覧した上でなければ作成できない資料ではなく，会計帳簿の記帳代行に際して依頼者から提供を受けた仕訳を構成し直すことにより作成できる資料であると認められるから，上記事実をもって，委任契約の委任業務に，

原始資料に基づき仕訳伝票をチェックする業務が含まれていたことを推認することはできない。

③　依頼者は，月額約23万円の報酬額は高額であることをもって，委任契約に基づく委任業務に，原始資料に基づき仕訳伝票をチェックする業務が含まれていないことは到底想定し得ない事態であることが明白である旨主張する。しかし，証拠によれば，委任契約締結時において，顧問料の交渉は依頼者とＡとの間で行われ，原始資料に基づく仕訳作成を依頼者において行うことを前提に東京税理士会の旧報酬規程に定めた額から６割減額した金額で顧問料の合意が成立したものと認められ（なお，証拠によれば，顧問料自体は10数万円であったことが認められる。），依頼者が委任契約締結後に，税理士が実際に行っている委任業務に対して報酬額が高額すぎるとの異議を述べたことも認められないのであるから，上記報酬額をもって，委任契約の委任業務に原始資料に基づき仕訳伝票をチェックする業務が含まれていたと推認することはできない。

④　税理士は，依頼者に提出した平成20年11月6日付け「中小企業の会計に関する指針の適用に関するチェックリスト」において，「依頼者から提供された情報に基づき，次のとおり確認を行いました。」との本文の下，「預貯金」欄に「残高証明書又は預金通帳等により残高を確認したか。」とある部分に「YES」とチェックを付しており，依頼者は，これを根拠に，税理士が原始資料に基づいて預貯金等の残高確認をしていたことを主張する。しかし，同チェックリストは，税理士事務所が作成主体の文書ではあるが，必ずしも税理士自身がすべての確認事項を確認したことを要するものとは解されず，会社の経理担当者が確認した旨の報告を税理士が確認したことをもって「確認を行いました。」と記述することが許容される文書と解することができるから，チェックリストの記載をもって，税理士が原始資料に基づいて預貯金等の残高確認をしていたことを認めることはできない。

⑤　委任契約の委任業務に，原始資料から会計帳簿を作成する業務，あるいは，原始資料に基づき仕訳伝票をチェックする業務が含まれていたとはいえ

ないから，委任契約上の税理士の善管注意義務には，依頼者が作成した仕訳
伝票あるいは仕訳データの基となった個別の取引の実在性，個別の資産ある
いは負債の実在性等を原始資料に当たって精査すべき義務は含まれていな
かったものというべきである。なお，税理士が，依頼者が課税標準等の基礎
となるべき事実を隠蔽し又は仮装している事実があることを知ったときに直
ちに是正するよう助言する義務を負うことは別論である（税理士法41条の
3）。

⑥　依頼者が主張する不正経理に関して，税理士に委任契約上の善管注意義
務違反があるか否かを検討する。依頼者は，総勘定元帳を見れば購読料売上
の過大計上を容易に認識し得た旨主張するが，本件全証拠によっても，依頼
者が購読料売上の過大計上を主張する平成16年2月期から平成21年2月
期の各期において，総勘定元帳の記載から購読料売上の過大計上を容易に認
識し得たと認めることはできない。また，税理士に個別の取引の実在性，個
別の資産あるいは負債の実在性等を原始資料に当たって精査すべき義務はな
いから，税理士が依頼者に対し原始資料の提出を求めて購読料売上の過大計
上を確認し，助言や指導を行わなかったことが，委任契約上の善管注意義務
違反に当たるとはいえない。

[税理士としての検討と対策]

【裁判所の判断】では，不正経理のうち，「入金仮装による購読料売上の水増
し」について記載したが，裁判所は，他の不正経理である，貸倒損失処理，保
険積立金の圧縮，資産等の償却未実施などに対する税理士の責任を否定してい
る。また依頼者が主張した依頼者の経理担当者と税理士事務所の担当者による
共謀について，斥けている。

中小企業における粉飾決算の要因は，融資目的の金融機関対策であることが
多い。融資を運転資金として依存している企業も数多くあるからである。代表
的な粉飾行為として，売上の水増し，原価・経費の過少計上，在庫の架空計上，
架空の預金や有価証券の計上，債務（借入金や未払金）を決算書から除外する

などが挙げられるが，これらは悪質な詐欺行為とみなされる。

　しかし税負担の合法的・合理的な軽減対策が，税理士業務に占める割合が大きいことを踏まえれば，顧問税理士が積極的に粉飾決算を意図することは考えにくい。本事案は，単純に意図的ではない粉飾（悪意がなく，知識不足あるいは確認不足による不適切会計）だったのではないだろうか。

　本事案において不正経理とされる手法は，現預金が動かない帳簿上の処理であり，原始資料では突合できない分野でもある。もちろん資産の横領・着服などの違法行為も発生していない。もっとも依頼者の主張のように，多年にわたる粉飾決算でも法人税等は完納しているから，資金に余裕があったと想像できる。そうなると誰が何の目的で粉飾決算を企図したのか，不思議な話である。

　ただ，やはり自社経理担当者は，上がってくる経理資料を元に処理を行うのみであり，各事業年度毎の損益状況を意識して作業をしているわけではない。決算の数字を固めて納税額を算出し，申告期限までに申告できれば，自身の業務は完遂したことになる。そのため，代表者は，自社の財務について経理担当者や税理士事務所任せにせず，経営者が最終責任者として関わっていく姿勢が重要である。

【林・齋藤】

CASE

25

税理士の専門家責任と過失相殺

(参考)
東京地判平成 24 年 1 月 30 日《平成 21 年（ワ）第 36719 号》
(TKC 文献番号 25482203・TAINS コード Z999-0131)
東京高判平成 25 年 1 月 24 日《平成 24 年（ネ）第 1377 号》
(TKC 文献番号 25502311・TAINS コード Z999-0134)
損害賠償請求事件

[着目点]

　税理士は，専門家として相続税の申告業務を委任され，他の資産が存在する可能性が高いことを認識しつつも，適切な指示を行わず申告書を作成，提出したことから，税理士の過失の程度は軽くはないが，依頼者も税理士に働きかけ，自ら調査確認するなどして相続税を申告する義務があり，依頼者にも一定の責任があるとした事例。

[当事者の関係・立場]

　税理士は，従前から被相続人及び依頼者らの所得税申告，被相続人が経営する甲社の法人税から委任を受けていたことから，依頼者一族の顧問税理士だったと思われる。

　本事案では，海外資産の申告漏れとともに，被相続人が経営していた乙社の株式評価も争点となったが，税理士はこの乙社の顧問税理士ではない。また，税理士は，税務調査が行われている期間中に委任契約解消を，依頼者らに通知している。なお，本事案が提起された後に税理士は死亡しており，税理士の遺族らが訴訟を引き継いでいる。

[事案の概要]

　亡Ａの相続人ある依頼者らは，税理士との間で相続税等の申告手続に係る委任契約を締結した。税理士は，相続財産中に海外資産は全く存在しないものと

し，また，亡Ａが経営していた乙社の発行済株式総数9万株のうち6万4,905株が相続財産であるとした申告書を作成・提出した。依頼者らは，法定納期限までに相続税を納付するとともに，税理士に対して，相続に関する一切の税務申告に対する報酬を支払った。

その後，国税局の税務調査の結果，当初の相続税申告の際に申告漏れとなっていた海外資産及び国内資産の存在が判明したことから，依頼者らは，修正申告書を提出し，修正申告に係る相続税を納付した。さらに，依頼者らは，過少申告加算税，重加算税及び延滞税を納付した。

依頼者らは，税理士が，海外資産（別荘・預金）を申告しなくてもよいなどと誤って指示し，また，亡Ａが経営していた乙社の株主構成や持株数を正確に把握しないまま申告したことによって損害を被ったと主張して，税理士（税理士死亡後の訴訟承継人である遺族ら）に対し，債務不履行又は民法651条2項本文に基づく損害賠償請求及び税理士に支払った報酬相当額の合計額等の支払を求めて出訴した。

第1審東京地裁は，税理士が，亡Ａの海外資産が存在する可能性が高いことを認識しながら，適切な指示をせずに国内資産のみを前提に相続税の申告を行った結果，依頼者らに対し重加算税相当額の損害を与え，また，相続税の軽減措置を受けることができなかったことによる損害を与えたと認定して，債務不履行に基づく損害賠償として総額1億605万余円等の支払を認容した。これに対して，税理士（遺族ら）が控訴した。

税理士の主張

税理士側は，海外資産についても申告が必要であると説明し，亡Ａの持株数は客観的資料に依拠して処理したことから，債務不履行には当たらないと主張していた。

遺族らは，依頼者らが，亡税理士が海外資産については調べなくてよいと発言したと主張するが，そのような発言をすることがあり得ないことは，相

続によって財産を取得した個人で日本国内に住所を有するものが相続によって取得した「財産のすべて」について相続税の納税義務を負うことは相続税申告のイロハに属すること，また，亡税理士は，長年にわたって国税職員として徴税の職務を全うしてきただけでなく，税務大学校東京研修所の教育官や相続税を含む講座の講師を務めていたことからも明らかである。

裁判所の判断

① 税理士において，亡Aの海外資産に関する確認や調査を怠った点について債務不履行があるが，会社の株式に関する申告の点については債務不履行があるとはいえず，本件委任契約を一方的に解消した点については依頼者である納税者らの不利な時期に解除したものとはいえない。

② 必要な調査を尽くせば，客観的資料を手に入れることができたと認められないことを考え合わせると，税理士としては，乙社の株式について6万4,905株のみが亡Aに帰属し，それ以外の2万5,095株が亡Aに帰属しないものとして相続税の申告をしたことについて，やむを得ない措置であった。

③ 相続税の申告に当たり，会社の株式に関して6万4,095株のみを相続財産と扱った点について，税理士として適正に税務申告をすべき義務に違反したとか，委任契約上の善管注意義務に違反したものとすることはできない。

④ 税理士の債務不履行によって依頼者らが被った損害は，1億605万余円である。

⑤ 税理士は，専門家として，納税者らから亡Aの死亡に伴う相続税の申告業務を委任され，亡Aが海外資産を保有する可能性が高いことを認識していながら，依頼者らに対し適切な指示を行わないまま海外資産を除外して申告書を作成，提出し，しかも，税務調査の段階では依頼者らから海外資産の調査を提案されたにもかかわらず，必要がない旨誤った指示をしたのであって，税理士の過失の程度は決して軽いものではない。しかしながら，その一方，依頼者らは，内容の詳細はともかく，亡Aが海外資産を保有していることを知っていながら，当初の申告に当たって，税理士に対しこの事実を伝えず，

自ら調査確認をすることもしなかった。

⑥　依頼者らは納税義務者本人であり，海外資産の存在を認識していた上で，税理士がこれを除外した申告をすることを認識していたのであるから，税理士に働きかけ，又は自ら調査確認するなどして，海外資産を相続税の申告に反映させる義務があり，これにより隠ぺいに基づく申告を是正あるいは防止することができたといえるのであって，たとえ税法の知職が不足していたとしても，海外資産の存在を認識していながらこれを申告せずに済ませることを正当化できない立場にある。

⑦　依頼者らに損害が発生したことについては，依頼者らにも過失があったといえるから，本件に顕れた一切の事情を損害の分担における衡平の観点から考慮して双方の過失の程度を勘案すると，3割の過失相殺をするのが相当である。

［税理士としての検討と対策］

　税理士は依頼者の依頼を受けて，専門家としての業務を提供する。税理士には専門家としての善管注意義務を果たすことが求められるが，適正な申告，納税を行うためには，当然，依頼者の協力が得られることが前提となる。とりわけ，依頼者が財産を有しているにもかかわらず，税理士に真実を語らず，税務調査で財産の存在が明らかになったという事件は少なくない。

　本事案では，国税局の税務調査の結果，当初の相続税申告の際に申告漏れとなっていた海外資産及び国内資産の存在が判明したことから，依頼者らは，修正申告書を提出し，修正申告に係る相続税を納付するとともに，過少申告加算税，重加算税及び延滞税を納付した。本事案では，税理士の専門家としての責任が問われているが，問題となったのは，依頼者らが意図的に財産を隠していたのか，あるいは，税理士が必要な調査を行えば，当然発覚していたのかという点である。

　第1審では，税理士の債務不履行の存否が主たる争点であったが，控訴審では，債務不履行の存否だけでなく，損害賠償請求に対する過失相殺が争われて

いる。

　税理士は，亡Aが海外資産を保有する可能性が高いことを認識しつつも，依頼者らに対し適切な指示を行わないまま海外資産を除外して申告書を作成・提出している。税理士の資質が問われるべき内容である。一方で，依頼者らは，亡Aが海外資産を保有していることを知りつつも，税理士に対してこの事実を伝えておらず，自ら調査確認もしていないという。

　裁判所は，依頼者らは納税義務者本人であり，たとえ税法の知職が不足していたとしても，海外資産の存在を認識していながらこれを申告せずに済ませることを正当化できないと判示した。依頼者らが，海外資産の存在を認識しながらも，税理士がこれを除外して申告したことについて，何ら異論を唱えなかった点を重視した判断である。

　なお，平成24年度の税制改正により，5,000万円を超える国外財産を有する個人（居住者）に対し，その保有する国外財産に係る調書の提出を求める国外財産調書制度が創設されている。税理士は，日ごろから依頼者の国外財産については，気にかけておく必要があるであろう。

　ただ，国外財産調書制度が創設される前でもある本事案にあっては，誤解を怖れず想像するならば，税理士が海外資産は相続財産に含めないと発言したのは，相続税法の一般論ではなく，海外資産の存在を把握した上で，亡Aの相続財産には含めないで申告するという趣旨だったとするとつじつまが合う気がする。ワンマン経営者だった亡Aの顧問税理士として，海外資産の取得や資金移動について，助言していたかもしれない。

　仮に税務調査で在外資産の存在が指摘されなかったとしたら，その後の依頼者らは，海外資産を無税で取得することになる。そう考えると，税理士が何らかの対策を講じていたとしても，税理士に対する3割の過失相殺は厳しすぎるといわざるを得ない。

【林・伊澤】

CASE 26

税理士報酬請求の当否と
会計データの引渡し義務

(参考)
東京地判平成 25 年 9 月 6 日《平成 23 年（ワ）第 1033 号》
（TKC 文献番号 25515197・TAINS コード Z999-0211）
損害賠償請求事件

[着目点]

　税理士は一般的に顧客に対する会計データの引渡義務を負っておらず，税理士が保存していた会計データの所有権は，その業務遂行の主体である税理士自身に帰属するとした事例。

[当事者の関係・立場]

　医療系のシステムやコンピューターソフトウェアの開発等を業とする株式会社である依頼者と税理士は，平成 15 年 12 月に顧問契約を締結したが，それまでの経緯は不明である。両者のトラブルは，平成 21 年 9 月に行われた税務調査が発端となっている。

[事案の概要]

　税理士は，平成 15 年 12 月，株式会社である依頼者との間において税務顧問契約を締結し，税理士業務を遂行していた。平成 18 年 9 月に締結された顧問契約によると，税務調査立会料は，別途協議の上，支払うこと，報酬は，月の経過において発生し，月の経過後の返金はないことが規定されていた。税理士と依頼者は，平成 22 年 2 月，顧問契約書追記書に押印し，給与計算及び賞与計算に係る報酬額を基本額 1 万円に 1 人当たり 1,000 円を乗じた金額（税別）とする旨を合意した。

　税理士は，平成 21 年 9 月 1 日と 2 日，依頼者の税務調査に職員を立ち会わせ，同年 8 月 31 日，その資料準備のため，同職員を出張させた。税理士作成

の平成 22 年 2 月 12 日付け請求書には，税務調査立会料他及び平成 21 年度の依頼者である法人代表者個人の確定申告の報酬額の請求と見積りをする旨の記載がある。

　税理士は，平成 22 年 3 月分の依頼者の従業員 20 名分の給与計算を行ったが，依頼者の賃金規程に従って，給与計算の際，基礎賃金に扶養手当及び住宅手当を含めて時間外労働割増賃金の額を計算した。

　依頼者代理人は，平成 22 年 6 月 3 日，税理士に対し，依頼者の代表者が同年 4 月 20 日をもって本件顧問契約について解除の意思表示をしたことを前提として，同年 6 月 13 日までに税理士の保有する依頼者の会計データ等を引き渡すよう求めた。税理士は，同月 5 日，税理士においてデータ出力した依頼者の第 5 期ないし第 9 期の総勘定元帳 1,366 枚を依頼者に送付した。税理士は，平成 25 年 4 月 15 日，依頼者に対し，平成 22 年 5 月分及び同年 6 月分の顧問報酬等合計 17 万 8,500 円を返還した。

　本件は，税理士が依頼者に対し，税理士顧問契約に基づく報酬請求として，43 万 7,940 円等の支払を求めたのに対して，依頼者が，税理士が自らの保有する依頼者の会計データ（電子データ）を依頼者に引き渡さなかったことが債務不履行に該当し，平成 22 年 4 月 20 日をもって契約を解除したにもかかわらず，税理士が同月 21 日から同月 30 日までの顧問報酬等を不当に利得したと主張して，税理士に対し，債務不履行に基づく損害賠償 140 万 4,666 円，不当利得返還請求 2 万 9,750 円等の支払を求めた事案である。

税理士の主張

　本件顧問契約においては，税理士が，依頼者に対し，総勘定元帳を有料で出力して依頼者に交付することは予定されているものの，総勘定元帳を作成するために入力した電子データを引き渡すことは予定されておらず，その引渡義務もない。また，税理士が，依頼者の代表者に対し，依頼者の会計データを引き渡すことを約束した事実もない。

裁判所の判断

① 依頼者の代表者は，同人個人の確定申告に係る報酬とともに，税務調査立会等に係る報酬額について，請求書に記載された見積額の支払を承諾したものというべきであり，請求書を交付された事実はなく，これらが無償であると思っていた等の依頼者の代表者の供述及び依頼者の主張は採用することができない。

② 依頼者の賃金規程には，時間外労働割増賃金の基礎賃金に住宅手当及び扶養手当が含まれる旨の規定があり，かかる手当を含めて時間外労働割増賃金の額を計算することが債務不履行に該当するとはいえない。

③ 依頼者の代表者は，税理士に対し，データ出力の費用が1枚90円であることを認識の上，その送付を求めた。

④ 税理士が一般的に顧客に対する会計データの引渡義務を負うことを認めているわけではないことからして，税理士が保存していた会計データの所有権は，その業務遂行の主体である税理士自身に帰属する。

⑤ 税理士は，依頼者の被告代表者に対し，総勘定元帳の電子データの提供を承諾する趣旨の発言をしているものの，かかる発言は，依頼者の代表者との信頼関係が維持されていることを前提に，依頼者の代表者のみにこれを開示することを許容したものにすぎず，第三者にこれを開示することを許容したものとまではいえないから，税理士が，会社組織としての依頼者に対して会計データそのものを引き渡すことを約束したものとまでは認められない。

⑥ 依頼者の代表者は，平成22年4月20日，税理士に対し，本件顧問契約を解除する意向を示してはいるものの，依頼者の代表者が同日をもって直ちに本件顧問契約を解除する意思を有していたとまでは認められない。

⑦ 税理士においては，同年4月中に行うべき業務を全て遂行したものというべきであり，同月21日から同月30日までの日数に対応する顧問報酬等を不当に利得したものとはいえない。

[税理士としての検討と対策]

　税理士は，依頼者との間の委任契約に基づき，申告書類を作成，管理，保管している。最近ではe-Taxの普及もあり，税理士は，パソコンソフトで申告書類を作成し，電子データとして保管している。税務調査や税務アドバイスの際には，これらの電子データを参照し，税理士は，依頼者に対してサービスを提供することになる。

　成果物である申告書類等が依頼者に帰属することは当然であるが，電子データ自体は依頼者の所有物か，あるいは，税理士の所有物か，という電子データの帰属を判断することは難しい。電子データ自体も申告書類等の一部と捉えることも可能であるが，電子データは税理士に帰属し，成果物のみが依頼者に帰属し，提供されると捉えることも可能である。委任契約の解除時に，電子データの引渡しをめぐる問題が生じると考えると，両当事者の感情的対立を背景に，問題が複雑化することが多いといえよう。

　本事案では，税理士が電子データを出力した紙媒体だけを依頼者に提出し，会計データを引き渡さなかったことの妥当性及び，①税務調査立会等に係る報酬額を28万3,500円とする合意の有無，②給与計算に係る報酬請求の当否，③データ出力に係る報酬請求の当否，④会計データを引き渡さなかったことが債務不履行に該当するか否かと，その損害額，⑤平成22年4月21日から30日までの顧問報酬等が不当利得に該当するか否かが争われている。

　税理士は，税理士顧問契約に基づいて①，②，③の報酬請求を主張するとともに，総勘定元帳の有料引渡しは予定していたが，会計データの引渡し義務はなく，4月20日に顧問契約を解除した意思表示の事実はないことから，月額である顧問報酬の日割計算は予定してないと主張している。

　これに対して，依頼者は，①について請求書の内容は了承していないこと，②について税理士が職務上の注意義務を怠り，基礎賃金に扶養手当及び住宅手当を含めて時間外労働割増賃金の額を計算したこと，③についてデータ出力の依頼及び有料出力を了承した事実はないことから，支払義務はないと主張している。また，④について会計データは依頼者自身に帰属しており，⑤について

4月20日に顧問契約を解除する旨の意思表示をしたと主張している。

　裁判所は，認定事実を踏まえて，本訴請求である①，②，③の報酬請求には理由があると認めた。一方で，反訴請求である④については，税理士が保存していた会計データの所有権は，その業務遂行の主体である税理士自身に帰属しており，税理士の依頼者の代表者に対する会計データの提供を承諾する趣旨の発言は，信頼関係の維持を前提に，依頼者の代表者のみに開示することを許容したものにすぎず，債務不履行に該当しないとした。また，⑤については，依頼者の代表者は，平成22年4月20日，直ちに本件顧問契約を解除する意思を有しておらず，税理士は，同年4月中に行うべき業務をすべて遂行したのであるから，同期間の顧問報酬等は不当利得に該当しないと判示した。認定事実からは，顧問契約に基づく業務提供と報酬請求を行った税理士の主張を認容した裁判所の判断は妥当である。

　従来から，税理士は顧客と顧問契約を結ぶ際に，口頭で「お願いします」「承ります」という挨拶をもって契約を開始する慣習がある。信頼関係を前提とする税理士業務では，契約で割り切ることができない問題もある。しかし，受任する業務内容が曖昧であったり，顧問料がはっきりと示されていないことから，顧問先との間で齟齬が生じたケースを経験した税理士は少なくないだろう。まだまだ口約束の多い顧問契約ではあるが，本事案は，税理士は提供するサービス内容を丁寧に説明し，書面による顧問契約書を作成すべきことを示唆したものといえる。

　なお，税理士を変更する場合，会計データを含む税理士間の引継ぎは，通常行われない。顧問契約の引継ぎのタイミングによっては，前任税理士が期首から引継ぎ時点まで仕訳入力を終えている場合がある。過去分と進行年の入力済みデータを入手できればありがたいが，データにはノウハウが詰まっているから渡さないという方針の事務所もある。また，互換性の問題などから，会計データをもらっても役立つかどうかはわからない。実務では，会計データの引継ぎについては期待できない。

　電子申告・電子申請が当然となっても，納税者における会計帳簿の保存義務

は今後も維持されるだろうが，同時に保存資料の形式が紙媒体ではなく磁気記録での保存が容認される時代が来よう。その場合には，本事案の背景にある電子データの互換性がどう解決されるか興味深い。会計ソフトの本質は，万国共通の複式簿記に基づく，計算と集計機能といえる。国税庁指定の会計ソフトが義務化され，AI によるオンライン税務調査も SF 映画の世界ではないかもしれない。

【林・有賀】

税理士の助言義務の範囲

（参考）
東京地判平成 25 年 9 月 9 日《平成 23 年（ワ）第 35499 号》
（TKC 文献番号 25514870・WL 文献番号 2013WLJPCA09098001）
損害賠償請求事件

［着目点］

　取得期限までに買換資産を取得すべきこと等を十分に説明しなかったとして，税務代理契約上の債務不履行に基づき，損害賠償を求められた税理士について，依頼者に対する説明義務違反は認められないとされた事例。

［当事者の関係・立場］

　依頼者は，不動産の賃貸管理業等を行っている株式会社である A 社の代表取締役であり，ともに原告である。被告である税理士は，元税務署職員であり，A 社とは平成 15 年頃，税務顧問契約を締結し，平成 21 年 4 月末日に，顧問契約の解約を伝えるまで税務相談，税務代理業務を受任していた。

　税理士は，依頼者に後任の税理士に相談する旨の発言があるが，後任の B 税理士には，平成 21 年 6 月中旬頃，依頼者は，確定申告について相談している。選任の経緯は不明である。また B 税理士は，前任の税理士が，いわゆる国税 OB であることに言及しているが，従前から面識があったかは不明である。

［事案の概要］

　本事案は，被告・税理士が，原告・A 社に対し，取得期限までに買換資産を取得しなければならないこと等を十分に説明しなかったとして，税務顧問契約上及び税務代理契約上の説明義務を怠った債務不履行に基づき，A 社が税理士に対し，修正申告の結果生じた過少申告加算税，延滞税等相当の損害の賠償を請求する内容である。

　税理士は，平成 21 年 3 月，依頼者に対して，法人税の買換えの特例の取得
指定期間が迫っていることを指摘し，買換資産の取得の見通しを確認したとこ
ろ，依頼者は，取得は進んでいないため見通しとしては難しい旨回答した。税
理士は，同年 4 月 27 日に，依頼者に対して，買換資産の取得の進捗を確認し
たところ，期限までの取得は難しい旨説明を受けたことから，課税庁に対策を
相談することにした。税理士は，課税庁から，認められる可能性は低いものの
再度の延長承認申請書を出したらどうかとの示唆を受けた。税理士は，同月
30 日に，依頼者に対して，「念のため再延長の申請書を提出するが，再延長申
請は認められない可能性がある」旨説明した上で，同日付けの延長承認申請書
への署名押印を求め，課税庁に対し設定期間延長承認申請書を提出した。

　税理士は，平成 21 年 3 月頃，依頼者に対して，A 社との顧問契約を解約し
たいこと，同年 4 月期の決算申告は担当しないことを申し出た。その際，税理
士は，依頼者に対して，A 社が買換えの特例を利用していることについては，
他の税理士に相談するよう指導したが，同年の確定申告期限までに買換えがで
きなかった場合の具体的な処理については何も説明しなかった。税理士は，同
年 6 月 4 日，A 社の事務所を訪問し，A 社の会計資料を持参して，A 社との税
務顧問契約を解約する旨伝えた。

　B 税理士は，平成 21 年 6 月中旬頃，依頼者から確定申告につき相談を受け，
A 社の決算資料を確認したところ，A 社が買換えの特例を利用していることを
把握したため，依頼者に対して，買換えの特例の利用の有無を確認した。

　依頼者は，B 税理士に対し，買換えの特例を利用していることを告げて，課
税庁による同年 4 月 30 日付けの受付印が押された再度の延長承認申請書を見
せたところ，B 税理士は，同申請書を見て，A 社の買換えの特例の利用期間が
法文上予定された期間を経過していることを認識し，課税庁がこのような通常
あり得ない受付処理をしたのは，税理士が課税庁の OB であり，課税庁に対し
て影響力を持っているためであると考えた。B 税理士は，買換えの特例の利用
があり，確定申告までの期間も限られていることから，A 社からの依頼を一旦
断ったものの，依頼者から，とりあえず決算申告を済ませてほしい旨依頼され，

決算申告のみを受任した。

　B 税理士は，依頼者に対して，再度の延長承認申請が通常あり得ない申請であることを説明し，後で調べるよう指導し，同年 6 月 30 日の決算申告においては，買換えの特例について棚上げし，これに触れない形で申告を了解した。

　B 税理士は，平成 21 年 7 月 23 日，課税庁から，A 社については買換えの特例の取得指定期間の延長が認められないため，同年 4 月期決算の修正申告を改めて出すよう指示する旨の連絡を受け，直ちに，依頼者に連絡した。A 社は，同年 7 月 30 日，B 税理士との間で，税務顧問契約を締結し，修正申告の準備を開始した。その後，A 社は，平成 22 年 4 月 28 日に，修正申告を提出した。

税理士の主張

　依頼者に，A 社の買換資産の変更につき，税務署との交渉内容や過程を説明し，依頼者はこれを理解していた。依頼者に対して，A 社の取得指定期間が迫っていること，同期間内に買換資産を取得するよう再三注意喚起し，取得しなければ法人税，法人事業税，法人都民税等約 9,000 万円以上の納税が必要になること，取得指定期間内に買換資産を取得した場合であっても，相当額の税が課税されることを平成 18 年から平成 21 年にかけて，毎年申告書を提出する時期には説明していた。

裁判所の判断

①　A 社は，税理士が，A 社に対して，買換えの特例の利用について，買換えの期限が決まっていること，取得指定期間内に買換資産を取得しなければ，多額の課税がなされること，取得指定期間内に買換資産を取得した場合であっても，取得価格が取得見込み価格を下回っている場合にはその差額に法人税，法人事業税，法人都民税を課税されるので，その場合は納税資金の準備が必要であることを具体的に説明する義務，及び取得指定期間内に買換資産を取得するよう促す義務があった旨主張する。

②　まず，平成 18 年 6 月に取得指定期間の延長申請がされ，その後，買換資産が入れ替えられており，特に，買換資産の入替えは，税理士において資産の選定ができるものではなく，A 社，すなわち依頼者の希望によってされた入替えであると認められる。

③　依頼者は，不動産事業者として複数の不動産を所有し，一定の売買経験が有り，経営者として不動産売買に関する税務の基本的な知識（不動産の譲渡益が発生すれば，それが法人の益金として課税対象となることの理解）を有していることに加え，平成 14 年度に個人所有の事業用資産の買換えの特例の利用を試みた経験があるので，これと法人税法上の買換えの特例とは，その仕組みが類似していることからすれば，依頼者は，法人税の納税額の詳細な計算方法に関する理解がなかったとしても，買換えの特例の仕組みとして，それが事業用資産の譲渡益に対する納税を，一定期限内で買換えを実行することにより，一定期間繰り延べる特例であることは理解しており，買換えの期限が決まっていて，譲渡益に応じた納税義務があることを認識していたものと認められる。だからこそ，依頼者は，税理士に対し，取得指定期間の延長申請をするよう希望し，譲渡益を踏まえた納税額が買換えにより有利になるように，買換資産を入れ替えたものと考えられる。以上からすると，A 社は，買換えの特例の利用について，買換えの期限が決まっていること，取得指定期間内に買換資産を取得しなければ，多額の課税がなされること，取得指定期間内に買換資産を取得した場合であっても，取得価格が取得見込み価格を下回っている場合にはその差額に法人税，法人事業税，法人都民税を課税されるので，その場合は納税資金の準備が必要であることを理解していたと認められる。

④　通常の経営者にとって，確定申告における納税額は極めて重要な事項で，重大な関心が払われるものであるから，A 社を経営する依頼者は，買換えの特例の適用がない場合の納税額についても重大な関心を持っていたことは否定し難い。A 社は，平成 17 年度に事業用不動産を売却して，譲渡益が発生したため，それにつき買換えの特例を利用したのであるから，買換えが実現

できなかった場合の納税額について，平成18年の決算以降，どの程度納税額が発生するか重大な関心を抱くはずであるし，依頼者も，いつまでに買換資産を取得する必要があるのかを税理士に質問したことは認めているところ，A社は，平成20年度の確定申告に至るまで，税理士との税務顧問契約を継続していることから，税理士が依頼者からの質問を全く取り合わなかったとも考え難い。そうすると，税理士の供述のとおり，税理士は，平成18年度の決算の際に，買換えの特例が適用されなかった場合の納税について概算額は示した上で説明していたと認めることができる。

⑤　依頼者は，買換えの特例を利用した場合における具体的な納税金額についても説明すべきであると主張するが，本件では複数の買換資産を予定し，またその入替えもあったから，買換えの特例を利用した場合の納税額については，買換資産により異なるので確定的な説明に馴染まず，A社の不動産譲渡益についての納税額が一番多くなる納税額（買換えの特例を適用しなかった場合についての納税額）の概要について説明をしていれば，納税に関する顧問税理士の助言指導の内容として十分である。

⑥　納税資金の準備それ自体は，依頼者の責任の範疇であるから，税理士は納税資金の準備について指導しなかったとしても，税理士としての善管注意義務違反になるとはいえない。そして，税理士は，買換えの特例を利用しなかった場合の納税額については，A社に対して説明したことが認められる以上，A社が平成21年6月時点で納税準備をしていなかったことについて，税理士の説明義務違反があるとは認められない。以上により，A社が主張する説明義務違反の事実は認められない。

⑦　A社は，税理士が，法律上認められる余地のない再度の延長承認申請をし，A社をして，取得指定期間の再延長がなされるものと誤解させ，その結果，A社は平成21年4月決算の確定申告において，平成18年4月期決算期の修正申告をすることができなかったのであるから，税理士は，A社に対して，再度の取得指定期間の延長承認申請は認められない旨説明すべき義務があり，これを怠ったと主張する。

⑧　認定事実のとおり，税理士は，平成21年4月30日に，依頼者に対して，念のため再延長の申請書を提出するが，再延長承認申請は認められない可能性があること，認められない場合は修正申告が必要であり，新しい税理士に相談するよう説明していたことが認められ，A社の上記主張はその前提として被告から再延長承認申請が認められない可能性があることの説明がなかったとする点で前提が異なり，採用することができない。

⑨　依頼者は，A社の資産の買換えについて，再度の延長承認申請が認められない可能性があるとの説明は受けていないと供述する。しかし，証人の証言によれば，B税理士は，平成21年6月中旬頃に，依頼者から同月末日期限の確定申告についての相談を受け，A社の資料から買換えの特例を利用していることや，同年4月30日付けの取得指定期間の延長承認申請書は実務上あり得ないものであることを認識し，その旨依頼者に説明したことが認められるところ，その説明の際，依頼者が特に驚いた反応を明確に示したり，期間の再延長が認められると信頼しているような発言をしたりしていた事情は認められない。上記のような依頼者の態度は，税理士が，平成21年4月30日付け延長承認申請書を作成する際に，依頼者に対して，再延長は認められない可能性があることを説明していたことに沿うものである。

⑩　依頼者は，本人尋問において，一方で，再延長が認められたと信じていた旨供述するが，他方で，再延長が認められたに違いないという認識はなかったとか，再延長の申請をすること自体を認識していなかったと供述する部分もあり，取得指定期間が再延長されたか否かという重要な点について供述に一貫しない点が認められる。したがって，再度の延長承認申請が認められない可能性があるとの説明を受けていないとする依頼者の上記供述は信用することができない。以上によれば，A社が主張する上記の説明義務違反の事実は認められない。

⑪　A社は，平成21年4月末日決算の確定申告において，税理士が，再度の延長承認申請が認められる可能性がないとの認識を有していた以上，A社又は後任のB税理士に対して，再度の延長承認申請が認められない場合の確

定申告後の具体的処理を指導，連絡すべき義務があったが，これを怠った旨主張する。

⑫　認定事実のとおり，税理士は，依頼者に対して，取得指定期間の再度の延長承認申請が認められない可能性があること及び修正申告が必要となるので，その場合は新しい後任の税理士に相談するよう説明したことが認められる。そして，前記認定事実のとおり，依頼者は，B税理士に平成21年6月末日期限の確定申告について相談し，B税理士はA社が買換えの特例を利用していること，取得指定期間である平成21年4月30日が経過していることを認識し，同日付けの延長承認申請書は通常あり得ない書面である旨を依頼者に指摘したことが認められる。そうすると，A社は，税理士が税務顧問を辞任した後，新しいB税理士の指導の下，買換えの特例への対応を含めた確定申告の対応が可能な状況になったといえるから，それ以上に，税務顧問を辞任した税理士がA社の買換えの特例の利用について何らかの事後処理を助言，指導すべき義務があったとは認められない。よって，税理士の説明義務違反を認めることはできない。

[税理士としての検討と対策]

　税理士が，取得期限までに買替資産を取得しなければ特例が適用されないこと等を十分に説明せず説明義務を怠ったという債務不履行が成立するか否かが争われた事案である。依頼者が個人所得税で事業用資産の買換えの特例の利用を試みた経験があり，これと法人税法上の買換えの特例とは仕組みが似ているから，法人税の買換資産の特例についても内容を理解していたと認められる，と裁判所は判断した。依頼者は内容について理解しており，税理士が依頼者の質問などに応じなかったとも考えられないため，依頼者の主張するような債務不履行には当たらないという内容である。

　後任のB税理士が依頼者に対して，「課税庁がこのような通常あり得ない受付処理をした」と説明した経緯となる税理士と課税庁との交渉内容は明らかになっていない。最終的には期限内に買換資産を取得できなかったとして修正申

告しているから，課税庁による適正な納税指導が行われたことになる。裁判所
は，B税理士の証言に基づき，税理士が依頼者に対して買換資産の特例につい
て説明していたことを推認した。なお，B税理士がA社の修正申告を担当した
かは明らかにされていないが，B税理士は公正中立の立場で法廷に臨んだこと
は評価すべきである。

【林・小林】

名義預金の申告漏れと税理士の説明責任

（参考）
神戸地判平成 26 年 1 月 17 日《平成 25 年（わ）第 56 号》
(TKC 文献番号 25446363・TAINS コード Z999-9129)
大阪高判平成 26 年 11 月 18 日《平成 26 年（う）第 252 号》
(TKC 文献番号 25505506)
相続税法違反被告事件

[着目点]

　いわゆる名義預金による相続税の申告漏れについて，刑事訴追された依頼者が，申告漏れの理由として，税理士の説明が無かったと主張した事例。

[当事者の関係・立場]

　被相続人である夫は，父親の代から不動産賃貸業等の事業を営んでおり，妻である依頼者は，結婚後，A の事業の事務等を手伝う傍ら，自らの名で小規模な保険代理店業務を営んでいた。夫は，平成 20 年 9 月 11 日死亡した。依頼者は平成 21 年 3 月頃，税理士に相続税等の進行手続を依頼した。

　税理士は，かねてより被相続人の事業に関する顧問税理士であり，依頼者夫婦と友人づきあいであった。

[事案の概要]

　依頼者は夫が亡くなった後，従前から付き合いのあった税理士に依頼し相続税課税価格が 7 億 3,180 万 5,000 円，相続税額が 8,886 万 500 円である旨の相続税の申告をした。その後課税庁の調査を受けいわゆる名義預金等の申告漏れを指摘され相続税課税価格 10 億 6,360 万 5,000 円，相続税額 2 億 2,976 万 500 円とする修正申告を行った。

　これを受け検察が，依頼者が相続税を免れようと企て預貯金等を除外することにより殊更過小な金額を記載した内容虚偽の相続税申告書を提出し相続税を

免れた，として公訴した。

　第1審判決は，依頼者が述べるとおり，申告当時，依頼者に逋脱の意図はなく，依頼者は，申告書に記載された相続財産の他に記載すべきものがあるとの認識を欠いたまま申告を行った可能性が高いとして無罪を言い渡した。依頼者と税理士との交渉について，次のように言及して，依頼者の主張を容認している。

　依頼者は，「夫が，昔から一部の預貯金等の名義を自分（依頼者）や息子，娘にしてくれていたことは知っていた。夫が家族のために蓄えてくれているのであり，それぞれ名義人のものになるのだろうと思っていた。一部の架空人名義のものについては夫のものであろうと思っていたが，これについては相続税申告時には既に解約等の手続が終わっていたため，申告の必要があるとは考えなかった。脱税しようなどと考えたことは一度もなく，申告時には，税理士の指示に従い，申告が必要な財産を全て申告したつもりであった。自分名義あるいは子の名義の預貯金等について申告する必要があると考えたことはなく，税理士からもそのような注意はなかった。国税局による調査の際，担当者から，それらについても申告が必要だと聞かされたときにはたいへん驚き，その後，税理士に何故その旨注意してくれなかったのかと強く問い詰めた。申告前に誰かが教えてくれていれば，こんなことにはならなかった。」などと主張している。

税理士の主張

　本件が予想以上の大口案件であることを確認していたところ，長年の経験から，被相続人に帰属する家族名義や仮借名義の預金や株式等を相続財産から除外等して過小申告する事例があり，大口案件では税務調査が必ず行われることも知っていたことから，依頼者に対し，相続財産の内容を確認するため，「これで全部ですか。他にあれば，言ってくださいね。必ず税務調査がありますからね。」などと尋ねたが，依頼者は，「ありません。」と明確に答え，「税務署みたいですね。」とも言った。そのため，それ以上は依頼者に対して，

家族名義や仮借名義の預金の有無等を詳しく尋ねることはしなかった。

裁判所の判断

　控訴審判決は，事実の誤認を理由に，第1審判決を破棄し，依頼者を懲役1年6月及び罰金2,800万円に処し，執行猶予3年を言い渡した。

　依頼者と税理士の関係について，次のように判示している。

　第1審判決は，さしたる根拠も示すことなく，専門家である税理士が，本件の相続税申告に当たり，夫名義以外の財産が相続財産に当たる可能性を念頭に置いていなかった旨を説示しているのであり，この点もまた，経験則等に照らして不合理な判断といわざるを得ない。第1審判決は，依頼者の第1審公判供述は基本的に信用できるとして，これに依拠し，依頼者にはほ脱の故意が認められないと判断している。しかし，信用できる税理士らの供述によれば，依頼者は，税理士から税理士事務所職員を介して夫の死亡前3年以内の生前贈与の有無を尋ねられて，そうした贈与はない旨明確に回答したことが認められるのに，依頼者は，そのような質問を受けたこと自体を否定している点で，虚偽の供述をしている疑いが強いし，上記回答は，贈与を明確に否定している点で，家族名義財産はもらったもので，いつもらったかは特に意識していないなどという依頼者が原審で供述する認識内容とは相容れないものである。

［税理士としての検討と対策］

　銀行預金の所有者は，名義だけで判断するとは限らない。確かに，相続財産において，金融機関等に預けてある預金が一番分かりやすい財産といえる。この場合，通帳に記載してある名義がその所有者とまず考えるが，課税庁は，①預金の原資の出所，②預金の管理方法，のふたつの基準をもとに総合的に判断し，預金の所有者を認定する。

　なかでも専業主婦名義の預金は判断が難しい相続財産である。妻名義の預金は，夫から妻への贈与したお金の積み重ねの結果だと主張しても，例えば非課

税枠の110万円を超えない範囲で贈与したと主張しても，立証は難しいと考える。

　依頼者に夫の収入をやり繰りして，節約した賜物であり，妻としての，まさしく内助の功の結果であるから，相続財産の二分の一までは非課税となる配偶者控除は，この妻の内助の功を評価した制度である，と説明するのが，税理士の仕事である。ところが，本事案では，巨額の申告漏れを指摘された納税者が，その理由は名義預金の趣旨を税理士が説明しなかったと主張した。法の不知による名義預金の申告漏れが「偽りその他不正の行為」に当たるかどうかが争点となった。検察官は未必の故意を含む構成要件的故意があれば租税逋脱罪成立の主観的要素としては十分であり，逋脱の意図に基づき過少申告を行ったことを要すると解すべき理由はなく，法の不知は犯罪の成立を妨げないと主張した。

　第1審判決は検察官の主張を採用せず，秘匿隠蔽工作を行ったとの事実が認められない場合には，「偽りその他不正の行為」があったと認めるには単に過少申告があったというだけでは足りず，税を不正に免れようとの意図（逋脱の意図）に基づき，その手段として，申告書に記載された課税物件が法令上のそれを満たさないものであると認識しながら，あえて過少な申告を行うことを要するとした。その上で依頼者の，名義預金が相続税の課税対象となるとは思わず，税理士からもそのような説明は一度もなかった，という主張を採用し依頼者を無罪とした。

　依頼者は税理士が教えていれば，このようなことにはならなかったと主張した。これが事実ならば，税理士は基本的な説明を怠ったことになる。しかし，控訴審判決は，この依頼者の主張を虚偽としている。この背景には，税理士の職務や職責に対する裁判官の認識の違いがある。本事案は，税理士の言動に対する責任が問われたものではない。ただ税理士の責任が争点となる損害賠償請求事件において，裁判官の税理士の職能に対する認識と理解の差が判決に反映するならば，憂慮すべき問題である。

　通常，相続税案件の依頼者は，初めて税理士と面談・協議する場合が多い。税理士の職務内容，責任の本質を理解していない状況で，初対面に近い相手か

ら，いわば財布やタンスの中身を見せて欲しいといわれるわけである。その場で不信感が発生する可能性が高いことから，慎重さが必要である。しかし，本事案では，税理士と被相続人である夫と依頼者である妻とは，従前から親しい関係にあったとされるから，税理士は依頼者が刑事責任を問われるような事態を回避する方策を講じる助言等を強く行うべきだったかもしれない。

　依頼者にとって，夫の相続という初めてかつ煩雑な手続の多い場面において，指示された資料をそろえることで精いっぱい，指示されたことさえ抜けてしまうという状況も理解できる。税理士の職務を全うする強い助言等とともに，依頼者の心情や立場に寄り添った対応が求められているともいえる。

【林・小林】

CASE 29 相続人の個人情報に関する調査責任

(参考)
東京地判平成 26 年 2 月 13 日《平成 24 年（ワ）第 24204 号》
(TKC 文献番号 25518170・TAINS コード Z999-0145)
損害賠償請求事件

[着目点]

　米国国籍を取得した相続人が日本国籍を失っていないと税理士が誤信したため，相続人に過少申告加算税等が課されたことについて，税理士の損害賠償責任が認容された事例。

[当事者の関係・立場]

　相続税事案の依頼者で原告である A は，被相続人の長男である。A は，平成 13 年 6 月 20 日，米国に帰化して同国の国籍を取得したため，同日に日本国籍を失っており（国籍法 11 条 1 項），平成 20 年 3 月 5 日当時，米国国内に住所を有していた。

　税理士は，被相続人が全株式を保有し代表取締役を務める甲社と平成 13 年頃，税務顧問契約を締結し，毎年被相続人の確定申告も行っていた。

　被相続人は，平成 20 年 3 月 5 日，死亡し，その後，甲社の代表取締役に就任した J から，被相続人の遺産目録を交付された。

　依頼者から委任され，税理士は平成 20 年 12 月 15 日，相続税の申告を行った。甲社は，平成 21 年 1 月 20 日，税理士に対し，相続に関する税務報酬を支払った。

[事案の概要]

　課税庁は，平成 23 年 1 月 25 日以降，相続税申告に関して税務調査を行った。A は，国税調査官に対し，「自分は米国国籍を取得しているが，日本国籍は

喪失しておらず，日本のパスポートを現在も取れる。」と述べたところ，その後，国税庁の担当者から，Aは日本国籍を喪失しているために制限納税義務者に該当する旨の指摘を受けた。そこで，依頼者は，「債務及び葬式費用の金額」などを減少して，修正申告を行った。

依頼者は，税理士が，債務控除の過誤による指導，助言による申告等をしており，税理士に対し損害賠償責任を求めた。

税理士の主張

平成20年8月から9月頃，Jから，「Aは米国国籍を持っているが，日本国籍は喪失していない。日本国籍も持っており二重国籍である」と伝えられており，Aが日本国籍を喪失した事実を知らされていなかった。税理士は，外国国籍を有する相続人の日本国籍喪失の有無について法令を調査すべき義務を負わないし，仮に調査義務を負うとしても，Jから交付されたAの戸籍謄本には日本国籍喪失の記載はなかったこと，国税庁のホームページを調査して二重国籍者も無制限納税義務者に該当することを確認したことから，調査義務を尽くしており，本件債務控除の過誤に関して債務不履行又は注意義務違反はない。

裁判所の判断

① 証拠によれば，税理士は，〔1〕平成20年8月から同年9月頃，Aが長期間アメリカ合衆国で生活していることから，米国に帰化して日本国籍を喪失しており，制限納税義務者に該当する可能性があると考え，これをJに確認したところ，Jからは，Aは米国の国籍を取得したが，日本国籍を放棄していないため，二重国籍である旨の回答を受けたこと，〔2〕同年11月5日頃，Jに上記と同様の確認をしたところ，Jからは，上記と同様の回答を受けたこと，〔3〕同月6日，国税庁のホームページを確認したところ，相続税法基本通達（1の3・1の4共-7）において，「日本国籍と外国国籍とを併有す

る者がいる場合」として，「法（相続税法）第 1 条の 3 第 2 号又は第 1 条の 4 第 2 号に規定する「日本国籍を有する個人」には，日本国籍と外国国籍とを併有する重国籍者も含まれるのであるから留意する。」との記載があることを確認したこと，〔4〕同月末頃に J から交付を受けた同月 27 日付けの被相続人の戸籍の全部事項証明書には，A の戸籍も記載されていたことから，A が米国の国籍及び日本国籍を併有していると判断したことが認められる（前提事実のとおり，A が日本国籍の喪失を届け出たのは，それよりも後の平成 23 年 9 月 2 日である。）。

②　認定の事実によれば，税理士は，平成 20 年 8 月から同年 9 月頃，J から「A は米国の国籍を取得した」旨の回答を受けた時点で，一般人であればA が日本国籍を有しない制限納税義務者であるとの疑いを持つに足りる事実を認識したといえるところ，国籍法の規定を確認せず，どのような場合に日本国籍が失われるか（国籍法 11 条 1 項–日本国民は，自己の志望によって外国の国籍を取得したときは，日本の国籍を失う。）を認識しなかったのであるから，税理士としての調査義務に違反したというべきである。

　これに対し，税理士らは外国国籍を有する相続人の日本国籍喪失の有無について法令を調査すべき義務を負わないし，仮に調査義務を負うとしても，税理士が J から交付された A の戸籍謄本には日本国籍喪失の記載はなかったこと，税理士は国税庁のホームページを調査して二重国籍者も無制限納税義務者に該当することを確認したことから，税理士は調査義務を尽くしており，本件債務控除の過誤に関して債務不履行又は注意義務違反はないと主張する。

③　確かに，税理士は，税務に関する専門家であるから，一般的には租税に関する法令以外の法令について調査すべき義務を負うものではないが，日本国籍を有しないことが制限納税義務者の要件として規定されている以上は，一般人であれば相続人が日本国籍を有しない制限納税義務者であるとの疑いを持つに足りる事実を認識した場合には，相続税の申告等に先立ち，当該相続人が日本国籍を有するか否かについて確認すべき義務を負うというべきである。

④　日本国籍喪失の要件については国籍法に規定されているのであるから，日本国籍を有するか否かについて判断するためには国籍法を確認することが不可欠であり，国籍法の規定を確認しなかったことは，税理士としての義務に反するといわざるを得ない。税理士は，依頼人が述べた事実や提示された資料から判明する事実に基づいて業務を遂行すれば足りるものではないから，相続人の関係者からの事情聴取及び被相続人の戸籍の全部事項証明書の取得をしたことだけで税理士としての義務を果たしたということはできないし，相続税法基本通達が指摘する「日本国籍と外国国籍とを併有する重国籍者」とは，両親が日本国民と外国人であるなどの自己の志望によらずに外国の国籍を取得し，その国の国籍を選択していない者を指すのであって（国籍法11条2項以下参照），国籍法を確認すれば，その場合と異なり，日本国民が自己の志望によって外国の国籍を取得したときには日本の国籍を失うことが容易に判明したのであるから，相続税法基本通達を確認したからといって，税理士としての義務を果たしたということはできない。なお，国籍法11条1項は，日本国籍喪失の要件を明確に定めた規定であり，本件では税理士による法令の解釈適用の誤りを義務違反とするものではなく，税理士が上記規定を確認しなかったこと自体が税理士としての義務に違反するというべきものであるから，税理士にその業務の範囲を超えた義務を負わせるものではない。

[税理士としての検討と対策]

　通常，相続税事案を受託したときには，被相続人及び相続人の個人情報に関する資料と被相続人の遺した財産に関する資料を入手することから始まる。なかでもいわゆる戸籍謄本は，最優先の基礎資料であり，依頼人家族の歴史が明かされる。相続人らが知らなかった事実が判明することもあり，高度のプライバシー保護を要する内容といえる。

　実務的には，戸籍により法定相続人を確認するが，戸籍に記載されている以上，日本国籍を有する日本人であることなどは斟酌しない。もっとも昨今は，

海外勤務など国外に居住する者も少なくない。その場合は，事前に説明がある
だろうし，現住所確認をする際に，非居住者として住民票も交付されないから
明解である。

　本事案では，受任した税理士は，生前から被相続人と面識があった。米国へ
の帰化，米国籍の取得まではともかく，長男のＡが，米国に居住する非居住者
であることぐらいは認識していたはずである。だからこそ税理士は，Ａの国籍
の有無に関して問い合わせ，いわゆるＡは二重国籍者である旨の回答を得てい
る。しかし，裁判所が説示するように国籍法の規定では，通常は二重国籍者と
いう概念は存在しない。ただ，税務調査において資産税の専門と考えられる調
査官が，Ａの発言に即答できなかったことからも，レアーケースといっていい。
おそらくＡ自身も自己の身分を認識・理解していなかったはずである。この状
況の下でも裁判所は，税理士の調査義務違反を指摘している。

　本事案で明らかになったことは，相続人のなかに海外居住者がいる場合には，
居住者，非居住者の区別はもちろん，国籍の判別，国籍喪失届の提出の有無な
ど広範な調査が必要ということである。しかも本事案でも想像できたように，
相続人本人が自己の国籍を理解していないこともあり得ることを考慮しなけれ
ばならないのである。

　国内・国外のすべての財産に課税される納税者を無制限納税義務者，国内財
産にのみ課税される納税者を制限納税義務者と呼ぶが，現行法の納税義務者と
課税財産の範囲規定は非常に細かいため，慎重な判断が必要とされる。

　制限納税義務者に関する改正はこれまで幾度となく行われ，現在に至る。
元々の制度は無制限納税義務者と制限納税義務者のみで，相続により財産を取
得した時に国内に住所を有していない者は制限納税義務者に該当した。この制
度の下では，住所を国外に移すことによって租税回避できることから，平成
12年の改正において無制限納税義務の範囲の拡大が行われた。しかし，外国
籍であれば制限納税義務者になれたため，平成25年度，29年度，30年度と
さらに改正が加えられ，租税回避を封じ込めてきた経緯がある。

　申告ミス等を巡り税理士と顧問先の間で争いに発展し，損害賠償請求訴訟に

発展するケースが，近年増えている。この傾向は，損害額の算定が容易なことと，インターネットの普及に伴い自分で調べられること以上の高度な専門性を税理士に求めていること等に起因すると推察される。税理士には善管注意義務が求められるが，注意義務の水準としてどの程度調査確認すべきかは判例の集積を待つ必要があり，本事案は1つの事例として参考となろう。

【林・有賀】

弁護士法に基づく照会と税理士の守秘義務

（参考）
京都地判平成 25 年 10 月 29 日《平成 25 年（ワ）第 579 号》
（TKC 文献番号 25540652）
大阪高判平成 26 年 8 月 28 日《平成 25 年（ネ）第 3473 号》
（TKC 文献番号 25540022・TAINS コード Z999-0151）
損害賠償請求事件

[着目点]

　税理士法人に対する弁護士法 23 条の 2 に基づく照会に応じて，依頼者の承諾を得ないまま確定申告書控えなどを開示したことが，不法行為に当たるとされた事例。

[当事者の関係・立場]

　税理士は，従前から B 社の顧問税理士であった。B 社の甲社長は資本金の全額を出資し，実妹乙を社長とする A 社を設立し，税理士は A 社の顧問税理士にも就任した。原告は乙の子であり甲の甥であるが，大学生の頃から税理士と面識があったことから，自身の個人事業に係る確定申告等を税理士に依頼していた。いわば税理士は甲社長一族の顧問税理士といえる。

　その後，何らかの事情により，甲乙間に紛争が起き，乙は A 社の社長職を解任された。甲は A 社の社長に就任し，A 社は乙を背任等で提訴した（別件訴訟）。A 社は，乙の背任行為のひとつに，原告が他に事業を営んでおり，A 社に勤務実態が無いにも関わらず，乙は原告に給与等を支払っていたとされることであり，税理士が保管していた原告の確定申告関係の資料がその証拠となると考えられた。

[事案の概要]

　原告は平成 19 年 9 月から平成 23 年 2 月まで，A 社に在籍していた。A 社

は，A社における原告の勤労実体が争点の一つなっている別件訴訟を提起している。A社の代理人である弁護士は，本事案の被告である税理士が代表役員を務める税理士法人を照会先として，原告が平成22年3月以降，体調を崩して就労困難な実態にあり，A社における就労実態がなかったことを立証するためとして，原告の確定申告書や総勘定元帳の写しを提出するよう弁護士法23条の2に基づく照会の申出をし，弁護士会から税理士法人に対し照会がなされた。照会を受けた税理士は，原告の同意を得ることなく，平成15年から平成21年までの確定申告書及び総勘定元帳の各写しを提供した。

　これを受けて原告は，自らの承諾を得ないまま確定申告書控え等を開示したことがプライバシー権を侵害する不法行為に当たると主張して，不法行為による損害賠償請求権に基づき，税理士に対し損害賠償を求めた。第1審は，原告の請求を棄却している。

税理士の主張

　開示行為は，23条照会に応じて行われたものである。そして，23条照会を受けた照会先には，法律上報告義務があると解されている。

　また，税理士法基本通達38-1は，「（税理士）法38条に規定する『正当な理由』とは，本人の許諾又は法令に基づく義務があることをいうものとする」としている。

　さらに，国家公務員法100条1項や地方公務員法34条1項，郵便法8条，電気通信事業法4条などは，税理士法と異なり，正当な理由がある場合を守秘義務の除外事由として規定していないことを考慮すると，税理士が保有する秘密については，絶対的に秘密として保護されているわけではなく，第三者に提供されることがあり得ることを税理士法が予定しているといえる。

　以上からすると，23条照会に応じる義務は，税理士法38条の守秘義務に優先する。そして，弁護士会において，事前に，照会理由と照会事項の関連性など申出が23条照会の趣旨に照らして妥当か否かについてチェックされ

ていることからすれば，被照会者としては，一見して明らかに照会理由と照会事項が関連していないとか，関連性が全く不明といった特段の事情がない限りは，照会を受けた事項に対して回答しなければならない法律上の義務を負っているのであり，回答範囲について妥当性，必要性を判断する裁量も基本的にないというべきである。

　したがって，開示行為は，形式的には税理士業務に関して知り得た秘密を開示する行為ではあるものの，税理士法38条にいう「正当な理由」が存在しており，違法性がない。

裁判所の判断

①　23条照会は，公共的性格を有するものであるが，法文上，照会事項は「必要な事項」と規定されるのみで特段の定義や限定がなく，照会先も「公務所又は公私の団体」と広範囲であるため，事案によっては，照会を受けた者が照会事項について報告することが，個人のプライバシーや職業上の秘密保持義務等の保護されるべき他の権利利益を侵害するおそれのある場合も少なくないと考えられる。したがって，23条照会を受けた者は，どのような場合でも報告義務を負うと解するのは相当ではなく，正当な理由がある場合には，報告を拒絶できると解すべきである。そして，正当な理由がある場合とは，照会に対する報告を拒絶することによって保護すべき権利利益が存在し，報告が得られないことによる不利益と照会に応じて報告することによる不利益とを比較衡量して，後者の不利益が勝ると認められる場合をいうものと解するのが相当である。この比較衡量は，23条照会の制度の趣旨に照らし，保護すべき権利利益の内容や照会の必要性，照会事項の適否を含め，個々の事案に応じて具体的に行わなければならないものである。

②　税理士の守秘義務の例外としての「正当な理由」（税理士法38条）とは，本人の許諾又は法令に基づく義務があることをいうと解されるところ，一般には23条照会に対する報告義務も「法令に基づく義務」に当たると解される。

もっとも，税理士の保持する納税義務者の情報にプライバシーに関する事項が含まれている場合，当該事項をみだりに第三者に開示されないという納税義務者の利益も保護すべき重要な利益に当たると解される。したがって，税理士は，23条照会によって納税義務者のプライバシーに関する事項について報告を求められた場合，正当な理由があるときは，報告を拒絶すべきであり，それにもかかわらず照会に応じて報告したときは，税理士法38条の守秘義務に違反するものというべきである。そして，税理士が故意又は過失により，守秘義務に違反して納税義務者に関する情報を第三者（照会した弁護士会及び照会申出をした弁護士）に開示した場合には，当該納税義務者に対して不法行為責任を負うものと解される。

③　本件照会申出の理由は，A社が，別件訴訟において，原告が平成22年3月以降，体調を崩して就労困難な実態にあり，A社における就労実態がなかったことを立証するためのものということである。一方，照会事項の中心は，確定申告書及び総勘定元帳の写しの送付を求めることにあるものと認められる。しかし，原告の健康状態を立証するためであれば，医療機関等への照会によるのが直截であり，収入の変動を通じて健康状態の悪化を立証するということ自体が迂遠というべきである。この点を措くとしても，平成22年3月以降の依頼者の体調不良を立証しようとするのであれば，原告の平成22年の確定申告書等とそれ以前の確定申告書等を比較するのでなければ意味がないはずである。ところが，税理士が原告の確定申告を行っていたのは平成15年から平成21年までであり，平成22年の確定申告は担当していない。そうであるとすれば，税理士の所持する確定申告書等だけでは原告が平成22年に体調不良により収入が減少したかどうかを認定することはおよそ期待できないというべきであるから，最長10年間にわたる確定申告書等の送付を求めることは，23条照会としての必要性，相当性を欠く不適切なものといわざるを得ない。23条照会の公共的性格という観点からみても，本件照会が別件訴訟における真実の発見及び判断の適正を図るために必要かつ有益であるとは言い難い。

④　確定申告書及び総勘定元帳の内容は，原告本人の収入額の詳細のほか，営業活動の秘密にわたる事項や家族関係に関する事項等，プライバシーに関する事項を多く含むものであり，これらの事項がみだりに開示されないことに対する依頼者の期待は保護すべき法益であり，これらの事項が開示されることによる依頼者の不利益は看過しがたいものというべきである。

本件確定申告書等については，これが開示されることによる原告の不利益が本件照会に応じないことによる不利益を上回ることが明らかである。したがって，税理士が本件照会に応じて本件確定申告書等を送付したこと（本件開示行為）は，守秘義務に違反する違法な行為というべきである。

［税理士としての検討と対策］

いわゆる弁護士会照会といわれる制度と税理士の守秘義務との関係が争点となった事案である。弁護士会照会については，最高裁昭和56年4月14日判決が，犯罪歴の照会を受けそれを漫然と回答した自治体に対し損害賠償を認めており，照会を受けた者が回答を行うことには損害賠償のリスクを負うことを認めているといえる。

税理士法38条は，税理士は，正当な理由がなくて，税理士業務に関して知り得た秘密を他に洩らし，又は窃用してはならないとしている。本事案で，当然のことであるが，裁判所は，守秘義務は「税理士業務の根幹に関わる極めて重要な義務」と明示している。その上で判決は，税理士が弁護士照会により報告を求められたとしても，正当な理由がある場合には報告を拒絶することができ，正当な理由があるにもかかわらず，税理士が照会に応じた場合には守秘義務に違反すると示した。

この「正当な理由」の判断に当たっては，報告が得られないことによる不利益と，照会に応じて報告することによる不利益とを，個々の事案に応じて具体的に比較衡量すべきとしている。残念ながら，この不利益の範疇には，税理士の収入維持は含まれるはずはない。日本弁護士連合会のホームページ内にある「弁護士会から照会を受けた皆さまへ」という項目では，「弁護士会が照会を必

要とする事情と照会を行うことの相当性について厳格な審査をしており，照会に回答した方が損害賠償義務を負うような事態は起きないよう努めています」と記載がある。しかし，裁判所は，本件照会が別件訴訟における真実の発見及び判断の適正を図るために必要かつ有益であるとは言い難い，弁護士会が厳格な審査が行われた形跡はないとしている。税理士には守秘義務があるため，弁護士会の照会であっても慎重に判断すべきである。

ただ本事案の背景は深刻な事情がある。親族間の争いのなかで，A社との関わりが深い税理士の立場も複雑である。すなわち，①原告は，A社入社前から，おそらく入社後も個人事業として建築工事業を営んでいたこと，②A社の前社長は原告の実母であり，現社長は原告の伯父（原告の母の兄）であり，A社の実質的オーナーであること，③A社が提起した別件訴訟は，現社長である兄が，前社長である実妹の在任中における背任行為等を指弾したものであること，④A社現社長は，他にも代表者をつとめる企業を有しており，税理士は開業以来のこれらの企業の顧問税理士を受任していたこと，⑤原告と被告は，原告が大学生であった頃から面識があったこと，などが挙げられる。

実務的な発想からすれば，いわばA社を通じて，密接な関係にある税理士は弁護士に情報を提供することは容易であったはずである。しかし，あえて弁護士会照会をとることで，税理士の守秘義務違反を指摘されることを回避し，合わせて情報の公平性，客観性を主張することを意図したかもしれない。

また，裁判所は，本来は，本件確定申告書等を控訴人に返還すべきであり（近畿税理士会綱紀規則11条3項），返還していれば，照会時点で確定申告書等の情報は保持しておらず，したがって本件照会に対して報告できないはずのものであったともいえるとも述べている。しかし，現在では確定申告書の控えや総勘定元帳については電子データで何年分か保存している税理士も多いため，データを印刷して提出することは難しいことではなくなっている。

【林・初鹿】

CASE

31

税理士の親族が経営する
企業との顧問契約

(参考)
東京地判平成 27 年 4 月 21 日《平成 25 年（ワ）第 29169 号》
（TKC 文献番号 25525564）
損害賠償請求事件

[着目点]

　親族が経営する企業と顧問契約を締結した税理士が，善管注意義務に違反する行為により求められた損害賠償請求の一部が認容された事例。

[当事者の関係・立場]

　原告である依頼者は，不動産の売買・賃貸の仲介を業とする有限会社である。被告である税理士は，依頼者と顧問契約を締結した平成 16 年 10 月当時の代表者取締役であった D の姪の夫である。平成 18 年 9 月に依頼者の代表取締役に就任した A は D の子である。つまり，依頼者は，社長の従姉妹の夫である顧問税理士に対して損害賠償を請求したことになる。依頼者の従業員である C は，税理士の長男であり，社長から見れば，従姉妹の子となる。

[事案の概要]

　C は，税理士の紹介により，平成 17 年 10 月，依頼者の従業員として勤務するようになった。C は，平成 17 年 10 月以降，依頼者から「基本給」として月額 30 万円（後日，31 万円，33 万円に順次増額。宅地建物取引主任者の資格取得後は，資格手当として月額 3 万円を加算。）の支給を受けており，そのほかに「時間外手当」として支給された金員はなかった。税理士は，C の給与支払明細書に，上記支給額（資格手当を除く。）の全額を「基本給」として記載し，「時間外手当」の記載はしていなかった。

　依頼者と税理士との間の顧問契約は，平成 21 年 9 月 30 日までの決算書の

作成をもって，合意解約により終了した。

　Cは，平成22年11月末ないし同年12月に，依頼者を退職し，平成23年2月頃，依頼者に対し，時間外手当請求訴訟（別件訴訟）を提起した。別件訴訟は，平成25年1月9日，依頼者がCに対し解決金280万円を支払うことを内容とする訴訟上の和解により終了した。

　税理士は，消費税の計算に当たり，非課税取引に当たる社宅家賃収入を課税取引とし，また，不課税取引に当たる香典・見舞金，アルバイト料を課税取引として課税標準額を計算していた。また税理士は，アルバイト料の支払について，支払手数料として処理し，源泉所得税の控除をしていなかった。そのため，依頼者は，平成23年5月の税務調査で指摘を受けて修正申告をした。

税理士の主張

　Cの給与額は，採用当時の依頼者の代表者であったDが自らの判断で基本給月額30万円と決定したものであり，Dの指示に従い，その指示どおりに給与支払明細書を作成していたにすぎない。

裁判所の判断

①　Cの採用当初の基本給を月額30万円としたことが明らかに不相当なまでに高額であるとはいえず，Cの基本給が当然に時間外手当を含むものとして定められたとは認められないし，Cの給与額の決定に当たり，税理士が依頼者の代表者に対してその自由な意思決定を妨げるような言動をした事実は一切うかがわれないから，依頼者がその代表者自身の判断によりCの基本給を月額30万円（後日，月額31万円，33万円に増額。）と定め，同額をCに支給していたものであると解するほかはなく，これに反する依頼者の代表者の供述は採用することができない。そうすると，税理士が，所得税源泉徴収簿兼賃金台帳の記入や給料一覧表及び給与支払明細書の作成に当たり，Cに「基本給」として支給された金額を全て「時間外手当」ではなく「基本給」

として記載したことをもって，税理士に顧問契約上の善管注意義務違反があるということはできない。

②　税理士がその業務を遂行するに当たり依頼者の経理担当者であるＧから受領した現金出納帳の写しには，頻繁に「残業食事代」が計上されており，税理士はこれを福利厚生費として依頼者の経費に計上していた事実が認められるから，税理士としては，依頼者に対し，当該残業をしている者が時間外労働につき割増賃金（労働基準法37条）を支払わなければならない従業員に当たるのか事実関係を確認し，これに当たるとすれば給与計算において時間外手当を計上しなくてよいのか依頼者に指摘する契機がなかったわけではないが，税理士は，顧問税理士としての業務を遂行する一環として依頼者の給与支払明細書作成等の事務を行っていたものであって，依頼者の労務管理に責任を持つ立場にはなく，前記のとおり，依頼者には時間外手当等について特に規定がなく，依頼者から税理士に対し従業員の時間外勤務の有無・内容についての説明はされておらず，前任顧問税理士が担当していた時期から一貫して時間外手当の計上はされていなかったことに照らすと，税理士が上記のような指摘をしないままＣの給与額をすべて基本給として給与支払明細書や賃金台帳に記載したことについても，顧問契約上の善管注意義務違反があるということはできない。以上の事実によれば，依頼者が別件訴訟において割増賃金支払の主張を認められずにＣに対する和解金の支払及び弁護士費用の負担を余儀なくされたことについて，税理士が損害賠償責任を負うということはできない。

③　税理士は，消費税（平成19年10月1日ないし平成20年9月30日分及び平成20年10月1日ないし平成21年9月30日分）の課税標準額の計算につき過誤があり，そのため，依頼者が平成23年5月に税務調査で上記の過誤を指摘されて修正申告と追加納税をした事実は，当事者間に争いがない。そして，依頼者は，Ｈ税理士法人所属の税理士に修正申告書の作成業務を依頼して，平成23年5月26日に上記の修正申告をし，平成20年9月期分5万8,800円，平成21年9月期分12万2,600円の追加納税をしたほか，

当初から適正な計算がされていれば支払う必要がなかった過少申告加算税1万7,000円、延滞税7,300円の合計2万4,300円の納付及び修正申告手数料6万3,000円の負担を余儀なくされた事実が認められる。以上によれば、税理士は、依頼者に対し、顧問契約上の善管注意義務違反による損害賠償として、8万7,300円の支払義務を負うというべきである。

④　税理士は、顧問契約に基づく業務の遂行に当たり、短期のアルバイトをした者に対するアルバイト料の支払について、源泉徴収により手取額が減少しないようにするための配慮から、支払手数料として処理したところ、依頼者は、平成23年5月の税務調査でこの点についても指摘を受けて修正申告をし、不納付加算税8,000円の納付を余儀なくされた事実が認められる。税理士の陳述書には、上記の処理については、当時の依頼者の代表者であったDも了解していた旨の記述があるが、これを裏付ける客観的証拠はなく、その事実を認めるには足りない。そうすると、税理士は、依頼者に対し、顧問契約上の善管注意義務違反による損害賠償として、8,000円の支払義務を負うというべきである。

［税理士としての検討と対策］

本事案の依頼者は、従業員6名の典型的な中小企業であり、親子2代で経営しており、社長の妻が経理を担当している。親族に税理士がいれば顧問を依頼することは当然であり、その税理士の長男も採用したが、宅地建物取引主任者の資格を取得するなど会社に貢献している。身内で固めることは決して珍しいことではない。

ところが何らかの事由で税理士は退任し、1年後、長男も退職し、時間外手当の請求訴訟を提起した。最終的に、長男に対し解決金280万円が支払われた。その間、依頼者は税務調査を受け、些細な金額であったが修正申告を余儀なくされた。その後、本事案に至ることになり、本稿では省略したが、依頼者は長男にも雇用契約上の善管注意義務違反で損害賠償を求めたが、裁判所は訴えを斥けている。結局、解決金を取り戻す目的で訴訟を提起したと思われる。

　税務調査で課税庁から指摘された事項のなかでも，アルバイト給料に関する処理は，通常，会社側の指示によるはずであり，またアルバイトも親族関係者であるから優遇措置をしたかもしれないなど想像すると，こじれた親族関係がもたらす影響は果てしない。依頼者が親族であり，親族関係も良好であっても，今後その関係がどうなるかは分からない。本事案で依頼者は，顧問税理士の地位を利用して，税理士の息子であるCの採用条件として月額30万円という他の従業員に比して不当に高額な給与額を認めさせた上，上記の給与額はその金額からして当然に時間外手当を含む趣旨であることを十分に認識していながら，本来の基本給（月額15万円程度）と時間外手当部分とを明確に区別することに反対して，すべて基本給として支給するように指示したと主張した。税理士の息子の給与を決める時点でどのような話が依頼者と税理士の間であったかは不明であるが，後になって税理士に指示されたとして事実と反することを言われることはやるせない。

　税理士としては，親族や友人から依頼されることは少なくないが，安易な対応が双方に大きな後遺症を残すという教訓を示した本事案は意義深い。

【林・初鹿】

CASE

32

税理士による節税に関する説明責任

（参考）
東京地判平成 27 年 5 月 28 日《平成 25 年（ワ）第 3695 号》
（TKC 文献番号 25530275・TAINS コード Z999-0157）
損害賠償請求事件

[着目点]

　税理士が，法人設立時に法人の資本金額に応じて消費税の負担が軽減できる旨の指導義務を怠ったと認定された事例。

[当事者の関係・立場]

　A は，個人医院を経営していたが，平成 14 年初めころ，税理士と知合い，同年 2 月ないし 3 月ころ，両者間で税務顧問契約を締結した。その後，税理士は A の依頼を受け，本事案の原告で依頼者である医療法人社団の設立業務を受任し，法人設立後も顧問税理士に就任した。

[事案の概要]

　税理士は，節税対策として A が経営する医院の法人化の相談を受け，法人化すれば節税効果がある旨を回答したことで，医療法人社団を設立することとなり，税理士は，A の依頼を受けて，医療法人設立認可，医療法人設立登記及び登記届の手続に協力することにした。A は，同人名義の預金 1 億円，車両・電話加入権・パソコン 2 台の合計 74 万 9,000 円を現物出資し，資産総額を 1 億 74 万 9,000 円として，平成 15 年 2 月 17 日，医療法人を設立した。

　A は，平成 22 年 1 月，開業医セミナーに参加し，セミナー後の個別相談において，ファイナンシャルプランナーに医療法人の資産総額の設定が疑問であり，資産総額 1,000 万円未満で設立していれば 2 期分の消費税が免税となった旨指摘された。A は，同年 2 月 20 日，税理士に対し電話を掛け，医療法人の

資産総額を1億74万円にした理由を尋ねたところ，税理士は，資産総額が1億を超えると税務署の管轄ではなく国税局の管轄になり，国税局の管轄になると依頼者の規模の法人には税務調査が入りにくいとの理由であった旨回答した。消費税については，個人経営から法人成りした経緯から，消費税の免除の適用はない旨回答した。Aは，同月22日，税理士に対し電話を掛け，税務署に確認したところ，個人と法人は別で関係なく，資産総額1,000万円未満で法人を設立すれば2期分の消費税は払わずに済んだ旨伝えたところ，税理士は，個人医院からの資産は引き継がれる旨と再度国税局の管轄と調査の関係であった旨を回答した。そして，個人が法人成りして2年で個人経営に戻すことを繰り返せばいつまでも消費税を支払わなくて済むことになるが，それはあり得ない旨説明した。Aは，同月23日，税理士に対し電話を掛け，税務署に確認したところ，やはり2期分の消費税は払わずに済んだ旨伝え，税理士が税理士賠償責任保険に入っているかどうか確認した。

依頼者は，税理士が，医療法人設立時の資本金額に応じて設立後2期分の消費税の免除を受けられ，住民税（均等割），交際費の損金算入額など税務上有利とするために，資本金額を1,000万円未満とするよう，Aに指導すべき義務があったにもかかわらず，これを怠り，依頼者に設立後2期分の消費税を支払わせるなどの税務上の損害を被ったと主張した。

税理士の主張

税理士は，Aに対し，資産総額について，1,000万円未満とした場合には設立後2期分の消費税が免税となる旨説明したが，Aが「資産総額だけでも他のクリニックに勝ってブランド化したい。」「設立から2期分の消費税の免税が受けられなくとも，課税される消費税が経費となるならそれでかまわない。」「運転資金が潤沢にあった方が運営しやすい。」などと述べて，資産総額を1億円超とした。

裁判所の判断

① 認定事実によれば，依頼者の設立の主な目的は節税であったことが認められ，そうであるとすれば，Aから相談を受け，設立手続の一部に協力する旨の契約を締結した税理士としては，その目的に沿うよう，Aに対し，資産総額についても正しく説明・指導する義務があったと認められる。しかしながら，認定事実によれば，税理士は，平成22年にAから電話で資産総額と消費税との関係について指摘を受けた際，日を変えて2度にわたり，消費税については，依頼者は個人経営から法人成りした経緯から，2期分の免除の適用はない旨，誤った認識に基づく回答をし，設立の際に正しい説明をしたことや，Aの強い希望で資本金額を1億円以上としたことについては全く触れなかったことが認められる。かかる税理士の認識は，平成22年のAとの電話においてのものではあるが，他に税理士が医療法人設立の際に正しい説明をしたことを示す客観的証拠もなく，日を変えて2度にわたっての回答であったことにも鑑みると，税理士は，医療法人設立時にも同様の認識を持っており，それに従った説明・指導をしたと考えざるを得ない。

② 税理士は，依頼者に対して資産総額を1,000万円未満とした場合には設立後2期分の消費税が課税されない旨説明したが，Aが「資産総額だけでも他のクリニックに勝ってブランド化したい。」「設立から2期分の消費税の免税が受けられなくとも，課税される消費税が経費となるならそれでかまわない。」「運転資金が潤沢にあった方が運営しやすい。」などと述べて，資産総額を1億円超とした旨主張し，これに沿う証拠があるが，そのような事実があったのであれば，前記の各電話，特に2回目の電話の際には，その旨を多少なりとも述べるのが自然と考えられるが，それを全くしていないこと，そもそも医療法人設立の目的は節税であり，Aがそれに反する行動をとることは考え難いことに鑑みれば，同証拠は不自然で信用できず，税理士の主張は採用できない。したがって税理士には，節税の目的に沿うよう，資産総額について正しく説明・指導する義務に違反した債務不履行があったことが認められる。

[税理士としての検討と対策]

　税理士として法人設立を要望された場合に，消費税対策としての法人の資本金額は，重要な課題である。必須事項といっていい。ただ裁判所が認定・指摘した本事案の税理士の言動が真実であるならば，個人から法人に移行する，いわゆる法人成りによる法人設立に対する消費税法の適用について，税理士は誤解していた嫌いがある。CASE15では，本事案と同様に，法人設立時における消費税対策の助言の有無が争点であり，税理士側の主張が認容されたが，その理由には依頼者が弁護士であったことも一因といえる。しかし，本事案は医師といういわば税法の素人であることを踏まえると，税理士の助言義務の重さは否定できない。

　法人設立時に消費税が設立から2期免税となる旨を説明した上で，依頼者がそれでも資産総額を1,000万円以上とすることを選択したのであれば依頼者の責任であるが，初めから説明せずに上記資産総額に導いたとすれば，明らかに依頼者の利益を損失しているといえる。税理士の誤解による消費税の免除を受けられなかった影響は大きい。インボイス制度を念頭に置くとすれば，設立時から適格請求書発行事業者となるためには課税事業者となることが求められるから，設立後2期免税を採るか，適格請求書の発行を採るかは納税者が選択できるように，情報を提示する必要が出てくる。

　なお，国税局扱いになると税務調査が少ないということは，寡聞にして承知していない。一般に医業に対する税務調査では，交際費等の実態と経費性が争点となることがある。得意先又は仕入先，つまり患者，薬品や医療機器の業者に対する接待，供応，慰安，贈答その他これらに類する行為が存在するかという疑義である。本事案では，元々税理士自身が経理した決算であるが，裁判所が交際費等の損金算入制限による依頼者の損害を総額的に認容していることは，課税処分取消訴訟と異なるから当然であるが，興味深い。

【林・小林】

相続税申告における名義預金に関する税理士の助言

(参考)
東京地判平成 26 年 4 月 25 日《平成 25 年（行ウ）第 104 号》
(TKC 文献番号 25519317・TAINS コード Z264-12466)
控訴審：東京高判平成 26 年 10 月 22 日《平成 26 年（行コ）第 187 号》
(TKC 文献番号 25544528・TAINS コード Z264-12551)
上告審：最決平成 27 年 6 月 30 日《平成 27 年（行ツ）第 46 号，平成 27 年（行ヒ）第 50 号》
(TKC 文献番号 25546610・TAINS コード Z265-12687)
更正すべき理由がない旨の通知処分の取消訴訟事件

[着目点]

相続人名義の預貯金は，税理士の助言により被相続人の名義預金であるとした相続税確定申告について，当該預貯金は被相続人からの生前贈与であるとして行った更正の請求が認められなかったため取消しを求めた事例。

[当事者の関係・立場]

本事案の被相続人 A は，兵庫県に在住し，材木販売業，不動産業を営み，また α 町町会議員を歴任していた。相続人は，いずれも兵庫県内に居住する妻，長男，二男と本事案の依頼者であり東京都内居住の長女の 4 名である。長男は A の後を継ぎ α 町町会議員であり，長女は弁護士である。

本事案における相続税申告の業務を，相続人らが関与税理士に依頼した経緯は不明であるが，依頼者によれば，当該税理士は，α 町に居住し，相続税申告期限の約 1 か月前に当該税理士に依頼した旨の連絡を長男から受けたという。

[事案の概要]

A は昭和 55 年頃から，贈与税の基礎控除額の範囲内の金額を自らの子である依頼者や依頼者の子らの名義となっている預貯金口座に概ね贈与税の基礎控除額の範囲内の金額を 1 年に 1 回の頻度で預け入れていた。A は，これらの証書を手元に保管し依頼者ら各名義人に交付はしていなかった。

平成 21 年 4 月 25 日に A が亡くなった後，相続人である依頼者は，相続税の申告を依頼した税理士から上記預貯金についても A の相続財産として申告することを勧められた。依頼者は各名義人が A から生前に贈与を受けたものであると認識しており，その方針には反対した。しかし，申告期限が迫っていたため，他の相続人とともに，これらの預貯金も A の相続財産として記載された申告書を平成 22 年 2 月 23 日に提出した。

その後，依頼者は，平成 23 年 2 月 22 日，申告預貯金のうち，依頼者ら名義の定期預貯金については，亡 A が生前に各名義人に対して贈与したものであるにもかかわらず，相続財産として相続税を申告してしまったという理由で，更正の請求をした。なお，依頼者を除く他の共同相続人は更正の請求をしなかった。

更正の請求を受けた課税庁は，調査の結果，依頼者らと亡 A との間で，生前に贈与契約が締結され，かつ，その贈与が履行された事実が認められず，申告預貯金の一部である依頼者ら名義の預貯金は，相続開始時において各名義人に帰属していたとは認められないと判断し，更正をすべき理由がない旨の通知処分をしたため，その取消しを求めた。

納税者の主張

相続税の申告納税を行うまでの経緯等について，以下のように主張した。

長男は，平成 22 年 1 月半ば，相続人全員の相続税の申告を甲税理士及び乙税理士に依頼したらしく，相続税の申告期限である同年 2 月 25 日まで，時間的な余裕があるとはいえない状態であった。

平成 22 年 2 月上旬，長男が，A の財産とはっきり区別されて保管されていた「相続人ら名義の複数の定期預金証書」を「発見」し，甲税理士に告げたところ，甲税理士から，それらの定期預金を A の相続財産として申告することを勧められたそうである。

長男から電話でそのことを聞いた依頼者は，約 30 年前から，それらの定

期預金の存在を知っており，Aの気持ちをありがたく感じていたので，「何をばかな」と逆上した。

　甲税理士は，長男に対して，「これらの定期預金を相続財産として正直に申告して納税すればこれらの定期預金に対する相続税は数百万円ですむが，これらを隠し立てして見付かった場合は，数千万円とられることがある」という言い方をしたらしい。依頼者は，そのことを聞いて激怒した。Aも依頼者も別に隠し立てをしたわけではない。依頼者としては，なるべく冷静に甲税理士に「なぜ，そうなるんですか」といろいろと法律上の根拠等について質問をしていたら，甲税理士は，長男に対して，平成22年2月中旬に，「依頼者の代理はようせん（できない）」と一方的に依頼者の申告代理を辞任すると宣言した。

　依頼者が，相続財産の総額を変更するなら，相続人全員の申告書を書き換えなければならないが，申告期限までわずか数日しかないのに，すべての書類を書き換え，相続税の計算をし直すことはほとんど不可能であるか，大変な危険を伴った。依頼者は，そのような危険を冒すべきではないと考え，一旦申告納税して，後に更正の請求をするという方法が最良であるという結論に達した。

　依頼者は，相続税の申告期限の2日前の平成22年2月23日，誠に不本意ながら，やむを得ず，依頼者の認識とは異なり，甲税理士の作成した相続税の申告書や遺産分割協議書の内容，すなわち依頼者ら名義の預貯金を相続財産として，相続税の申告をし，納税をした。依頼者は，処分行政庁に対し，平成23年2月22日，相続税の更正の請求書を郵便で発送した。

裁判所の判断

① 認定事実及び証拠によれば，(a)Aは，昭和55年頃から，依頼者ら親族の預貯金口座を多数開設していたところ，これらを一括して手帳に記録していたほか，上記の手帳の記録にはA本人の預金も含まれていたこと，(b)本件申告預貯金等に係る口座は，いずれも，Aが，自らの財産を原資として定

期預貯金を開設したものであり，平成 11 年 11 月 25 日以前に預け入れられ
たものについては，預入れの際，名義人の住所は A の住所地とされ，届出印
は A が保管していたものが利用されたこと，(c)平成 11 年の住所変更等の
手続や，平成 11 年及び 12 年開設口座に係る手続も，A が行ったものである
こと，(d)A は，上記各手続をした後も，本件申告預貯金等に係る証書を自
ら保管し，依頼者ら親族に交付することはなかったこと，(e)A は，平成 14
年 5 月 2 日と同月 20 日，依頼者ら名義の預貯金を解約し，A は，依頼者に
対し，同年 6 月 3 日，解約済の依頼者名義の預貯金の金額を上回る金額を交
付したこと，(f)A は，上記の平成 14 年 5 月 20 日における解約金を自己の
普通預金口座に入金し，同口座の資金を本件土地の購入資金に充て，A 名義
で本件土地を取得したこと，(g)A は，平成 15 年以降，依頼者に対して変更
後の届出印を返還した後も，本件申告預貯金に係る証書を自ら保管していた
ことが認められる。そして，(h)依頼者においては，平成 11 年の住所変更等
の手続の以前において，本件依頼者ら名義預貯金等の全容を正確に把握して
いたとはいえない。

②　本件申告預貯金等を贈与する旨の書面が作成されていないことをも勘案
すれば，A は，相続税対策として，毎年のように，贈与税の非課税限度額内
で，依頼者ら親族の名義で預貯金の預入れを行っていたものの，証書は手元
に保管して依頼者ら親族に交付することはせず，依頼者において具体的な資
金需要が生じたり，A 自身において具体的な資金需要が生じた際に，必要に
応じてこれを解約し，各名義人の各預貯金の金額とは直接関係のない金額を
現実に贈与したり，あるいは自ら使用することを予定していたとみるべきで
ある。したがって，A においては，昭和 55 年頃当時又はその後の各預入の
当時，将来の預入金額又はその後の預入れに係る各預入金額を，直ちに各名
義人に贈与するという確定的な意思があったとまでは認められないというべ
きである。

③　依頼者は，A が証書を保管していたことにつき，依頼者が証書を保管し
ていても預貯金を下ろすことはできないし，特に金員を必要とする事情もな

いことから，そのままに置いていたのであり，Aは，他人の財産を預かって
いたにすぎない旨主張する。しかしながら，平成14年以降における定期貯
金の解約の状況とその使途に照らすと，Aが証書を保管していたのは，それ
までに預け入れられた金員の具体的な使途につきAが自己の意思を反映す
る余地を残す意図があったためであるといわざるを得ない。したがって，依
頼者の上記主張は採用することができない。

④　Aが，その生前において，依頼者に対し，依頼者ら名義の定期預貯金
（本件依頼者ら名義預貯金）を贈与したと認めることはできないから，これ
らの預貯金はAの相続財産に帰属するものというべきである。

［税理士としての検討と対策］

　いうまでもなく贈与契約は，当事者の意思確認であるから，必ずしも書面は
要しないが，書面のもつ立証性は高い。しかし立証すべきは，結果である。少
なくとも贈与契約完了後，当該資産の新たな所有者となった受贈者は，当該資
産を自由に消費，運用，利用，転貸，売却できる状況にあるはずである。

　名義預金があるケースの相続税申告を依頼された場合には，以下の事項を丁
寧にヒヤリングすべきである。

①　お金をあげた・もらったという両者の認識の合致があったかどうか

②　もらったお金を自分で管理し，自由に使える状況であったかどうか（印
鑑・キャッシュカード・通帳の保管は受贈者が管理している）

　また，名義預金とされないようにするために，生前にやっておくべきことと
して以下の項目が挙げられる。

イ　贈与契約書を作成する

　名義預金と指摘されないための対策としては，贈与をする都度贈与契約書を
作成しておいた方が良い。本人の直筆のサインを残し，実印（認印でも可）を
押印しておいたほうが良い。

ロ　銀行振込で証拠を残す

　名義預金として疑われやすいのは，入金しかしていない通帳である。

できる限り受贈者が普段使っている口座に入金した方が良い。

ハ　贈与された人が通帳や印鑑を管理する

　持主が自分の印鑑で口座を管理すべきである。

ニ　贈与された預金を少し使っておく

　「将来のために貯蓄をしている」という理由であればそれでも通る可能性はあるが，全く手をつけていないでおくと，名義預金ではないかと疑われる可能性もあるため，自身の管理下にあって，自由に使える状況であることを証明するために，使った形跡を残しておくと良い。

　本事案における判旨は，名義預金の意義を明確にしており，依頼者が弁護士であることも説得力があるといえる。本事案は，安易な相続税対策に関係者が惑わされた結果かもしれないが，相続税申告書作成において，贈与契約の不備について示唆した税理士の見解は適切であったといえる。

　本事案では，依頼者が更正の請求を期限内に行ったため課税庁の審理を受け，税理士の指摘が適切であったことが立証された。しかし，請求の期限を徒過した者が，更正の請求をすれば納税額の一部が還付されるという前提で，税理士に対する損害賠償訴訟を提起されることもあり得るかもしれない。

【林・齋藤】

CASE 34　相続財産の調査義務

(参考)
東京地判平成 27 年 3 月 9 日《平成 25 年（ワ）第 16769 号》
(TKC 文献番号 25525499・TAINS コード Z999-0160)
東京高判平成 27 年 11 月 19 日《平成 27 年（ネ）第 2044 号》
(TAINS コード Z999-0161)
損害賠償請求事件

[着目点]

　税理士が被相続人及び相続人らの預金口座を確認しなかったため修正申告を余儀なくされたと依頼者が求めた損害賠償が斥けられた事例。

[当事者の関係・立場]

　税理士は，被相続人の住民登録地と同一である千葉県下の自治体に税理士事務所を開設している。依頼者である相続人らは，税理士を，C 銀行から紹介されたと言及している。依頼者らは，税務調査後の修正申告を他の税理士に依頼しているが，その経緯は不明である。

[事案の概要]

　亡 A が平成 21 年 9 月 25 日に死亡したことから，亡 A の相続人である依頼者らは，同月 26 日，税理士に対して，相続に係る相続税申告業務を委託した。税理士は，平成 22 年 7 月 22 日，税務署に相続税の申告を行った。そして，平成 23 年 9 月，税務署は，税務調査を開始した。依頼者らは，相続税申告業務を委託した当初の税理士とは異なる他の税理士に相続税に係る業務を委託して，同年 12 月 5 日ないし平成 24 年 1 月 20 日，修正申告を行った。税務署長は，同年 2 月 10 日付けで，修正申告後の本税の増額分を通知するとともに，これに係る加算税等の賦課処分を行った。

　依頼者らは，当初の相続税申告業務を委託した税理士に対して，税理士が作

成した平成 22 年 7 月 22 日付けの相続税申告書による申告には税理士の注意義務違反により不備があり，依頼者らは修正申告を余儀なくされ，重加算税等を賦課される損害を被ったことを理由に，不法行為に基づく損害賠償請求権に基づき，損害合計 4,977 万 8,225 円及び遅延損害金の支払を求めて提訴した。

なかでも依頼者らは，C 銀行作成の被相続人の財産台帳を税理士に交付したが，税理士は，財産台帳を調査することなく申告をしたため，財産の申告漏れがあったと主張した。この財産台帳は，被相続人が，メインバンクであった C 銀行の勧めで作成したとされる。第 1 審及び控訴審は，依頼者らの損害賠償請求，いずれもを棄却した。

税理士の主張

本件申告前に財産台帳の開示・交付を受けておらず，依頼者らから開示された資料に基づいて申告を行ったものである。依頼者らから財産台帳を受領したことを示す客観的証拠はない。また，財産台帳等が作成されているか否かを把握することはできず，財産台帳の存在を容易に知り得たとはいえない。

裁判所の判断

①　税理士が相続人らから依頼を受けて相続税申告書類の作成事務（税理士法 2 条 1 項 2 号）を行うには前提として相続財産を正確に把握する必要がある。相続財産に関する事実は相続人らの支配領域に属する事柄であり，相続人らが相続財産に関する情報に接することが可能な立場にあることに鑑みれば，税理士は，申告納税制度の理念に沿って租税に関する法令に規定された納税義務の適正な実現を図るため（同法 1 条），相続人らに対して適切に助言，指導をして相続人らに相続財産の全容を調査させるべきである。

②　もっとも，被相続人が資産家の場合には，相続人らが自ら調査するほか，法律の専門家に調査を依頼しなければ相続財産の全容を正確かつ詳細に把握することが困難なことも少なくないため，税理士が相続人らから委託を受け

て相続財産の調査に関与することもあり得るのであり，税理士が相続財産について一定の調査義務を負うかどうか，また，その調査義務の範囲は，税理士と相続人である依頼者らとの間で締結される委任契約の解釈により決すべきである。

③　認定事実によれば，依頼者らは，税理士との間で，税理士に被相続人亡Ａの相続税の申告書類の作成に必要な相続財産に関する資料を提供することを約し，税理士がこうして提供される資料に基づいて被相続人亡Ａの相続税の申告書類の作成をすることを合意し，もって，税理士に対し，被相続人亡Ａの相続税の申告書類の作成をすることを委託し，税理士がこれを受任して委任契約が締結された。

④　確かに，亡Ａは資産家であり，その相続財産の全容を正確に把握して調査するには相当の時間と労力を要するものであったが，認定事実によれば，税理士と依頼者らとの間で締結された被相続人亡Ａの相続税の申告書類の作成に関する委任契約に基づく委任事務の範囲は，依頼者らが税理士に被相続人亡Ａの相続税の申告書類の作成に必要な相続財産に関する資料を提供することを約し，税理士がこうして提供される資料に基づいて被相続人亡Ａの相続税の申告書類の作成をすることに限定されたものであった。

⑤　税理士は，委任契約に基づく委任事務を債務の本旨に従って履行した。

⑥　事実関係の下で税理士が委任事務履行のために依頼者らから受領した資料について申告漏れの危険に備えるため調査検討すべき義務があったということはできない。

[税理士としての検討と対策]

　本事案は，依頼者らが，税理士の注意義務違反により相続税申告に不備が生じたことから，重加算税等を賦課される損害を被ったと主張する，不法行為に基づく損害賠償請求事件である。依頼者らは，税理士は専門家として高度の注意をもって委任事務を処理する義務を負担する必要があることから，依頼者から提供された資料が不十分，あるいは依頼者の指示説明が不適切であり，これ

に依拠した申告書を作成すると適正な税務申告がされないおそれがあるときは，依頼者に対して追加の資料提供や調査を指示し，不十分な点や不適切な点を是正し，申告する義務を負うとしている。税理士が，漫然と預金通帳の確認義務を怠り，依頼者から十分な説明を聴取することも怠ったことにより，重大な申告漏れを生じさせた等と主張している。

これに対して，税理士は，たとえ預金通帳等から生命保険金に係る入出金の記録があったとしても，保険証書や支払通知書，満期の案内等の保険契約の内容を確認できる直接的な資料がない場合には正確に税務申告することはできないと反論している。そして，税理士が調査義務を履行するためには，相続人の協力が必要不可欠であるが，申告における生命保険に係る保険金や生命保険契約に関する権利の申告漏れは，依頼者らが提出を求められた資料を提出せず，また，申告の対象とされていないことをあえて指摘しなかったという依頼者らの協力義務違反に基因する等と主張している。

裁判所は，税理士が依頼者から依頼を受けて相続税申告書類の作成事務を行うためには相続財産の正確な把握が必要であるとした上で，税理士が相続財産について一定の調査義務を負うかどうか，また，調査義務の範囲は，税理士と依頼者との間で締結される委任契約の解釈により決定すべきであると判示した。

認定事実によると，本事案の委任契約に基づく委任事務の範囲は，依頼者らが税理士に被相続人亡 A の相続税の申告書類の作成に必要な相続財産に関する資料を提供することを約し，税理士が提供される資料に基づいて被相続人亡 A の相続税の申告書類の作成をすることに限定されていたのであるから，税理士は委任契約上の義務を履行していたとした。

申告業務を委託する上で依頼者である納税者と税理士の間では一定の信頼関係が構築されることは当然であるが，両者の関係は委任契約に基づく法律関係である。両者間で申告業務に係る紛争が生じて，訴訟の相手方となった場合には，当然，両者の締結した契約内容にしたがって，税理士の注意義務違反の有無が問われることになる。裁判所の判断は評価できよう。

委任契約の内容とは，具体的には，税理士は，依頼者から提供された資料と

面談により，相続財産を把握し，評価額を算出した財産目録を基に，依頼者は遺産分割を協議し，その分割結果から税額を算定し，申告書を作成することである。その過程で，不動産の登記簿等の調査により未登記の土地の存在が判明したこと，財産の評価額について課税庁と見解が異なる場合もあること，金融商品等については課税庁による調査等で財産の漏れが指摘されることがあることなど，税理士は，依頼者に対して，説示や警告を行い，依頼者の承認を得ることが常であるといっていい。

　ただし，毎年申告業務のある法人顧問と異なり，スポットで行われる相続税の申告業務については，依頼者が申告に当たりどのような資料を提供すれば良いかがわからないことが多い。そのため，税理士としては，より丁寧な説明を心がける必要がある。亡Ａは，生前に，税理士に確定申告を依頼していたものの，その相続人である依頼者らは，税務申告に関しては不慣れだった可能性もある。そう考えると本事案においては，税理士と依頼者のコミュニケーション不足が紛争の一因となったことも否めない。

　依頼者らは，税務調査の際には申告を行った税理士とは異なる税理士と委任契約を締結して，修正申告を行っている。修正申告では，租税特別措置法69条の4に規定する小規模宅地等の特例について，いずれの土地に対して適用するかをめぐる納税地の選択が問題となっているが，税理士の行った当初の申告に対して納税者が疑義を持ったと伺われる。本事案を理解するにはこの点にも注意する必要があろう。

【林・伊澤】

資料の不備・不足と依頼者の共同出資者でもある税理士の責任

(参考)
東京地判平成 27 年 11 月 26 日《平成 24 年（ウ）第 1630 号》
（Westlaw 文献番号 2015WLJPCA11268010・TKC 文献番号 25534982）
消費税更正処分等取消請求事件

[着目点]

　依頼者による資料の保存及び提出が全く不十分であり，当時，それ以上の資料の提出を見込むことができなかった状況下で行われた依頼者の共同出資者でもある税理士による確定申告は，やむを得ないものであったといえるから，税理士は善管注意義務に違反した債務不履行ないし不法行為があったとはいえないとされた事例。

[当事者の関係・立場]

　依頼者は，平成 16 年ころ，東京都及び沖縄県にそれぞれクリニックを開設した医師であり，A 社は，平成 17 年 6 月に依頼者が 100 ％出資で設立した複数のクリニックを統括する法人で，ともに本事案の原告である。

　依頼者は，平成 18 年ころ，知人の F から，クリニックを共同運営して全国展開する話を持ち掛けられたことから，F と F の顧問税理士である C 税理士らと共同出資し，同年 7 月 7 日，医療施設の賃貸及び管理などを目的とする B 社を設立した。C 税理士は，設立時から B 社の顧問税理士に就任した。

　共同運営の条件として，依頼者経営のクリニックのうち，沖縄以外のクリニックの運営を B 社に委託する代わりに，沖縄のクリニック以外のクリニックで生じた依頼者の診療報酬売上の 50 ％を依頼者が受け取り，その余の 50 ％を共同出資者の出資割合に応じて分配することが決まった。

　依頼者は，B 社との共同運営を契機として，依頼者及び A 社の税務業務を C 税理士に依頼することとした。これは C 税理士が依頼者の全クリニックの売上

や経費を把握する必要があったため、依頼者は、C税理士に対し、沖縄のクリニックを含めた全クリニックの売上と経費を報告することになり、これにより、C税理士及びB社が依頼者の経営の全クリニックの財務状況を管理することが想定されていた。こうした経緯により、依頼者は、平成18年7月ころ、C税理士に対し、依頼者の決算書類及び確定申告書の作成並びに税務申告を委任するとともに、A社の決算書類及び確定申告書の作成並びに税務申告を委任した。

依頼者らの税務調査の際に交代したD税理士は、依頼者の知人の紹介とされるが、最終的に修正申告を提出したE税理士の選任経緯は不明である。

[事案の概要]

① 依頼者は、平成19年10月ころ、FからB社が赤字であることを理由にこれまで以上に売上を上げることなどを要求されたため、Fらとの共同事業の解消を考えるようになり、これに伴い、C税理士に対する委任契約についても終了させることを考えるようになった。依頼者は、同月24日、知人から紹介されたD税理士と面談し、B社及びC税理士との関係を解消し、C税理士の業務についてはD税理士が引き継ぐこと、依頼者の事業の構造を依頼者個人からA社を中心とした事業構造に切り替え、これまでのB社の役割を踏まえて、依頼者とA社との機能を明確に分化して事業を推進することなどを確認した。依頼者は、B社との共同事業解消に伴い、平成20年4月ころ、C税理士との間の委任契約も終了させ、同月ころから、D税理士に、依頼者及びA社の税務申告等を委任した。

② 課税庁は、平成20年6月ころ、依頼者の平成18年度の税務申告につき、A社から依頼者への平成18年12月31日の売掛金及び平成19年3月31日の売掛金に関して税務調査を開始した。上記税務調査を契機として、平成21年1月ころからは、A社に対し、税務調査を開始した。この税務調査においては、本件に係る税務申告をしたC税理士のほか、D税理士もその対応に当たっていた。

③ D税理士は、平成20年8月7日、依頼者に対し、C税理士からの話では

税務調査の対応に苦戦していること，資料がないところもあるが，クレジットカードの明細やその他内容を組み合わせて話をしようとしていることを説明するとともに，追加の資料を提出することへの協力を依頼した。Ｃ税理士は，平成20年12月19日，依頼者とＤ税理士との間の打合せに同席し，同席上において，依頼者らへの税務調査に関し，課税庁からの問合せが続いているが，説明資料が足りないこと，具体的には，広告宣伝費及び業務委託費の扱いに関して，１億円以上の金額につき根拠が説明できない状況であり，新規事業への投資による損失だとか，クレジットカードの明細があれば説明できるという話をしていることを伝えた。また，同打合せにおいては，税務調査での個別の問題はともかく，根拠がなくて課税されるリスクがあることは事実で，クレジットカードの利用明細をしっかりと集めて保管することも必要であることが確認された。

④　Ｄ税理士は，平成21年3月3日，依頼者と打合せを行い，平成20年分の所得税確定申告の業務に当たって，クリニックの日報，売掛データ，預金通帳データ，各クリニックの経費支払データ，クレジットカードの利用明細など申告に必要な資料の集まりが悪いので，可能な限りあるものから送付してほしい旨を伝えた。Ｄ税理士は，依頼者の平成20年分の確定申告に関して，Ｃ税理士の会計処理を概ね踏襲し，平成20年12月31日に仕入として1億0,026万3,343円を一括計上するなどの会計処理をした上で同年分の確定申告を行った。

⑤　課税庁は，平成22年2月10日ころ，依頼者及びＡ社に対し，Ｃ税理士による依頼者の平成18年分及び平成19年分の確定申告並びにＡ社の平成20年3月期の確定申告と，Ｄ税理士による依頼者の平成20年分の確定申告に関し修正申告を慫慂した。依頼者らは，課税庁からの修正申告の慫慂に従い，税務業務を新たにＥ税理士に委任した上で，慫慂に従った修正申告を行った。

⑥　依頼者らは，平成23年10月29日，Ｃ税理士に対し，同税理士が依頼者らの申告において，架空売上（架空仕入），架空経費（業務委託費及び交際接待費を広告宣伝費への振替処理），経費の一括計上などを指摘し，損害賠償請求

をした。

税理士の主張

　課税当局の指摘の中で最も悪質で脱税とも評価し得るものは，平成20年3月期のA社依頼者の経費への振替処理である。この現金から業務委託費及び広告宣伝費への振替処理，接待交際費から広告宣伝費への振替処理は，A社から交付された同社及び依頼者に係る帳簿書類等を信用して行ったものにすぎない。

　仮に脱税とも評価し得る悪質な振替処理に関与し，指導，助言し，又は隠蔽工作を自ら行っていたとしたら，財務大臣から厳重な懲戒処分を行っているはずであるが，何らの資格上の処分も行われていない。このことは，依頼者及びA社から提出された資料に基づいて申告を行ったにすぎず，上記振替処理に関与していないことを課税当局も認めていることを意味するというべきである。

裁判所の判断

①　認定事実によれば，C税理士は，依頼者に対し，依頼者及びA社の会計処理に必要な資料の提出を依頼した上，依頼者らから提出された資料を基に会計処理や確定申告を行ったものの，課税当局による税務調査への対応の際には，依頼者のクレジットカードの明細などの説明資料が足りなかった状況にあったのであり，C税理士による平成18年12月31日の5,767万4,456円の一括計上や，平成19年12月31日の1億0,800万円の一括計上は，依頼者からの不十分な資料の提出に起因して行われた会計処理であったといえる。そして，認定事実のとおり，平成20年ころ以降にD税理士と依頼者との間でA社と依頼者経営のクリニックとの役割を明確に区分する打合せが重ねられていることからすると，B社との共同運営がされていた平成18年及び19年当時，A社と依頼者との間の事業構成上の役割分担は，依頼者ら

自身においても明確であったとはいえず，依頼者及びA社は，的確な会計処理に必要にして十分な資料を適時適切にC税理士に提出すべきことを全く自覚していなかったということができる。このことは，依頼者が，平成19年に約2,000万円を自らが経営するクリニックの事務員に現金売上から除外して依頼者自身に渡すように指示し，かつ，これをC税理士には伝えていなかったことからも明らかである。

② 依頼者らによる資料の保存及び提出が全く不十分であり，かつ，当時，それ以上の資料の提出をそもそも見込むことができなかった状況の下で行われたC税理士による上記一括計上の会計処理は，C税理士の会計処理を概ね踏襲したD税理士においても，平成20年12月31日に仕入金1億0,026万3,343円を一括計上するなどの会計処理をしていることや，いずれの一括計上に関しても課税当局が支払手数料としての計上が過大であって過少申告加算税の対象となる旨を指摘していたことなどに照らせば，結果として課税当局から認められることがなかったものの，少なくとも委任者との関係においては，具体的な状況下における税務処理としてあり得る処理内容であったということができる。

③ 認定事実によれば，A社の平成20年3月期の決算仕訳において，C税理士が現金を業務委託費及び広告宣伝費に，接待交際費を広告宣伝費に振替処理をしたことに関し，課税当局が上記処理には重加算税が課される旨の指摘をしたものの，C税理士は，依頼者らから不十分な資料の提供しか受けていなかった。上記の説示，判断のとおり，依頼者及びA社において，的確な会計処理に必要にして十分な資料を適時適切に税理士に提出すべきことを全く自覚していなかった当時の状況の下では，依頼者らが的確な会計資料を保存していることは見込めず，依頼者らから提供された不十分な資料の基で会計処理を行わざるを得なかったのであって，それ以上に，C税理士において，不足資料の提出を指示したり，依頼者らの資金の取扱いを直ちに是正したりしたことがなかったとしても，C税理士に上記会計処理に関して資格上の行政処分等がされたことがなかったことなどに照らせば，C税理士による上記

振替処理に係る会計処理は，結果として課税当局から認められるものではなかったものの，少なくとも委任者との関係においては，税理士としての委任者の利益のためにされたやむを得ない処理内容であったということができる。

以上のとおり，C税理士は，上記の会計処理を前提に本件に係る各確定申告を行った結果，修正申告の慫慂を受けるに至ったことはやむを得ないものであったということができるから，C税理士において，委任者である依頼者らとの関係において，善管注意義務に違反した債務不履行ないし不法行為があったということはできない。

[税理士としての検討と対策]

依頼者から提供された資料等が不備・不足でありながらその範囲内でC税理士は確定申告を行ったが，税務調査の最中に依頼者はC税理士を解任し，D税理士を選任した。しかしD税理士はC税理士と同様に資料等の不備・不足を指摘したことから，依頼者はさらにE税理士を選任し，結局，課税庁の指摘通りの修正申告を余儀なくされた。おそらく追徴税額の多さに納得できない依頼者は，そのツケをC税理士に回したという話だろうか。

資料等が足りない状態にも関わらず，見切り発車で申告をしたC税理士の行為は，税理士の職務としては疑問を感じる。しかし，C税理士は依頼者の共同経営者であるFの顧問税理士であり，自身も当該事業の出資者のひとりという利害関係者である。それを考えるとC税理士の判断も理解できるが，税理士が依頼者企業に出資者として参画することの職務上のリスクも忘れてはならない。

さらに気になることは，税務調査が継続中に，資料等の不備・不足を承知しながら，D税理士は，C税理士の行った経理処理を踏襲して依頼者の平成20年分申告をしたことである。この平成20年分申告は，その後修正申告の対象となっているから，D税理士の行為は不可解である。

税理士は，通常依頼人との関係において，依頼人からの要請に基づき，法律上の手段を用いて対応することが求められている。依頼人の利益を守らなければならず，公平な対応をすることを求められてはいない。あくまで法律に則り，

依頼人にとって最も有利な結果を得るための努力義務を負うのである。また，税理士は，自己の責任により活動するため，職業専門家として自己の判断を自ら形成し，自己決定しなければならない。つまり，業務で生ずる事柄について全責任を負うことになる。そのため，依頼人からの指示には拘束されず，むしろ依頼人が自己の見解を採用しない場合には，契約を締結すること自体拒否することが必要になる。

　資料等の不備・不足は，実務においてよくあることではあるが，資料等の不備・不足の程度によっても，そのような状況で申告をすべきか，もしくはきちんとそろってから申告をすべきか，判断に迷うこともあるだろう。申告期限内の提出を優先させたいなどの希望があるのであれば，資料等の不備・不足がある状態で一旦提出し，後日修正申告もしくは更正の請求を行うことにより是正するという方法もある。いずれにせよ，税理士は，あくまで税務代理業務なのであるから，何を第一優先するのかということについて，依頼者に説明し，了承を得た上で進めるべきである。

【林・齋藤】

CASE

36

税理士の青色事業専従者

（参考）
東京地判平成 28 年 9 月 30 日《平成 26 年（行ウ）第 355 号》
(TKC 文献番号 25536344・TAINS コード Z266-12909)
東京高判平成 29 年 4 月 13 日《平成 28 年（行コ）第 370 号》
(TKC 文献番号 25563421・TAINS コード Z267-13010)
所得税更正処分等取消請求事件

[着目点]

　税理士業の関連会社の役員である税理士の妻は他の職業を有する者として夫である税理士の青色専従者に該当しないとされた事例。

[当事者の関係・立場]

　原告・納税者は，税理士であり，妻を青色専従者として給与を支払っている。同時に妻は，夫も取締役を務める不動産の仲介・管理を業とする法人の代表取締役であり，不動産取引主任者として業務を担当しているほか，夫が経営する関連法人の取締役も務めている。

[事案の概要]

　税理士である納税者は，妻を所長代理として，税務，会計業務に従事させ，妻に対し，平成 21 年は 675 万円，平成 22 年は 572 万円，そして平成 23 年は 530 万円の専従者給与を支払い，必要経費に算入していた。

　同時に妻は，不動産の賃貸管理や仲介等を行う関連法人 A では代表取締役及び宅地建物取引主任者を務め，銀行回りや契約書チェック等を行っていた。経営コンサルタント業務を行う関連法人 B では，取締役を務め，銀行回りや敷地回りのチェック等を行い，そして建築コンサルタント業務等を行う関連法人 C では取締役を務め，銀行回りや所有物件の確認等を行っていた。妻は，これら 3 社の関連法人から合計で平成 21 年は 960 万円，平成 22 年は 920 万円，そ

して平成 23 年は 960 万円の役員報酬の支払を受けていた。

　税務調査を受けた際に，課税庁から妻の勤務時間について聴取を受け，税理士事務所業務に従事する時間は「6 時間くらい」，A 社の仕事に従事している時間は「おおむね 3 時間程度かそれ以上の時間」，B 社の仕事に従事している時間は「しいて言えば 1～2 時間程度」，C 社の仕事に従事している時間は「しいて言えば 1～2 時間程度」であると申述した。この申述等を受け，妻は関連法人の役員としてその法人の業務に従事しており，納税者の税理士業に専ら従事しているとは認められないため，青色事業専従者には該当しないとして妻に対する給与全額の必要経費算入を否認するなどの更正処分等を受けた。

　その後納税者が，関連法人での勤務時間はより短時間であり，申述に基づいて作成された聴取書は誤りであったなどとして更正処分等の取消しを求めた。

　第 1 審及び控訴審のいずれも納税者の請求を棄却している。

税理士の主張

　妻は，他に職業を有しているが，「その職業に従事する時間が短い者」に該当するとともに，納税者の「事業に専ら従事することが妨げられないと認められる者」に該当する。妻は，事務所に入所以来，現在に至るまで納税者の事務所の事業に暦年を通じて従事していたことは明らかであり，少なくとも 1 日平均 7 ないし 8 時間勤務し，事務所の事業に専ら従事する期間が 6 か月を超えていることは明らかである。

裁判所の判断

①　納税者が提出した「妻の 1 日」と題する書面の記載によっても，1 日の業務のうち，税理士事務所の「通常時勤務時間」は，7～8 時間程度であるのに対し，関連会社 3 社での「通常時勤務時間」は，合計で 2 時間 30 分以内とされているのであって，しかも，特に，代表取締役の地位にあった A 社に関する妻の業務には相応の事務量があること自体は否定し難いものであり，

これらの業務については，同社の事務所に赴いた時のほか，主として自宅又は事務所において従事していたことになる（なお，この点だけをみても，他の職業に従事する時間がおよそ短く，当該事業に専ら従事することが妨げられないことが一見して明らかであるということは困難である。）。

② 妻は，いずれも1年の売上高が1,000万円を優に超える規模の関連会社において，代表取締役又は取締役として業務に従事しており，その役員報酬の合計額は，平成21年分が960万円，平成22年分が920万円，平成23年分が960万円であり，事務所に係る本件各給与の額（平成21年分が675万円，平成22年分が572万円，平成23年分が530万円）をはるかに超えるものというべきであり，このうち，A社についてみても，妻は，代表取締役であるとともに宅地建物取引主任者の地位にあったのであり，その報酬として，平成21年分に120万円，平成22年分に160万円，平成23年分に240万円を得ていたことになる上，妻は，これらについて，所得税の確定申告をしているのであるから，自ら業務に見合った報酬を得ていることを自認しているものというべきである。

③ このことに加え，「妻の1日」について，妻は，納税者が平成24年12月21日付けで本件各更正処分等を受けた後，平成25年2月12日に本件審査請求をする前に，納税者と妻とで作成した旨の証言をしているところ，その作成時期に鑑みると，本件審査請求における手続において納税者に有利となる証拠として提出することを想定して作成したことは明らかであり，その正確性を裏付ける客観的な証拠等が提出されていないことも踏まえると，その信用性が高いとは認め難いものといわざるを得ない上，妻の証言と陳述書の内容にも食違いがある点についても合理的な理由は見当たらない。

④ これに対し，本件聴取書においては，妻が実際に従事している各社の業務内容について，極めて具体的かつ詳細に申述したものであるということができるところ，添付された「経理作業ノート」の一部の写しからも，このことが裏付けられるというべきであって，このように自ら行っていた業務内容自体について，虚偽の申述をする合理的な理由も見出し難い。

⑤　妻の関連会社での業務は，特に，代表取締役を務める A 社の業務を中心として，種々の事務について相応の業務量があったものというべきである。これに対し，本件事業は，事務所における納税者の税理士業務であって，妻は，納税者の「所長代理」ないし「所長補佐」として，同事務所の税務，会計業務に従事していたというところ，妻は，関連会社の業務と事務所の本件事業に係る業務とを，主として自宅又は税理士事務所において行っていたことになるのであるから，各業務の性質，内容，従事する態様等に照らし，妻の関連会社の業務について，本件事業に専ら従事することが妨げられないものであったとまでは認め難いというべきである。

［税理士としての検討と対策］

　青色専従者が他の職業にもついている場合，その他の職業への従事の程度が，事業主が行っている事業に専ら従事することが可能な程度であったといえるかどうかが問題となる。税理士の場合は会計法人を営むなど，士業は個人事業で関連する事業については法人を設立し，事業を行っている場合も多い。本事案も税理士が不動産管理やコンサルタント業務等を，法人を設立して行っていた。その税理士の妻は，税理士事務所から専従者給与を得ながら，関連法人 3 社の代表取締役等を務めit それらからも役員として報酬を得ていた。そのような場合でも専ら従事しているといえるかどうかが問題となった事案である。

　所得税法では，生計を一にしている配偶者その他の親族が納税者の経営する事業に従事している場合，納税者がこれらの人に支払う給与は原則として必要経費としないが，白色申告者には事業専従者控除の特例を，青色申告者には青色事業専従者給与の特例を認めている。

　青色事業専従者給与として認められるためには，①青色申告者と生計を一にする配偶者その他の親族で，その年の 12 月 31 日現在で年齢が 15 歳以上であり，その年を通じて 6 月を超える期間を青色申告者の営む事業に専ら従事していること，②「青色事業専従者給与に関する届出書」を納税地の所轄税務署長に提出していること，③届出書に記載されている方法により支払われ，しかも

その記載されている金額の範囲内で支払われたものであること，④給与の額は，労務の対価として相当であると認められる金額であること，が要件となる（所法57，所令165）。

　税務調査では必ずと言っていいほどチェックを受ける専従者給与であるが，専従者が他に職業を有する場合には，要件のなかでも「事業に専ら従事」していたといえるかどうかが争われるケースが多い。専従者が他に職業を有する場合には，その職業を有する期間は事業に専ら従事する期間に含まれないが，「その職業に従事する時間が短い者その他当該事業に専ら従事することが妨げられないと認められる者」（所令165②かっこ書き）は専従者として認められる。

　裁判所は関連会社における勤務時間が2時間半だとしても，事業に専ら従事することが妨げられないことが一見して明らかであるといえるほど短いとはいえないとし，他の業務内容からも事業に専ら従事することが妨げられないものとは認められないとしている。また，納税者が主張するように法人では極短時間の勤務であったとするならば法人の役員給与についても不相当に高額ではないか，という問題も生じるだろう。

　役員として報酬を得ているということは相応の業務を行っているはずである。非常勤であり業務内容が非常に少ない等，事業に専ら従事することが妨げられないと明確にいえるような状況でない限りは，関連法人で役員として働いている親族に対し専従者給与を支給することは難しい。

【林・有賀】

税理士による課税判断の誤りと損害賠償責任

(参考)
東京地判平成 29 年 10 月 30 日《平成 27 年（ワ）第 7449 号》
(TKC 文献番号 25539891・TAINS コード Z999-0171)
損害賠償請求事件

[着目点]

　新株引受権の行使時には課税されないにも関わらず課税されるとして誤った確定申告をした税理士に，善管注意義務違反として損害賠償責任があるとされた事例。

[当事者の関係・立場]

　依頼者は，破産したため破産管財人が原告として，税理士を被告として損害賠償請求を提訴している。請求対象は，依頼者の所得税確定申告に係る内容であるが，税理士が依頼者から税務代理の委任を受けた経緯は明らかになっていない。

　対象となった 2 年分の申告のうち，最初の申告依頼は，申告期限後であり，また依頼者が代表取締役を務める法人には，公認会計士及び税理士の資格を有する者が在職していることから，税理士は，所得税の確定申告業務を受任するまで，依頼者との交流はなかったと推察できる。

　依頼を受けた確定申告が終了後，依頼者が破産に至るまでの約 10 年間の税理士と依頼者との関係も不明である。

[事案の概要]

　依頼者は，少なくとも平成 15 年頃から平成 26 年頃まで，スポーツイベントの企画，運営等を行う A 社の代表取締役を務めていたが，平成 26 年 2 月 24 日，東京地方裁判所から破産手続開始決定を受けて，原告が破産管財人に選任

された。

　A社は，C社に対し，平成12年7月3日，1,600株分の新株引受権が付された新株引受権附社債を発行した。社債に付された新株引受権は，行使請求期間が平成12年8月1日から平成17年5月31日までで，行使価格が1株につき5万円であった。依頼者は，平成12年9月30日，A社の1,400株分の新株引受権を取得した。

　依頼者は，B社を吸収合併したC社から，平成15年1月8日，A社の200株分の新株引受権を取得した。

　A社では，平成15年6月，1株を3株とする株式分割が行われた。そのため，新株引受権は，3倍の4,800株分の新株引受権となり，行使価格が3分の1の1株につき1万6,667円となった。

　依頼者は，次の日に，新株引受権又は新株予約権を1株1万6,667円の行使価格で行使し，次の株式数のA社の株式を取得した。

　平成15年7月1日：599株，同月7日：599株，同月10日：1,797株，平成16年5月6日1,797株

　なお，平成16年5月6日に行使された行使権利は，少なくとも新株引受権附社債に付された新株引受権であった。

　依頼者は，税理士に対し，平成15年分及び平成16年分の各所得税の確定申告手続の代理を委任した。これを受けて税理士は，税務署長に対し，依頼者の平成15年分の確定申告書を提出した。平成15年申告では，給与所得の金額を3億3,134万1,257円，納付すべき税額を1億3,776万4,800円とし，同給与所得の前提となる収入金額につき，A社からの役員報酬を120万円，本件会社の新株引受権等を行使して得た経済的利益の額を3億4,936万9,745円としていた。また，税理士は，税務署長に対し，依頼者の平成16年分の確定申告書を提出した。平成16年申告では，給与所得の金額を2億6,939万4,893円，納付すべき税額を1億1,009万8,900円とし，同給与所得の前提となる収入金額につき，A社からの役員報酬を580万円，A社の新株引受権等を行使して得た経済的利益の額を2億7,956万3,046円としていた。

　破産管財人は，税理士に対し，平成 26 年 10 月 24 日，申告につき課税区分が給与所得ではなく一時所得であり，正しい課税区分に従って申告した場合と比べ，過大な納税義務が申告により発生したとして，善良な管理者としての注意を図る義務に違反したことにより依頼者に生じた損害を支払うよう請求した。

税理士の主張

　確定申告当時，行使権利について，A 社以外の第三者から取得したものであると認識することができる状況にはなく，依頼者及び A 社で依頼者の税務申告を担当していた者も，行使権利の行使益が給与所得となることを前提としていた。また，申告に当たり，依頼者から，行使権利の一部が A 社以外の第三者から取得したものであった旨の説明や権利の取得先を示す資料を受領していなかった。

裁判所の判断

①　行使権利については権利行使時に課税がされないにもかかわらず，認定事実のとおり，税理士は，申告において，それらの権利行使時に課税がされる旨の誤った税務申告を行っている。そして，認定事実のとおり，税理士は，平成 16 年申告書の資料として，摘要欄に「新株引受権付社債」と記載された調書を添付していること，申告の所得の内訳において「ワラント行使」や「新株予約権等行使」と記載していたこと，申告当時，疑似ストックオプションという言葉を知らなかったものの，会社が新株引受権附社債を発行し，その新株引受権を買い戻して役員に付与するものがあることを知っており，その場合に権利行使時に課税がされないことが記載された文献があることを知っていたと思うと述べていることなどの諸事情に照らせば，税理士は，行使権利について権利行使時に課税関係が発生しないことを容易に認識することができたと推認することができるから，この点について検討し，必要であればさらに資料の提供を指示して，課税の対象となる法律関係を確認した上

で，適正な税務申告を行うべき義務に違反したといえる。

② これに対し，税理士は，申告の当時，依頼者からどのような資料の提出を受けたか不明であることや申告に係る業務を早く進める必要があったことを理由として，注意義務違反がない旨主張するけれども，税理士は，上記のとおり，少なくとも，税理士として行使権利について権利行使時に課税されることに疑問を持つべき事情を十分に認識し得たといえ，また，申告の誤りの程度は大きく，これを正当化するほどの早期処理の事情があったことは全証拠によっても認められないので，税理士の同主張は採用することができない。したがって，税理士には，申告につき，破産管財人との準委任契約に基づき，税理士として負うべき善管注意義務に違反したものということができる。

③ 前提事実及び証拠によれば，A社には，申告の当時，公認会計士や税理士の資格を有する管理部長Dがいたこと，A社で株式上場を目指し，Dがそのコンサルティングをしていたこと，申告は，A社の上場申請に際して，A社の代表取締役である依頼者が税務申告をしていないことが問題となったことが経緯であったこと，平成15年申告は，税理士に対する依頼がされた時点で，既に法定納期限が経過していたことが認められる。

④ 税理士は，まず，依頼者及びA社からの説明及び提出を受けた資料も全て行使権利の行使に給与所得として課税がされることを前提とするものであったと主張し，依頼者又はDから，申告において行使権利の行使につき給与所得課税があることを前提に申告するようにとの依頼を受けた旨供述をするけれども，その根拠として，役員報酬だけであれば年末調整だけで完結するので，確定申告をする必要がない旨指摘する供述をするにとどまるところ，認定事実のとおり，依頼者には，行使権利の行使以外にも，ストックオプションの行使をしているから，行使権利の行使時に課税関係が発生しないとしても，確定申告をする必要が否定されることはなく，税理士の上記供述を裏付ける事情とはならない（なお，税理士は，平成15年申告等のためにA社において作成した一覧表には，平成15年7月1日の「ワラント行使」の

欄における残株式の取得費4,116万6,511円には，「ワラント行使による差額利益」として2,994万0,416円の額を含んでいるとの記載があることから，A社において行使課税が前提となっていた旨主張するけれども，上記残株式の取得費にはワラント行使による差額利益が含まれているとは直ちに読み取れない上，同一覧表の作成時期が明らかでないので，同一覧表のワラント行使による差額利益の記載から，破産者等が本件行使権利の行使時に給与所得課税がされることを前提としていたと見ることもできない。）ので，税理士の上記主張を採用することができず，申告の誤りについての責任が依頼者側にもあるということはできない。

⑤　税理士は，申告には時間的制約があった旨の主張もするところ，上記の事実によれば，平成15年申告を速やかに行うことが要請されていたといえるものの，適正な税務申告がされるように追加の資料提出を求めて課税の対象となる法律関係を確認することは税務の専門家としての基本的な責務であって，時間的制約があるからといって，これを怠ったことによる税理士の責任を減じさせるものとなるということはできない。

［税理士としての検討と対策］

　破産管財人が，破産者の債権債務を精査した結果，約10年前の所得税確定申告の内容に疑義を感じ，破産者に代わって委任した税理士に損害賠償請を求めた事案である。もっとも当初は，給与所得ではなく一時所得ではないかという税理士における所得区分の判断ミスが争点であったが，最終的に裁判所は非課税と断じた。破産管財人も当然，弁護士であるはずだが，課税関係の判断については自信がなかったかもしれない（課税の論理についての検討は，本稿の目的ではないので省略する）。

　判決を実務的な検討をすると概ね次のように想像できる。税理士は，法定期限経過後に，A社社長の平成15年分の所得税申告の依頼を受けた。実際には，A社のD部長が，税理士に対して，給与所得を前提に示唆・説示し，資料を交付した。税理士は，給与所得に該当するというD部長の解説に異論をはさむだ

けの知識・経験はなかったかもしれない。それよりもD部長は自身が税理士であり、依頼者及びA社の税務を担当し、A社の新株発行に係る一連の手続に従事していた人物であるから、税理士はD部長に反論する余地はない。その後、平成16年分申告も同様の手順で行われた。この2年分の申告内容に依頼者は納得して納税を済ませた。

しかし第三者的視点で考慮すると大きな疑問は、業務を熟知していたD部長は、なぜ申告期限内に申告をしないで、外部委託したかという点である。想像できる理由として、(1) 申告期限まで依頼者が納税額等に納得しないことから外部の専門家を通じて説得した、(2) 給与所得であるという判断に自信が持てないまま申告期限が過ぎ、責任を回避するために外部の専門家に委託した、などが考えられる。

D部長のような企業内税理士は、税務以外に、経営戦略や労務・法務など業務を兼任していることもあり、常に税務面だけに特化して仕事を行っているとは限らない。そのような場合において、自身だけでは税務処理を検討しきれない案件が出てきた場合には、外部の税理士に相談・委託するケースもある。当然のことながらそのような案件は、他の税理士にとっても判断の迷う案件が多い。

本事案については、税理士にしてみれば、専門家のD部長のお墨付きの案件であり、納税額等から高額な税理士報酬も見込まれる魅力的な依頼であった可能性は、否定できない。しかし、知識不足や知識習得が難しい事案の受任は慎重になるべきことを本事案は如実に示している。

【林・伊澤】

税理士に対する資料の不提示と重加算税の賦課

(参考)
東京地判平成 30 年 6 月 29 日《平成 28 年（行ウ）第 487 号》
(TKC 文献番号 25555318・TAINS コード Z268–13162)
所得税増額更正処分等取消請求事件

[着目点]

　賃料収入の存在を税理士に秘匿して行われた過少申告について，隠蔽・仮装に当たるとしてなされた重加算税の賦課は適切とされた事例。

[当事者の関係・立場]

　依頼者は，税務署から指摘されるまで所得税の確定申告を怠っていた。対象となる所得の種類等は不明である。依頼者は法人代表者であることから，申告を委任した税理士が通常であるなら法人の顧問税理士である可能性も高いが，経緯は明らかになっていない。本事案で対象となっている所得税の確定申告内容について，判決には代表者と税理士が直接面談したという記載はない。

[事案の概要]

　依頼者は，平成 19 年から 25 年分までの所得税につき，法定申告期限内に確定申告をした後，一部の年分の所得税につき，修正申告をした。依頼者は，所有する不動産に係る賃料収入を得ていたが，申告を委任した税理士に賃料収入を示す資料を提示していなかったことから，税理士は，賃料収入があることを認識せずに，賃料収入及びこれに対応する不動産所得を除外した過少申告をしていた。

　税務署長は，平成 27 年 3 月 6 日，依頼者に対して，各年分の所得税についての更正処分及び重加算税の賦課決定処分をした。

　これに対して，依頼者は，①平成 19 年から 22 年分までの所得税の各更正処

分については，依頼者に国税通則法70条4項にいう「偽りその他不正の行為」はなく，更正処分の除斥期間である3年を経過しており違法である，②平成19年から22年分までの重加算税の各賦課決定処分については，違法な更正処分を前提とし，また，19年及び20年分の賦課決定処分の除斥期間である5年を経過しており，かつ，重加算税の賦課要件である国税通則法68条1項に規定する「隠蔽又は仮装」の事実がないから違法である，③平成23年から25年分までの所得税に係る重加算税の各賦課決定処分については，「隠蔽又は仮装」の事実がないから違法であるとして，各処分の取消しを求めた。

税理士の主張

本事案では，税理士の見解等の表明はない。

裁判所の判断

①　重加算税を課するためには，依頼者のした過少申告行為そのものが隠蔽又は仮装に当たるというだけでは足りず，過少申告行為そのものとは別に，「隠蔽又は仮装」と評価すべき行為が存在し，これに合わせた過少申告がされたことを要するものであるが，架空名義の利用や資料の隠匿等の積極的な行為が存在したことまでは必要でなく，依頼者が，当初から所得を過少に申告することを意図し，その意図を外部からもうかがい得る特段の行動をした上，その意図に基づく過少申告をしたような場合には，重加算税の賦課要件が満たされる。

特定の所得を申告すべきことを熟知しながら，税理士から当該所得の有無について質問を受け，資料の提出も求められたにもかかわらず，確定的な脱税の意思に基づいて，当該所得のあることを税理士に対して秘匿し，何らの資料も提供することなく，税理士に過少な申告を記載した確定申告書を作成させてこれを提出した場合には，「過少申告の意図を外部からもうかがい得る特段の行動」があったといえる。

　税理士に対する所得の秘匿が「過少申告の意図を外部からもうかがい得る特段の行動」に当たるか否かを判断するに当たっては，税理士による資料を提示すべき旨の指示があったことは必ずしも必須の要件ではない。

②　依頼者は，建物の賃料収入を秘匿し所得を過少に申告する意図をもって賃貸人の名義を母名義とするなどして「過少申告の意図を外部からもうかがい得る特段の行動」をした上で，平成 21 年分の所得税の申告において建物の賃料収入を除外した過少申告を行っていたものであり，このことは，土地及び建物についても，賃料収入を秘匿し所得を過少に申告する意図をもって過少申告を行っていたことを推認させる事情である。

　依頼者が，土地の賃料変更を税理士に伝えていないこと，メモ書きを作成したこと，税務調査において賃料収入を秘匿していたことは，依頼者において，土地やその他の不動産に係る賃料収入が正しく申告されていると認識していたこととは相容れない事情である。

　間接事実を総合すれば，依頼者は，建物のみならず，土地及び建物についても，その賃料収入に係る不動産所得を申告すべきことを熟知しながら，確定的な脱税の意思に基づき，当該所得に関する資料を意図的に税理士に提示せず，税理士に過少な申告を記載した確定申告書を作成させてこれを提出するという「過少申告の意図を外部からもうかがい得る特段の行動」をした上で，その意図に基づく過少申告をした。

　賃料収入に係る不動産所得につき，「過少申告の意図を外部からもうかがい得る特段の行動」をした上で，その意図に基づく過少申告をしたものであるから，「隠蔽又は仮装」に基づく申告であって，重加算税の賦課要件を満たす。

③　いずれも「隠蔽又は仮装」に基づく申告といえるから，同時に，国税通則法 70 条 4 項にいう「偽りその他不正の行為」によりその全部又は一部の税額を免れたものともいえる。

[税理士としての検討と対策]

　本事案の争点は，①国税通則法 68 条に規定する重加算税の賦課要件である「隠蔽又は仮装」の事実があるか否かと，②更正処分及び重加算税の賦課決定処分の除斥期間が 7 年となる要件である「偽りその他不正の行為」があるか否かである。

　依頼者は，賃料収入の存在は認識していたが，関連する多額の支出又は損失により利益はないと思い，不動産所得があると明確に認識していなかったのであるから，過少申告の意図に基づき所得の秘匿を行った事実はないと主張した。これに対して，課税庁は，依頼者は当初から所得を過少に申告することを意図し，税理士に対する不動産所得の秘匿という過少申告の意図を外部からもうかがい得る特段の行動をした上，その意図に基づく過少申告をしたと主張した。

　裁判所は，依頼者が，当初から所得を過少に申告することを意図し，その意図を外部からもうかがい得る特段の行動をした上，その意図に基づく過少申告をしたような場合には，重加算税の賦課要件が満たされるとした。間接事実によると，依頼者は，賃料収入に係る不動産所得を申告すべきことを熟知しながら，確定的な脱税の意思に基づき，当該所得に関する資料を意図的に税理士に提示せず，税理士に過少な申告を記載した確定申告書を作成させてこれを提出するという「過少申告の意図を外部からもうかがい得る特段の行動」をした上で，その意図に基づく過少申告をしたといえることから，「隠蔽又は仮装」に基づく申告であり，重加算税の賦課要件を満たすとした。同時に，国税通則法 70 条 4 項にいう「偽りその他不正の行為」に該当するとの判断を下した。

　依頼者が「隠蔽又は仮装」の行為を用いて税負担を免れた場合には，納税者間の公平を確保することができないだけではなく，納税モラルに支えられる申告納税制度を揺るがすことになりかねない。重加算税の制度は，「隠蔽又は仮装」の行為により税負担を免れた納税者に対して特別の重い税負担を賦課するものである。

　依頼者が税理士に書類を提示していない本事案においては，依頼者に重加算税の賦課要件である「隠蔽又は仮装」と評価すべき行為があったか否かが問題

となる。裁判所は，間接事実から，依頼者は「過少申告の意図を外部からもうかがい得る特段の行動」をし，その意図に基づく過少申告をしたと認定し，「隠蔽又は仮装」の事実があったとしている。依頼者の主観的側面である過少申告の意図を直接認定することには困難であり，「隠蔽又は仮装」と評価すべき客観的行為の有無で判断すべきであることからは，裁判所の判断は評価できる。

　税理士が依頼者に対して申告関連書類の提示を求めていなかったとしても，本事案のように依頼者が意図的にこれらを提示することなく，所得を「隠蔽又は仮装」し，過少申告をする場合には，重加算税が賦課されるのは当然の帰結である。

　実際に，提供された資料等に基づいた申告に対して，課税庁から過少申告を指摘された場合に，提供された資料等について，その原因が，意図的な除外，単なるミスや失念，税理士の説明不足など，いわば素人である顧客の実態は様々である。そのため本事案のように，重加算税賦課の要因が，税理士への秘匿が焦点とされ得るならば，税理士の顧客との折衝も重要となる。年に1回，確定申告でのみ申告をする納税者などは特に，資料を意図的に税理士に提示されなければその所得を把握することは困難な場合もある。また，本事案の状況とは異なるが，納税者が申告の必要があるかないか不明であったためその所得に関する資料を提示しないということも起こり得る。継続して関与している依頼者であっても，税理士から例年申告している所得以外に収入となるものがないか尋ねられていないから，新たな所得があったことを提示しないということもあり得る。納税者が意図的にその所得を隠蔽しようとする場合は難しいが，いずれにしても納税者に所得の内容についてヒアリングをすることは重要であり，その経緯を残しておくこともお互いのために重要である。

　いまだに税務署を欺くために税理士も欺く，などと口外する者もいるが，税理士を欺くことは税務署も欺くことになるという本事案における裁判所の論理は，税理士に新たな重責が課せられたと考えるべきかもしれない。

【林・初鹿】

CASE 39　税理士登録の拒否理由

（参考）
東京地判平成 30 年 8 月 30 日（平成 29 年（行ウ）第 466 号
（TKC 文献番号 25449982・TAINS コード Z999-2171）
税理士登録拒否処分取消等請求事件

[着目点]

　所得税法違反（自己脱税）の被疑事実により逮捕され，同日，税理士登録抹消届出書を提出した者が，後日，申請した税理士登録の拒否処分が適法とされた事例。

[当事者の関係・立場]

　原告は，平成 10 年 7 月 10 日に A 税務署を退職した後，同年 8 月 20 日に税理士名簿に登録され，B 税理士会 C 支部に所属していたが，平成 22 年 5 月 17 日，所得税法違反（自己脱税）の被疑事実により逮捕され，同日，税理士登録抹消届出書を提出していた。

[事案の概要]

　原告は，平成 27 年 5 月 29 日付けで，税理士登録申請書を，B 税理士会を経由して被告・国税庁に提出した（本件申請）。被告は，税理士法 24 条 7 号の登録拒否事由に該当するものと認め，同年 8 月 27 日付けで，原告に対し，税理士登録拒否予告通知書を送付した。同通知書には，同号該当の理由として，相当額の税金の滞納がある者に税理士資格を認めるのは国民感情に照らし適当でないこと，原告の非行の社会的影響の大きさ，税理士及び税理士会全体の信用を著しく損なったこと，積極的に納税する姿勢が見られないことなどが記載されていた。

　もっとも，本件申請から 3 か月が経過しても本件申請に対する処分がなされ

なかったことから，原告は，国税庁長官に対して，平成27年9月17日付け審査請求書を提出し，これにより，本件申請は拒否されたものとみなされた（本件処分）。

　国税庁長官は，平成29年5月25日，原告の審査請求を棄却する旨の裁決を行い，原告は，同月29日に裁決書を受領した。原告は，平成29年10月7日，本件訴えを提起した。

原告の主張

　被告は，いずれも本来納付すべき税額であり，完納したことをもって税理士の適格性に欠けるところはないとはいえないなどと主張するが，この主張を前提とすれば，「積極的に納税する姿勢」が認められるということはあり得ないことになる。このように，認められる可能性がない「積極的に納税する姿勢」の欠如を登録拒否の理由とすることは，原告に不可能を強いるものであり，合理性がない。

裁判所の判断

①　原告は，刑事事件において，所得税法違反の罪により懲役刑と罰金刑を併科されたものであるところ（本件非行），本件処分時において，懲役刑については執行猶予期間満了により刑の言渡しの効果が失われているが，罰金刑の言渡しの効果は残存している。そして，弁論の全趣旨によれば，本件申請時，税理士法4条5号所定の期間は経過していたものと認められる。したがって，原告は，同号に該当していた者であり，同法24条6号ロにいう「第4条第4号から第11号までのいずれかに該当していた者が当該各号に規定する日から当該各号に規定する年数を経過して登録の申請をしたとき」に該当する。

②　本件非行は，元国税職員であり税理士である原告が，納税義務の適正な実現を図るという税理士の使命に反し，その知識経験を悪用して，5年間も

の長期間にわたり合計2億9,300万円余りもの所得を隠蔽したという非常に悪質かつ重大な非行であって，税理士に対する社会一般の信用を著しく毀損するものである。

③　原告は，本件申請時において，国税の本税，県税及び市税については完納していたものの，加算税や延滞税については極めて多額の滞納税額（本件処分から2年以上経過した平成29年12月7日の時点においても，滞納税額は5,200万円余りであった。）を有しており，しかも，当該滞納税額は自己脱税という税法違反に起因するものである。このような原告に，税理士として再びその業務を行うことを認めることは，税理士が，他人の財産権と密接に関連する業務を行い，納税義務者の信頼に応えて適正な納税義務の実現を図るという職責を負っていることに照らし不適当といわざるを得ず，税理士制度そのものに対する社会一般の信頼を大きく損なうおそれが大きいということができる。

④　原告は，本件非行による社会的影響は沈静化したなどと主張するが，本件非行は，前記のとおり税理士に対する社会一般の信用を著しく毀損する非常に悪質かつ重大なものであり，その社会的影響は大きかったものと推認され，実際，判決時には全国紙で報道がなされていることを考慮すると，本件刑事事件の判決時から本件処分時までに約5年が経過していたものの，いまだ本件非行による影響が完全に払拭されていたとは言い難く，自己脱税をしたことに起因して課された加算税や延滞税をいまだ極めて多額に滞納している原告が再び税理士として業務をすることとなれば，再び社会の注目を集め，その結果，税理士制度に対する社会一般の信頼を損なうこととなるおそれはあったと認められる。一方で，原告が本件申請時において国税の本税，県税及び市税を完納していたことは，本件非行に対する原告の一定の反省を示す事情と評価できなくもない。もっとも，そもそもこれらは本来納付すべき税額であって，その支払を不正に免れていたにすぎないことからすれば，これらを完納したことは，原告に特に有利に働く事情とまでは言い難い。

⑤　原告は，本件処分に対する審査請求の手続内において，税の滞納の事実

は登録拒否事由に当たらない，税理士の滞納が一般的に税理士制度に対する社会一般の信頼を損なうものであるとの結論はおそらく誤りであるなどと主張し，本件訴訟においても滞納の事実は登録拒否事由に当たらないとの主張をしている。このような原告の態度からは，自己脱税に起因する極めて多額の滞納税額のある者に税理士としての業務を再び行わせることにより生じ得る，税理士制度に対する社会一般の信頼の低下という悪影響を過小評価する姿勢が見て取れ，本件非行の重大性や税理士業務の重要性，税理士に対する信頼確保の必要性についての理解の欠如がうかがわれるのであって，本件処分時はもとより，現時点においても，原告については，本件非行に対する反省が深まりを欠いており，税理士としての職業的自覚の改善もいまだ十分でないものといわざるを得ない。

　本件非行は，元国税職員であり税理士である原告が，その知識経験を悪用し，長期間にわたり多額の所得隠しを行ったという非常に悪質かつ重大な事案であって，その社会的影響も完全に払拭されたということはできず，本件非行に起因する極めて多額の滞納税額のある原告に税理士としての業務を行うことを認めることは，税理士制度に対する社会一般の信頼を損なうおそれが大きいということができる。

⑥　原告の職業的自覚の改善もいまだ十分でないと認められるのであって，これらの事情に照らせば，原告については，「税理士業務を行わせることがその適性を欠くおそれがある者」（税理士法24条6号ロ）に該当するというべきである。原告については，「税理士の信用又は品位を害するおそれがある者その他税理士の職責に照らし税理士としての適格性を欠く者」（同条7号）にも当たるといえる。したがって，原告については，税理士法24条6号ロ及び7号の登録拒否事由に該当するものと認められるから，本件処分は適法であり，本件処分の取消請求は理由がない。

［税理士としての検討と対策］

　税理士業界はもとより世間を驚かせた脱税事件の後日談といえる。元国税職

員ということで，国税当局もその対策に苦慮したはずである。

　裁判所は，前提として税理士法の定めやその趣旨を踏まえると，登録拒否事由の有無を判断するに当たっては，当該申請者についての適格性に関わる諸事情を総合的に考慮する必要があるというべきであり，具体的には，過去の非行の内容，性質，重大性に加えて，当該非行に対する刑事処分等の処分後の就業状態や生活状況，反省の態度等からみて職業的自覚が十分に改善されているか否か，当該申請人に再び税理士の業務を行わせることにより，税理士制度に対する社会一般の信頼を損なうおそれがあるか否かという観点から判断を行うのが相当であると判断基準を示している。

　これは，更生，社会復帰という視点からすれば，極めて厳しい見解であるが，それが税理士制度に対する評価の基盤をなすとするならば，傾聴に値するといえる。

　令和4年度税制改正大綱が発表され，税理士法について大きな改正がなされた。改正内容としては，以下のとおりである。

　・氏名や不正内容をホームページや官報で公表する

　・業務停止相当に該当する場合は，期間中の復帰を禁止する

　・懲戒処分等の除斥期間の創設（10年）

　・税理士法違反に関する質問検査等の強化

　具体的には，「(8) 懲戒処分を受けるべきであったことについての決定制度の創設等」の内容である。

　税理士法違反に係る調査（税理士調査）及び懲戒処分の対象は，現行の税理士法では，現職の税理士・税理士法人に限定されている。そのため，懲戒処分手続開始前に自ら登録を抹消して，処分を回避することが以前から問題視されてきた。懲戒処分を受けてしまうと，税理士の再登録が制限されてしまうためである。

　懲戒処分の調査は，国税当局が行っており，守秘義務がある。そのため，調査内容を税理士会に伝えることができない。

　こうした問題に対応するため税理士法を見直し，財務大臣は，その税理士で

あった者が受けるべきであった懲戒処分の種類（その懲戒処分が税理士業務の停止処分である場合には，懲戒処分の種類及び税理士業務の停止をすべき期間）を明らかにしなければならないとしたのである。

　この制度創設に伴い，税理士の欠格条項と登録拒否事由を見直している。

　ようやく改正が実現するが，国民の信用を失墜するような税理士に対して，迅速に対応できるよう，税理士会にも懲戒処分を行うことができる権限を付与してもよいのではないだろうか。

【林・齋藤】

CASE

40

税理士の業務委託契約の適用範囲

(参考)
東京地判平成 30 年 11 月 7 日《平成 28 年（ワ）第 31665 号》
（TKC 文献番号 25557796）
報酬金請求事件

[着目点]

　業務委託契約書及び覚書により税務調査立会報酬は顧問報酬に含まれず，依頼者は中途解約金及び未払の顧問報酬の支払義務を負うことになるとして，税理士法人の請求を認容した事例。

[当事者の関係・立場]

　税理士が依頼者の顧問税理士に就任した経緯は明らかになっていない。税理士は，税務調査終了後，業務委託契約の解除を通告されているが，その理由は調査時における税理士の対応に，依頼者が不満をもったことが窺える。後任の税理士については，選任の経緯は不明である。

[事実の概要]

　本事案は，税理士が，依頼者らに対し，各業務委託契約に基づき，顧問報酬，中途解約金，業務の履行に基づく報酬金等の支払を求めた事例である。

　A 社は，パチンコ店の経営のほか，不動産賃貸及び売買，旅館業，車輌及び車輌部品の貿易などを営む株式会社である。B 社は，不動産の売買，賃貸，管理及びその仲介並びに経営コンサルタント業などを営む株式会社である。C 社は，IT 及びコンピューターソフトウェアの開発，販売及びコンサルティング業などを営む株式会社である。D 社は，飲食店の経営，不動産の売買，賃貸，管理及びその仲介並びに不動産管理業などを営む特例有限会社である。A，B，C，D 各社は，甲が代表取締役を務める等，同人が実質的に経営する会社であ

り，A社グループを形成していた。

　税理士とA社は，平成21年9月30日，業務委託契約を締結し，A社が税理士に対して，法人税，事業税，法人住民税，消費税及び地方消費税の税務書類の作成並びに税務代理，税務調査の立会い，税務相談，会計処理に関する指導及び相談の業務を行うことを委任し，税理士がこれを受任した。契約期間は1年であったが自動更新されていた。契約には，契約を解除する場合は，3か月前にその旨を相手方に予告しなければならないが，A社が解除する場合には，中途解約金として3か月分の顧問報酬に相当する額の支払をもってこれを行うことができるとする中途解約条項が規定されていた。税理士はA社グループ各社と同様の業務委託契約を締結した。

　所轄税務署は，平成28年1月28日，B社に対する税務調査を行った。当該調査は，A社，D社にも及んだ。税理士は同日から同年5月27日までの期間，調査立会，税務署との折衝などの業務を行った。

　所轄税務署から，交際費名目の支出が交際費として認められず，代表者である甲の個人的な費用の支出であると認定され，上記支出に相当する金額は，甲に対する役員給与として扱われるべきと指摘した。税理士は，平成28年6月7日，A社らに係る過去5期分の修正申告を電子申告の方法により行った。税理士は，交際費として認められなかった支出が甲に対する給与所得として扱われると，多額の所得税が課せられることになるため，所轄税務署と協議し，上記支出をA社らの甲に対する各貸付金として処理することに了解を得て，金銭消費貸借契約書，議事録及び振替伝票を作成した。その後，A社らは重加算税が賦課された。

　A社従業員は，平成28年7月11日，税理士に電話をかけ，同月末日に申告期限が到来する法人を含め，A社グループの顧問税理士を別の税理士に依頼するとして，税理士に預託した資料を返却してほしい旨申入れた。税理士は，A社に対し，業務委託契約を解除するのであれば書面での申入れがほしいと依頼したが，A社は，同月12日，書類返却要請及び契約解除については甲から連絡する旨記載したFAXを送信した。

税理士は，A社に対し，未払報酬（顧問報酬，顧問報酬以外の業務履行に対する報酬等）の支払期限を平成28年7月26日と定め，支払を求めた。併せて，税理士は，A社グループ各社に対して，業務委託契約に係る中途解約金の支払を求めた。

税理士の主張

A社グループからの依頼に基づく業務量が増えたため，その業務負荷等に応じ，グループ各社との間で個別に合意をし，顧問報酬の増額を行った。A社との間では，平成26年10月30日付け覚書を作成し，顧問報酬を月額4万円から10万円に増額しているが，当該顧問報酬にA社以外のグループに係る顧問報酬を含ませる趣旨の合意はない。

A社グループとの業務契約書には，顧問報酬とは別に税務調査立会報酬1日当たり5万円と明確に定められており，当該税務調査立会報酬及び修正申告書等の作成報酬が顧問報酬に含まれることはない。

裁判所の判断

①　税理士とA社との間で，平成26年10月31日に報酬の額について顧問報酬をそれまでの月額4万円から月額10万円，税務書類及び決算書の作成報酬を15万円から30万円に変更した覚書において，これらがA社グループに属する他の会社の分を含むことを窺わせる定めは存在しない。税理士とA社グループは，グループに属する法人ごとに業務委託契約に係る契約書を取り交わしているのであるから，A社らの主張するとおり，A社グループに属する格別の契約を一本化し，A社において他のグループ会社の分もまとめて支払うということにするのであれば，その趣旨を明確にした契約書を取り交わすのが自然である。確かに，月額4万円から月額10万円への増額幅は大きいともいえるが，そうだからといって，A社以外のグループ企業の顧問報酬をも含むものと解することはできない。

②　税理士は，A社グループからの依頼に基づく業務量が増えたため，その業務負荷等に応じ，A社グループ各社との間で個別に合意をし，顧問報酬の増額を行った旨主張する。この点，上記覚書以外に明示の書面は取り交わした証拠によれば，平成28年3月31日に，A社から月額の顧問報酬10万円を超える65万5,752円が税理士に支払われ，これを税理士において，A社以外の依頼者らに係る報酬に振り替えていることが認められる。そうだとすると，A社との間では，上記覚書により，顧問報酬月額10万円，税務書類及び決算書類の作成の報酬30万円と，それ以外の企業との間では，書面での合意は存在しないものの，口頭により，B社が顧問報酬年額10万円（税別），C社が顧問報酬年額24万円（税別），D社が顧問報酬年額10万円（税別）と変更されたものと認めることができる。

③　A社らは，税務調査立会報酬が顧問報酬に含まれる旨主張するが，税理士とA社との間において，平成21年12月15日付けの覚書において，顧問報酬を月額3万円から4万円へ改訂することのみを定め，業務契約書において定められた税務書類及び決算書の作成の報酬（15万円）や税務調査立会報酬（1日当たり5万円）に触れられてはいないものの，そのことがこれらの報酬が顧問報酬に含めることを意味しないことは，平成26年10月31日付けの覚書において，税務書類及び決算書の作成の報酬を15万円から30万円に改訂していることから明らかである。そうすると，同日付け覚書において税務調査立会報酬に触れられていないからといって，税理士とA社との間において税務調査立会報酬を顧問報酬に含める旨の合意があったと認めることはできず，当初の契約どおり，1日当たり5万円の税務調査立会報酬を支払う旨の合意があると認めるのが相当である。

④　A社らは，A社グループに係る業務委託契約についてA社に一本化することになっていたから，A社グループのうちA社以外の会社については，税理士との間で，業務委託契約を自動更新しない旨の合意があり，報酬支払義務を負わないとも主張するが，上述のとおり，A社グループ各社の契約を一本化する旨の合意の存在を認めることはできないから，A社らの主張は採用

できない。

⑤　A社の従業員において，平成28年7月11日，同月末日に申告期限が到来する法人を含めA社グループ各社の顧問税理士を別の税理士に依頼するとして，税理士に預託した資料を返却してほしい旨を申入れ，翌12日，税理士から業務委託契約を解除するのであれば書面での申入れがほしいと依頼されたが，甲から連絡すると回答したものの，同人からの連絡はなかったところ，他の税理士への依頼することを理由として預託中の資料返却を求めている以上，A社グループにおいて，税理士との間の業務委託契約を中途解約しようという意思は明らかであって，さらに，税理士が当該申入れをそのように了解したことを税理士の依頼により理解したにもかかわらず，税理士の了解を否定もしなかったというのであるから，遅くともその時点において，税理士とA社グループとの各業務委託契約は中途解約されたものと認めるのが相当である。そうすると，A社グループは，それぞれ中途解約金として3か月分の顧問報酬に相当する額，A社が30万円（消費税及び地方消費税別。以下同じ。），B社が2万5,000円，C社が2万5,000円，D社が6万円の支払義務を負うことになる。また，中途解約までの未払の顧問報酬として，A社グループは，A社が13万8,710円（消費税及び地方消費税別。以下同じ），B社が10万8,000円，C社が10万8,000円，D社が25万9,200円の支払義務を負っている。

[税理士としての検討と対策]

　よくある話ではあるが，税務調査における税理士の言動が，依頼者の信頼を損ねることがあるが，本事案もその例に漏れない。その税理士の言動について，依頼者は，税理士の助言義務違反と主張している。すなわち，甲の個人的支出と指摘された費用について，税理士は，甲から「事業に関係のある接待」であると説明を受け，所轄税務署に対し甲から疎明させますとA社らを擁護していたにもかかわらず，所轄税務署の反面調査によって事業に全く関係のないクラブ等での飲食であったことが判明したのであり，当該反面調査の結果が所轄税

務署から示された状況下においてこれを覆すような反論をしなかったというものである。

　さらに税理士は，甲に対する役員給与とされることで，甲の所得税負担を考慮して，甲に対する貸付金とすることを所轄税務署と折衝している。これについて，依頼者は，役員給与か貸付金のいずれにしても法人税法上，損金不算入となることから，重加算税の賦課に関して大差がないとして，税理士の最善努力義務違反と主張している。

　まさしく，「自分のことは棚に上げ」的な論調であるが，税務調査における税理士の言動が税理士交代の理由に占める割合は大きいことを踏まえると，新たに受任する際には，依頼者の見解に惑わされないことは重要である。

　本事案は，業務委託契約の趣旨と内容が争点となっている。税理士に対する損害賠償請求事件の多くは，委託業務内容の範囲と限界が争点となることが目立つ。つまり依頼者は委託業務を過大に解釈する傾向にある。それに対して，本事案では，金銭的負担に関わることから限定的に捉えている。

　また，税理士の業務委託契約で，中途解約金規定を設けているところもあるが，依頼者が中途解約金規定を認識しておらず，解約申出時に初めて，中途解約金規定を認識するということは少なくない。将来的なトラブルを防ぐためにも，税理士は，顧問契約締結時，又はその変更時において，委託業務内容の範囲と規定の説明を依頼者に対して真摯に行うことが大切である。

【林・伊澤】

CASE

41

税務代理権限証書の意義と効果

(参考)
東京地判平成 30 年 4 月 16 日《平成 29 年（ワ）第 14653 号》
(TKC 文献番号 25554351・TAINS コード Z268-13141)
東京高判平成 30 年 9 月 26 日《事件番号不明》
(TKC 文献番号 25565500・TAINS コード Z268-13193)
最決平成 31 年 3 月 26 日《事件番号不明》
(TKC 文献番号 25569756・TAINS コード Z269-13258)
国家賠償法に基づく損害賠償請求事件

[着目点]

　税務署員が，依頼者の相続税に係る税務代理権限証書が提出されていない税理士に対して，依頼者に対する相続税の減額更正（案）資料を交付したことは，国家賠償法上，違法とはいえないとした事例。

[当事者の関係・立場]

　依頼者が，相続税申告業務を A 税理士に委任した経緯及び税務調査の開始以前に A 税理士を解任した理由は不明である。B 税理士は，依頼者自身の個人所得の申告業務を従前から委任されていたがその経緯は不明である。

[事実の概要]

　依頼者は，夫を被相続人とする相続税について，平成 19 年 3 月に A 税理士の税務代理権限証書を添付して申告を行った。その後税務調査を受けることとなり，課税庁は，平成 20 年 4 月 21 日，A 税理士に，本件調査への立会を依頼したが，A 税理士は，依頼者との委任契約は解除された状況にあるとして断った。課税庁は，依頼者との間で，平成 20 年 11 月 20 日に自宅の調査を行うことを約束し，この際にも A 税理士に立会を再度依頼したが，A 税理士は，これ以上関わりたくないとして断っている。

　その後，従前，依頼者の所得税等について税務代理権限証書が提出されてい

た B 税理士が，来署し，依頼者から相続税に関して正式に依頼を受けたと述べ
たため，課税庁は調査経過の説明を行い，資料の提出を求めた。これを受け B
税理士は，課税庁に依頼者作成の回答書及び預り金の明細のデータが記録され
たディスクを郵送している。

　課税庁は，平成 21 年 5 月 8 日，同月 11 日及び同年 6 月 22 日に，B 税理士
に対し，相続税の減額更正案（本件文書）を送付し，6 月 30 日に減額更正処
分を，12 月 4 日に減額再更正処分を行った。

　依頼者は他の相続人から，夫の相続財産である預金を横領したなどとして訴
えられていた。その別件訴訟では，弁護士であった夫の相続財産の内，預金の
一部が依頼者からの預り金といえるかどうかが争点の一つとなっていたが，依
頼者はこちらの訴訟では敗訴している。

　依頼者は，この別件訴訟では，更正処分における債務額の成否が焦点となっ
ており，自らが減額更正案を受領していれば，然るべき攻撃防御方法を提出す
ることができた。しかし，課税庁が税務代理権限を与えていない B 税理士に文
書を渡し，自らに文書を渡さなかったため，別件訴訟において敗訴した。その
ため B 税理士に文書を渡したこと，その後 B 税理士に渡した文書を自分にも交
付するよう要求したのに課税庁が交付しなかったこと等は違法である，などと
して損害賠償等を求める事案である。

税理士の主張

　判決文には，税理士の主張の記載はない。

裁判所の判断

　①　B 税理士は，依頼者から委任を受けたとして課税庁に来署し，総括調査
官が提出を依頼した預り金の明細のデータが記録されたディスク及び回答書
を郵送したり，総括調査官から本件文書を受領したりしているところ，これ
らのデータ及び書面は，本件相続税の調査に関するものであり，依頼者の協

力がなければ提出できないものであるし，B税理士には，課税庁に対し，依頼者から本件相続税について委任を受けていないにもかかわらず，委任を受けた旨の虚偽の説明をして，本件調査に対応しなければならない動機も見当たらない。これらの事情に照らせば，依頼者は，B税理士に対し，本件相続税に関し，税務代理権限を与えていたと推認することができ，これに反する依頼者の主張は採用できない。よって，総括調査官が，B税理士に本件文書を交付したことは，違法とはいえない。

② 総括調査官は，本件文書をB税理士に送付しており，B税理士は，本件文書を依頼者に交付したと回答しているところ，B税理士が総括調査官から受領した本件文書を依頼者に渡すことは自然なことであって，B税理士の上記回答は信用することができ，B税理士から本件文書を受け取っていないとの依頼者の主張は採用し難い。なお，仮に依頼者が本件文書をB税理士から受け取っていなかったとしても，そもそも，課税庁が，更正処分に先立ち，被処分者に処分内容を予め明らかにする義務を負うことを定めた法令は見当たらないから，課税庁が，本件更正処分までに，依頼者に本件文書を交付しなかったとしても違法ではない。

③ 依頼者は，別件訴訟では，預り金の額が争点となっており，依頼者が本件文書の交付を受けていれば，然るべき攻撃防御方法を提出することができ，敗訴することはなかったにもかかわらず，課税庁の各行為によって，本件文書を入手できず，内容の説明も受けられなかったため，別件訴訟に敗訴し，損害を被ったと主張する。しかし，別件訴訟の主たる争点は，預金（口座）が依頼者からの信託財産といえるか（相続財産に当たるか）否かであり，別件判決は，当該預金（口座）が依頼者からの預り金の受領，管理以外の用途にも使用されていたと考えられることから信託財産に当たらないとして，相続財産ではないとの依頼者の主張を排斥したのであって，本件更正処分における債務額は直接の争点となっていない。むしろ，別件判決は，依頼者が主張した預り金の額（本件文書に記載された7億1,595万3,603円）を前提に，その額が，当該預金（口座）の残高（約5億円）を大きく上回っている

ことが，他の費目での出金による預金残高の減少を窺わせる（信託財産であることを否定する方向に働く。）と判断しており，依頼者が主張した本件更正処分における債務額を，別件訴訟における依頼者の主張を排斥する理由の一つとしている。そうすると，仮に依頼者が本件文書を受け取っていなかったとしても，本件文書を受け取っていれば別件訴訟で敗訴しなかったとはいえず，課税庁の各行為と，依頼者が主張する損害との間には，因果関係は認められない。

［税理士としての検討と対策］

　依頼者が，別件訴訟で敗訴したのは課税庁が更正処分案等を自らに交付しなかったためだとして，訴えを起こしたという事案である。依頼者はB税理士に対する税務代理権限証書は提出しておらず，課税庁がB税理士に対して更正処分案等を交付したのは違法である，などと主張したが認められなかった。

　税務代理権限証書こそ提出されなかったが，実際，B税理士が調査対応実務を行っており，依頼者がB税理士に委任していたと確かに推認できる。調査後に報酬額で折り合わずB税理士が解任されるまでは，B税理士が対応を行っていたようである。課税庁が税務代理権限証書の提出を求めなかったことからこのように裁判となってしまったといえる。手続規定の整備が進められている現在，同様にB税理士が来署した場合には，課税庁もまず，税務代理権限証書の提出を求めるだろう。

　いずれにしても減額更正処分案等の書類は交付義務のない書類である上，委任していた税理士に課税庁は交付をしており，依頼者の本事案での主張には無理があったといえる。ただ，本事案の場合，別件訴訟やB税理士を解任した等の事情によって改めて依頼者自らが課税庁に書類を求めたようである。依頼者はB税理士を解任しており，交付義務がないとしても，B税理士に交付した書類を依頼者に再交付する程度の対応は，あってもよかったのではないだろうか。事前にB税理士に文書を交付しておりB税理士から依頼者に交付されていたとしても，紛失してしまったりB税理士に再度請求が難しい状況は解任以外でも

発生し得るであろう。当事者本人である確認が取れるのであれば，再交付してくれてもいいのでは，というのが依頼者側の一般的な認識かもしれない。

　現在では国税通則法が改正され，更正処分を行う場合には必ず依頼者に直接説明を行うか，代理人への説明に対する意思確認を行うため本事案のような問題は原則起こらないと考えられる。また，当初申告より関与のある場合には，調査通知の手続等から，税務代理権限証書の提出を行わない，ということは考えにくい。調査立会等ではじめて関与する場合にも，税理士としては，税務代理権限証書をはじめとした関与状況が分かる書類等を整えておくことが対策となるだろう。

【林・小林】

42

税理士による節税対策に関する課税リスクの助言義務

東京地判平成 28 年 5 月 30 日《平成 25 年（ワ）第 26327 号》
（TKC 文献番号 25543800・TAINS コード Z999-0173）
東京高判令和元年 8 月 21 日《平成 28 年（ネ）第 3213 号》
（TKC 文献番号 25564866・TAINS コード Z999-0174）
損害賠償請求事件

[着目点]

　税理士が依頼者の相続税対策を提案するに際し，依頼者の課税リスクを認識することなく節税策を実行したため，依頼者は多額の法人税等の納付義務を生じ，本来支払う必要のなかった法人税等相当額の損害を被り，さらに税理士は依頼者の税務申告書を作成，提出した際，事実と異なる前提の申告をしたため，依頼者はその後修正申告を余儀なくされるなどの被害を被ったと認定され，依頼者の損害賠償の請求が全部認容された事例。

[当事者の関係・立場]

　原告である依頼者は，当時の C の顧問税理士の指導により，C の財産管理会社として，昭和 61 年 11 月に設立された会社である。平成 20 年 1 月頃，顧問税理士が死亡したことから，依頼者は，同年 2 月 1 日，被告である税理士法人（以下，税理士）との間で税務顧問契約を締結した。委任の経緯は不明である。C は，自身が代表を務める依頼者に対して多額の貸金等債権を有していたことから，高額の相続税が発生することを懸念し，税理士事務所の担当者の E（税理士資格の有無は不明）に対し，相続税対策の必要性等について相談したところ，E は，平成 21 年 6 月頃，C らに対し，本事案で争点となる相続税対策を提案した。平成 23 年 6 月頃，E が退社したため，法人の代表者及び F 税理士が引き継いで依頼者を担当した。依頼者は，平成 23 年 8 月 9 日，相続税対策を実行した。平成 23 年 11 月 28 日に C が死亡したため，その相続人である A

は，平成 24 年 3 月頃，D 税理士に対して相続税の申告を依頼したが，D 税理士は依頼者の法人税の課税について指摘している。A は，C の相続税申告は，別途に D 税理士に依頼したが，経緯は不明である。依頼者の法人税申告は，税理士が担当したが，その後，依頼者の修正申告は，D 税理士が担当した。

[事案の概要]

　依頼者が，税理士に対し求めた損害賠償の趣旨は以下の内容である。

　税理士は，依頼者の前代表者 C の相続税対策としデット・エクイティ・スワップ（DES）を提案した。この DES とは，C が依頼者に対して有する貸金等債権を依頼者に現物出資して C に依頼者の株式の割当てを行うものである。DES を提案するに際し，当該 DES により依頼者に多額の債務消滅益が生じることを説明せず，このため依頼者は課税リスクを認識することなく DES を実行したが，多額の法人税等の納付義務を生じ，本来支払う必要のなかった法人税等相当額計 2 億 9,309 万 3,200 円の損害を被った。

　税理士は，税務代理人として依頼者の税務申告書を作成，提出した際，事実と異なり DES はなかったとする前提の申告をしたため，依頼者はその後修正申告を余儀なくされ，延滞税等計 516 万 5,800 円の損害を被った。

税理士の主張

　C らに対し，本件 DES により相当額の債務消滅益が発生し，税務調査の上で課税される可能性は相当程度存在するが，依頼者が債務超過の状態にあることから，債務消滅益が顕在化していないと判断されて課税されない可能性もなくはない旨の説明をした。また依頼者の法人税確定申告を行ったのは，依頼者からの指示に基づくものであり，依頼者の指示がある以上，それに従わざるを得ないから義務違反ではない。

裁判所の判断

① 認定事実によれば，DES方式の提案がされるに至ったそもそもの発端は，Cの相続を想定した相続税対策にあり，その依頼の直接的な主体は依頼者ではなく，C及びAであったと解される。しかし，DESが，債務者法人による現物出資の受入れ，募集株式の発行等を伴うものである以上，税理士によるDES方式の提案は，債務者法人たる依頼者に対する提案という意味も持つというべきであり，このことは，DES提案書に記載されているメリット，デメリットのほとんど（相続の軽減以外の全部）が依頼者に関する事項であることからも明らかである。

② これを前提に，税理士の説明義務違反の有無を検討するに，税理士の供述中には，「本件DESの実行により債務消滅益の課税を指摘される可能性はあるが，そうだとしても3億円程度の法人税であり，相続税6億円程度を免れるのであればその方がいいと思うし，税務調査が行われても交渉等により税額を減少させることは実務的に可能である」という趣旨の説明をしたとの部分がある。

③ しかし，仮に，このような説明があったとしても，全体としては債務消滅益に対する課税は回避できるという趣旨の説明にほかならないから，認定したようなDESに伴う債務消滅益課税のリスクの説明としては，著しく不十分ないし不正確なものといわざるを得ないし，そもそも，上記のような説明さえされていたか，極めて疑わしいといわざるを得ない。

すなわち，Aは，上記のような説明は全く受けていない旨供述し，税理士の供述を正面から争っている上，そもそも本件DESの基本的な説明資料という性格の本件提案書に，債務消滅益課税の可能性，その予想される税額等についての記載が全くないことは上記のとおりであり，このこと自体，債務消滅益課税について何らの説明もされていなかったことを強く推認させるものというべきである。

本件提案書に限らず，本件DESを採用した場合に予想される法人税額の増加額とCの相続に係る相続税の減少額とを比較対照して説明したという

事実を示すような証拠はない上，数字（試算額）を比較対照するという事柄の性質上，書面もなく専ら口頭での説明がされたとも考えられない。以上の証拠関係に照らすと，そもそも，税理士において，本件 DES により依頼者に発生する法人税等の額の試算すらしていなかったのではないかと推察される。

④　以上の認定判断を総合すれば，税理士は，本件 DES に係る債務消滅益と欠損金との相殺の可否について，誤った認識に基づく独自の見解を有していたため，債務消滅益に対する課税を看過又は軽視し，本件 DES に伴う債務免除益に対する課税の問題について，依頼者に対して，全く又はほとんど説明をしなかったものと認められる。

⑤　認定したとおり，税理士は，DES 方式が依頼者の法人税等と C の相続に係る相続税の双方にとってメリットがあるとして自ら提案しこれを採用させたという従前の経緯を覆し，「DES はなかった」ことにして法人税等の申告をするという本件方針を示し，そのような扱いが可能であるか疑問に思った依頼者が再考を促しても当該方針を変えずに，本件確定申告を行ったものである。

本件方針がそれ自体支離滅裂であることに加え，税理士の登記上，本件 DES に係る増資と減資の事実が厳然と公示されている中で，本件 DES がなかったという虚偽の事実を押し通して債務消滅益に係る法人税を免れようとする本件確定申告の考え方は，税理士としての基本的な責務を逸脱した違法なものというべきである。

⑥　この点につき，税理士は，（本件 DES がなかったとする虚偽）の方針に基づく本件確定申告を行ったのは依頼者の指示に基づくものであると主張し，税理士はこれに沿う供述をする。

しかし，まず，税理士が本件方針を示すに先立って，依頼者ないし A の側から本件方針の指示が税理士にあったとは到底考えられない。このことは，DES をなかったことにした場合，C の相続につき 6 億円もの相続税が発生することは避けられず，A もそのような事情は認識していたこと，A は，本件

DESによる増減資の登記の錯誤抹消などの方法を検討したが，D税理士から困難であるとの回答を得ていたこと等の事実関係から明らかである。本件方針は，税理士が，自らが受任している法人税等の申告において巨額の法人税等の課税が発生する事態を取りあえず回避したいというだけの目的で採用されたものと解さざるを得ず，それが相続税の処理と矛盾する結果を来たし，依頼者により重大な不利益を及ぼしかねないことを無視して敢行されたものと考えざるを得ない。

　依頼者において，本件方針を前提とする本件確定申告書の提出を了承したこと自体は認められるものの，その経緯は，依頼者は，本件方針には疑問を抱きつつ，法人税等の確定申告の期限が迫る中で，無申告になる事態だけは避ける必要があったこと，追加納付すべき法人税等の資金を急に用立てることは困難であったことから，やむなく，上記申告事務を委任している税理士の判断に従うこととしたにすぎないのであって，これをもって「依頼者の指示」などといえないことは明らかである。よって，税理士は，DESはなかったものとする事実と異なる本件確定申告を行ったことにつき，債務不履行及び不法行為責任を免れない。

　なお，控訴審では，上記第1審判決を支持して，税理士の控訴を棄却している。

［税理士としての検討と対策］

　DES（デット・エクィティ・スワップ）を活用する事例としては，法人の債務超過を解消するためや本事案のような相続対策である。DESにより役員借入金を資本に振り替えることで，非上場株式の評価となり，借入金の簿価そのままが相続財産となることを回避することができる。役員借入金をDESした場合に役員借入金は時価評価することとなるが，債務超過の法人の場合には時価はゼロ又はゼロに近い評価となり，債務の全額が債務免除益となる可能性がある。債務免除益が発生しても繰越欠損金の範囲内で行えば法人税の課税はされなくて済む。会社更生法に基づく更生手続などの場合には，繰越欠損金より

も期限切れ欠損金を優先的に取り崩すことができる。

　裁判所は，税理士の言動を支離滅裂と糾弾している。税理士は，D税理士に指摘されるまで，相続税対策の効果が，依頼者の法人税負担が増加するという反作用を認識していなかったと思われる。相続税の負担減は，法人税又は所得税の負担増に連動するという両刃の剣のような取引は少なくない。しかも本事案では，DES方式の実行と相続の開始が近接していたという事情もある。相続の開始という予測不可能な事態を踏まえた相続税対策そのもののリスクである。しかしそうであっても，登記手続等が完了しているにも関わらず，なかったこととして法人税の申告を行ったことは，暴挙といっていい。専門家である税理士の行為として信じ難い。

　裁判所は，次のようにも述べている。顧問税理士として，依頼人にとって課税上最も有利となる方法を検討し，その方法を採用するように助言指導する義務を負っている。本事案でDES方式を提案するに当たり，DESにより生じ得る課税リスク，つまり債務消滅益課税について，課税される可能性，予想される課税額等を含めた具体的な説明をして，法人税及び相続税の課税負担を少なくし，より節税の効果が得られる清算方式を採用するよう助言指導する義務があった。税理士の説明義務は，単純に説明すればよいということではない。否認されるリスクのある税務処理を行う場合や，選択肢がある税務処理を行う場合には，説明をした上で助言し，了承を得なくてはならない。そして，どのような経緯でいつ，どのような結果になったかを記録しておくことも必要である。

　また本論では触れていないが，税理士は依頼者に対して役員給与における事前確定届出について助言指導していないと，裁判所は認定している。役員給与は，税務相談の基本中の基本といっていい。本事案の税理士は税務の専門家の看板を下ろすべきである。

【林・初鹿】

簡易課税制度選択届出書の有効性と税務代理委任の範囲

（参考）
東京地判令和元年 11 月 1 日《平成 30 年（行ウ）第 371 号》
（TKC 文献番号 25581220・TAINS コード Z269–13336）
東京高判令和 2 年 9 月 10 日《事件番号不明》
（TKC 文献番号 25592461・TAINS コード Z270–13450）
消費税更正処分等取消請求事件

［着目点］

　納税者が税務代理を委任していないと主張した税理士が提出した消費税簡易課税制度選択届出書が有効であると判断された事例。

［当事者の関係・立場］

　本事案の原告である依頼者は，平成 7 年 2 月頃，弁理士業を開業し，知人から紹介を受けた A 税理士に税務代理等を口頭で委任した。A 税理士は，同月 13 日，税務署長に対し，依頼者に係る所得税の青色申告承認申請書及び青色事業専従者給与に関する届出書を提出し，同年 5 月 11 日，乙税務署長に対し，依頼者に係る青色事業専従者給与に関する変更届出書を提出した。

　依頼者は，平成 7 年秋頃，特許の申請に関連して B 税理士と知り合い，平成 8 年秋頃には，B 税理士と共同で出資して株式会社を設立するとともに，依頼者の税務に係る税務代理を B 税理士に委任する意思を有するに至った。依頼者は，平成 8 年 11 月頃，A 税理士に対し，依頼者の平成 8 年分の所得税の確定申告までは，A 税理士に委任するが，その後は，別の税理士に委任する旨を口頭で告げ，A 税理士もこれを了承した。

　税理士変更前最後の確定申告である平成 8 年分所得税確定申告書提出の際に A 税理士は，平成 8 年分所得税の確定申告書，消費税課税事業者届出書及び簡易課税制度選択届出書を課税庁に提出した。

　B 税理士は，依頼者の平成 10 年以降各課税期間の消費税申告について本則

課税により申告を行っていた。なお，平成26年に至るまで常に簡易課税制度の適用を受けることができる要件を満たしていたが，課税庁からは指摘を受けることはなかった。B税理士は，平成27年9月4日，丙税務署長に対し，「所得税・消費税の納税地の変更に関する届出書」を提出した。

[事案の概要]

　丙税務署長は，平成27年10月13日，依頼者に対し，「平成26年分消費税及び地方消費税の確定申告書の見直し・確認について」と題する文書を送付し，簡易課税制度選択届出書が提出されていることから，平成26年課税期間の消費税等に係る控除対象仕入税額を簡易課税により計算する必要がある旨を指導した。

　B税理士は，平成28年3月14日，控除対象仕入税額を本則課税により計算した上で平成27年課税期間の消費税等の確定申告書を提出した。なお，平成27年課税期間の基準期間（平成25年1月1日から同年12月31日までの課税期間）における依頼者の課税売上高は，4,134万7,000円であった。

　丙税務署長は，平成29年6月28日付けで依頼者に対し，依頼者の平成26年及び平成27年各課税期間の消費税等の各更正の処分及び過少申告加算税の各賦課決定の処分をした。

　依頼者は，簡易課税制度選択届出書は，A税理士の無権代理行為によって提出されたものであり，その法的効力は依頼者には及ばないから，これを看過してされた本件各更正処分等は違法であるなどとして提訴した。

税理士の主張

　本事案では，A税理士は既に死亡しており，B税理士の主張も言及されていない。

裁判所の判断

　①　簡易課税制度選択届出書は，消費税法及び消費税法施行規則が規定する

記載事項がすべて記載されている適式なものであり，A税理士は，平成9年3月17日，課税庁に対し，所得税確定申告書等とともに簡易課税制度選択届出書等を提出したのであって，A税理士が，同日当時，所得税確定申告書等を提出する代理権を有していたことは，当事者の間に争いがないことにも照らすと，A税理士は，同日，依頼者から委任された依頼者の税務全般に係る税務代理権に基づき，有効に簡易課税制度選択届出書を提出したものと認められる。したがって，簡易課税制度選択届出書を提出したことの効果は，依頼者に帰属するものと認められる。

② 依頼者は，A税理士に対しては，依頼者の平成7年分及び平成8年分の各所得税の確定申告に係る税務代理を委任したが，それ以外の納税者の税務に係る税務代理を委任したことはない旨主張する。

③ しかし，依頼者は，平成7年頃にA税理士に対して税務代理を委任した当時，税務について専門的な知見を有していなかったこと自体は，一貫して自認し，また，B税理士に対しては長年にわたって自己の税務全般に係る税務代理を包括的に委任しているところ，これらの事実を前提とする限り，依頼者が，平成7年当時，A税理士に対し，具体的な年分及び税目を限定した上で依頼者の税務代理を委任するという発想を自発的に持ち得たというのは極めて不自然なものということができる。

④ また，依頼者は，自己の事業である弁理士業に係る帳簿書類を備え付け，かつ，これを保存していたことになるが，納税者は，弁理士業に係る帳簿書類の作成そのものをA税理士に委任し，かつ，その内容の適正や存在を自らチェックすることなく，その内容の適正の維持を含む帳簿書類の管理等もA税理士に一任していたものと推認されるのであり，このことからも，納税者が，A税理士に対し，依頼者の平成8年分の所得税の確定申告が終了するまでの間，納税者の税務全般を包括的に委任していたことを推認することができる。

⑤ さらに，依頼者は，A税理士が簡易課税制度選択届出書を提出したことの効果が自己に帰属することを否定する一方で，A税理士が簡易課税制度選択届出書と同時に提出した課税事業者届出書を提出したことの有効性は，特

に争っていないところ，簡易課税制度選択届出書も課税事業者届出書も，依頼者の消費税等に関する届出書であり，同時に提出されたものであれば，その有効性，効果の帰属等も同一となるべきものであるから，その意味においても，簡易課税制度選択届出書を提出したことのみを無権代理行為として取り扱うべき合理的な理由は見当たらない。

⑥　そして納税者は，審査請求段階においては，Ａ税理士に対し，「税務をお願いする。任せる。」と述べたという事実関係であった旨を自認していたことが認められるところ，訴えにおいてこれと異なる供述等をする合理的な理由も説明しない。

⑦　そうすると，依頼者の平成７年分及び平成８年分の各所得税の確定申告に係る税務代理を委任したが，それ以外の依頼者の税務に係る税務代理を委任したことはない旨の主張は，採用することができない。

[税理士としての検討と対策]

　本事案でまず指摘されるべき争点は，税務行政の不備である。少なくとも20年にわたって依頼者が簡易課税を選択している事実を課税庁は認識していなかったことは明らかであり，所轄税務署が異動しなければ発覚しなかったかもしれない。本事案で納税者は，平成10年から平成26年まで税務署から本則課税用の用紙の送付を受けていたこと，過去２回の税務調査で特段指導がなかったことも指摘して信義則又は禁反言の法理に基づき救済を求めているが，裁判所は一蹴している。それは申告納税制度における納税者に課せられた責任の重さといえる。

　例年２月，３月の税務署内は混乱していることは想像に難くない。申請書等を提出したにも関わらず未提出を指摘されたことを，税理士業界で囁かれたことはある。ただ，通常は税務署の収受印が押された「控」書面を提示して事なきを得た経験をもつ税理士は案外いる。

　そうなると本事案における簡易課税制度選択届出書の「控」書面の有無と保管が気になる。当時は書面申請であり，Ａ税理士は当然，申請書の「控」を作

成し，提出の際に収受印を求めたはずである。

　しかも本事案の経緯を見ると，依頼者とＡ税理士は，俗にいう喧嘩別れではない。当然，税理士交代の際に，Ａ税理士は保管していた依頼者の関係資料を依頼者に交付・返還したと思われる。当時は，消費税が導入されてから間がない時期であり，納税者の意識が高かったことから，Ａ税理士は依頼者に簡易課税の意義を説明するのが常識だった。仮にそのことを依頼者が失念していたとしても，依頼者は，いわゆる士業のひとつである弁理士であり，法的手続を重視する職業であるから，自己の納税関係資料の重要性を理解していたといえる。そう考えると，依頼者はＡ税理士から受け取った関係資料をＢ税理士に渡していたと想像できる。過年分の納税資料を確認しなければ，受任後の納税手続は難しいといっていいから，Ｂ税理士は，資料を確認した上で，平成９年分以降の所得税等の確定申告を行ったと考えるのが自然である。

　本事案は，税理士に対する損害賠償請求事件ではないが，改めて税理士の責任を考えさせられた内容である。実務では，確定申告書作成の際は，税務署からの「確定申告等についてのお知らせ」を確認するのは必須と言える。さらに，他事務所から顧問先を引き継いだ場合等には，過去に提出した申告書や届出書を顧問先から取得するのは当然であろう。また，前任税理士や顧問先自らが税務書類を提出している可能性があれば，税務署への問合せや申告書等閲覧サービスを利用し，既に提出された税務書類の不存在を確認すべきことを，本事案は示唆している。

　今後は，電子申告・電子申請の下では，利用者識別番号や個人番号，法人番号等と届出書情報が紐付けられ，税務署へ照会をかけなくてもマイナポータルやe-tax上で届出状況が簡単にわかるようになっていく。現在でも消費税の届出書状況はe-taxの申告のお知らせから確認できる。しかし，本事案のように税務署での反映が漏れてしまっているなら，対策を講じる必要を忘れてはならない。

【林・有賀】

複数の相続人に対する
相続税申告報酬の請求

(参考)
東京地判令和2年3月10日（平成29年（ワ）第15804号）
（TKC文献番号 25584337・TAINS コード Z999-0215）
報酬請求事件

[着目点]

　税理士が依頼された相続税の申告手続等を履行したにも関わらず，一部の相続人らが報酬の支払をしなかった事案において，報酬の支払が命じられた事例。

[当事者の関係・立場]

　税理士は，前職時代に長女の夫と同僚であり，被相続人の夫で，相続人らの父親の相続税申告等も受任していた。被告である二女及び三女は，税理士が長女に与していると主張している。

[事案の概要]

　税理士である原告は平成20年9月28日に亡くなったAを被相続人とする相続税の申告について依頼を受けた。税理士は以前からA家の顧問税理士であり，昭和63年に亡くなったAの夫の相続税申告業務も行っていた。Aの相続人は長女，二女，三女及び養子である長女の夫（既に死亡しており子供が代襲）である。

　税理士は，平成21年7月28日に被相続人をAとする相続税の申告を行った。Aの遺言にしたがい長女が約7億円，その他の相続人が約538万円ずつ取得，相続税の総額は7,900万円余りであった。長女については税理士が全額延納申請を行い，長女以外の相続人からは税理士が納付金額を預かり，その納付手続も行った。その後税務調査があり，税理士は土地の評価減のため更正の請求を行っている。

　二女と三女は平成 21 年 10 月 31 日頃，B 弁護士に対し A の相続に係る遺産分割協議を委任した。その後長女と二女，三女は平成 28 年 9 月に裁判上の和解をし，長女が A の遺産のすべてを取得，その代償金として二女，三女に対し各 1 億 1,500 万円を支払うこととなった。その後それぞれ更正の請求，修正申告を他の税理士に依頼し行っている。

　税理士は二女，三女（被告ら）に対し平成 27 年 12 月に一連の相続税関連業務に係る税理士報酬の請求を行ったが支払われなかった。そのため東京税理士会の旧税理士業務報酬規定に基づき相続税申告報酬，税務調査対応報酬，長女の代償金捻出のための不動産売却に関する報酬，長女の延納申請報酬及び税理士は委任されなかったが事前調整を行ったとして更正請求報酬，修正申告報酬等の合計 1,803 万 4,488 円の内，修正申告に基づく被告らの納めるべき相続税割合によって按分した各 517 万 1,442 円の支払を求めた。

税理士の主張

　A 家の顧問税理士であり，被相続人 A の夫の相続に際しても，遺産分割協議において税理士として助言し，長女や被告らを含む相続人らにつき，遺産分割協議に基づいた相続税の申告手続を行った。そうすると，本件委任契約の当事者の合理的意思解釈としては，委任契約の内容は，被相続人の相続にかかる遺産分割協議及び相続税申告手続のみならず，遺産分割協議が終局的に解決し，これに基づく相続税の申告等が終了するに至るまでの一切の手続を委ねたものと解するのが相当である。

裁判所の判断

　①　被告らは，平成 21 年 4 月 26 日に，税理士が A の相続にかかる遺産分割協議に立ち会うことや遺産分割協議が成立したときに税理士が相続税の申告を行うことについて大まかな了解をしていること，税理士は，その後，A の相続人らの遺産分割協議に数度立ち会い，その間，被告らに対して相続税

の試算結果を示し，平成21年7月28日には，被告らを含むAの相続人ら全員につき，Aの相続にかかる相続税の申告をし，当該申告書には被告らの押印もされていること，税理士は，被告らから各人の納付額に相当する金員を預かり，その納付手続を行っていることなどに照らすと，税理士と被告らとの間において委任契約が締結されたことは明らかである。

被告らは，税理士が遺産分割協議において専ら長女に与していたことなどを理由に委任契約の成立を否認するが，契約の成否自体に影響すべき事情とはいえない。

② 委任契約の締結に際しては報酬に関する話が一切されておらず，特定の事項に限定して税理士に委任する趣旨であった様子はうかがえないことなどからすると，被告らを含む各委任者の意思としては，少なくとも，漠然と，遺産分割協議における助言・調整や，相続税の申告ないし納付において必要となる諸手続を税理士に委ねたものということができる。

もっとも，当初の段階で今後行うこととなる事務や手続のすべてを想定することはおよそ困難であるし，結局のところ，その具体的内容や税理士がこれを行うこととなった経緯等に照らし，個別に判断せざるを得ない。

③ 被告らは，本事案においては報酬支払に関する合意自体がされていないと主張する。しかしながら，原告は税理士であり，委任事務を処理して報酬を得ることを業とする者であること，委任契約はA家の顧問税理士業務としての一環であるとして別途の報酬は発生しないなどといった合意がされた様子もないことからすると，委任契約においては，被告らを含むAの相続人らにおいて相当額の報酬を支払うとの黙示の合意がされたものと解するのが相当である。

④ 委任契約につき，旧報酬規定に依った場合にAの相続人全員に対して請求することのできる報酬は，相続税の申告にかかる397万5,000円及び遺産分割協議の立会い日当にかかる45万円である。

旧報酬規定は報酬の上限を規定したものであること，税理士は長年A家の顧問税理士を務めており，Aの相続人らとしては，旧報酬規定を提示されて

いたとしても，その上限額を負担する意思を示したとは考え難いことなどからすると，相続税の申告につきＡの相続人らが負担すべき報酬の総額は，旧報酬規定の約7割に相当する278万円とするのが相当である。

　そして，Ａの相続につき被告らが最終的に納めることとなった相続税額の相続税総額に対する割合からすると，税理士が被告ら各自に請求できる金額は，278万円のうちの51万円とするのを相当と認める。また，遺産分割協議の立会い日当については，税理士は，中立の立場で立会いをするとしつつ，Ａ家の存続のためとの考えのもと，その跡取りである長女に専ら与していたことが明らかであることや，上記の納付すべき相続税の割合に照らし，被告ら各自に請求することができる金額は各5万円とするのが相当である。

　以上によると，税理士である原告は，被告ら各自に対し，278万円のうち被告らが最終的に納めることとなった相続税額の相続税総額に対する割合に相当する51万円と遺産分割協議の立会い日当5万円に消費税を加算した60万4,800円を請求することができる。

［税理士としての検討と対策］

　長女と被告らは相続税の申告後対立し，Ａ家の顧問であった税理士はＡ家を継ぐ長女に与していた。そのため被告らは税理士にとっての依頼者は長女のみであり，税理士と被告らとの間に委任契約は成立していない，としていた。

　裁判所は相続税の申告書に押印していること，納付額を預かり納付手続を行っていること等から，税理士と被告らに委任契約が締結されたことは明らかである，税理士は委任事務を処理して報酬を得ることを業とする者であり委任契約において相当額の報酬を支払うとの黙示の合意がされた，と判示した。

　請求できる金額について税理士は，長女の延納申請や不動産売却に関する報酬，自らが行っていない和解後の更正の請求や修正申告まで請求の対象としていたが，裁判所はそれらを無関係の被告らに請求することはできない，としその他の業務について旧報酬規定により計算した報酬の7割を相続割合により按分した各56万円を請求可能としている。

最初の相続税申告までは被告らも協力的で納税までを，税理士が代理するぐらいであり，特に問題はなかった。被告らに対する報酬請求のタイミングが平成27年12月であり当初の申告からは相当期間があいている。平成21年に申告してからそれまで全くの無報酬，とは考えにくい。被告らと税理士の間に委任契約があり，報酬支払の黙示の合意があったと裁判所が認定したことは当然といえる。ただ当初申告時に長女や税理士が報酬をどのように考えていたのかはわからない。また長女との報酬はどうなっていたのかは興味深い。

　相続税事案は，通常，複数の相続人がいる場合には，相続人を代表する人物と折衝することが多い。税理士報酬については，だれが負担すべきということはないため，相続人のうちひとりがすべて負担することもでき，もちろん法定相続分で按分して負担することもできる。相続税申告の請求をする場合には，一般的には依頼を受けた相続人の代表者にすることが多いが，申告の前にある程度の報酬の金額や請求先についても話をしておくことは大事である。遺産分割から関与することや，遺産分割協議書の作成を行うこともある。相続税申告は特に他の報酬よりも高い報酬となるケースも多いため，どこまでの委任を受け，いくらの報酬を請求するかという話は重要な問題といえる。

　税理士報酬については，申告の際にすべての相続人と合意すべき必要があることを，明らかになっていない家庭の事情と税理士との関係があるとはいえ，本事案は教訓となる。

【林・初鹿】

小規模宅地等の特例の適用基準と税理士の責任

（参考）
横浜地判令和 2 年 6 月 11 日《平成 30 年（ワ）第 3861 号》
（TKC 文献番号 25590261・TAINS コード Z999-0178）
損害賠償等請求事件

[着目点]

　相続税の申告に際して，小規模宅地等の特例の適用が行われなかったことについて，税理士の契約上の債務不履行があったとされた事例。

[当事者の関係・立場]

　依頼者らは，被相続人の子である相続人らであり，その人数等は明確ではない。相続人らは，被相続人の生前から相続税対策に関するアドバイスを税理士から受けていたとされるが，その税理士は，本事案において被告とされる税理士とは異なるようである。相続税の申告に当たって税理士が交代している経緯は不明である。

[事案の概要]

　依頼者らが，税理士の行った相続税申告に係る業務には，相続財産中の一部の土地につき，租税特別措置法上の小規模宅地等の特例の適用の可否を検討せず，その適用を誤った過失があり，その結果，依頼者らにおいて本来納付すべき税額より過大な相続税額の納付を余儀なくされて損害を受けたと主張して，税理士に対し，債務不履行又は不法行為に基づき，損害賠償を求めた。

　本事案の被相続人の相続財産には，複数の不動産が存在したところ，そのうち，東京都所在の甲土地の一部には，被相続人の所有する乙建物が存在し，乙建物は，平成 28 年 11 月 17 日の本事案相続開始以前から，依頼者のひとりであるＡがすべての株式を保有し，内装工事の施工等を目的とするＢ社の会社社

屋として利用され，甲土地はその敷地として利用されていた。

　被相続人は，その生前の同年10月31日，B社に対し，乙建物を，賃貸期間を同年11月1日から平成30年10月31日まで，賃料を月額22万5,000円，駐車場利用料を月額4万円とする約定により賃貸した賃貸借契約を締結した。

　この賃貸借契約は，平成28年夏頃，被相続人及びAが被相続人の余命が1年ほどである旨の宣告を医師から受けたことをきっかけに，いわゆる相続税対策の一環として，Aが訴外税理士と相談の上，被相続人の相続の際，甲土地について，租税特別措置法69条の4の定める小規模宅地等についての相続税の課税価格の計算の特例の適用による評価減を受けることをその動機の一つとして，被相続人とも相談の上，締結したものであった。

　賃貸借契約締結後，甲土地については，B社の代表取締役であるAが相続により所有権を取得した後，相続開始の時から相続税の申告期限まで引き続き保有し，かつ，申告期限まで引き続きB社の会社社屋の敷地として利用されていた。

　税理士は，依頼者らを代理して申告を行うに際し，事前に，依頼者らから，賃貸借契約書の写しを含む関係書類を受け取り，また，Aから，賃貸借契約の借主であるB社の株式はすべてAが保有している旨を聞いていたが，甲土地について，小規模宅地等の特例の適用による評価減をすることなく，甲土地の価額の全額を被相続人に係る相続税の課税価格に算入して，申告を行った。

　依頼者らは，税理士は，特定同族会社事業用宅地等（租税特別措置法69条の4第3項3号）として小規模宅地等の特例による評価減を受けられる土地であった甲土地につき，同評価減の適用可能性を調査せず，しかも，その適用を誤って看過したまま申告を行い，依頼者らに，相続税額として過大な金員を納付させ，同評価減を受けることのできる地位を確定的に喪失させた，と主張した。

税理士の主張

　甲土地について，小規模宅地等の特例が適用されるためには，賃貸借契約が事業又は準事業に該当することが必要であるところ，賃貸借契約は，そのいずれにも該当しないから，甲土地について，小規模宅地等の特例は適用されない。

　すなわち，事業該当性について，事業に当たるためには，営利性・有償性，及び，継続性・反復性が必要であると解されるところ，甲土地について，B社から被相続人に対しては，平成12年8月から平成28年10月まで，地代家賃は一切支払われておらず，被相続人の死亡直前になり，突如として「賃貸借契約」との体裁が整えられただけであって，被相続人とB社との間では，使用貸借に係る合意しかなかったといえ，営利性・有償性を欠いている。また，乙建物について，実際に賃料が支払われたのは相続開始後であり，租税回避的趣旨で行われたものにほかならず，事業としての継続性・反復性を基礎付ける事由にはならず，B社の本店所在地が被相続人及び代表者であるAの自宅であることからも，事業性は認められない。

　また，準事業該当性について，準事業とは，「事業と称するに至らない不動産の貸付けその他これに類する行為で，相当の対価を得て継続的に行うもの」であるところ，ここでいう「相当の対価を得て」とは，貸付け等の用に供している資産の賃貸料が，貸付け等の用に供している資産の固定資産税その他の必要経費を回収した後において，相当の利益を生ずるような対価を得ていることであり，かつ，相当の対価を得ていたかどうかについては，相続開始の直前において，相当の対価を現実に得ていたかどうかという客観的事実により判断するべきである。本事案では，相続開始の直前，被相続人に対し，Bから全く対価が支払われておらず，「相当の対価を得て」いたということはできず，地代の収受が「継続的に」行われた事実もないから，本件賃貸借契約は準事業にも該当しない。

　依頼者らは，相続開始前に賃料債権が発生していたことを理由に，相当の対価を現実に得ていたと主張するが，相当の対価を「現実に」得ていたとい

うためには，債権の発生だけでなく，賃貸人・賃借人間で現実の金銭の移動が必要であると解されるから，賃貸借契約は準事業に該当しない。

裁判所の判断

① 被相続人のB社に対する貸付けにおいては，賃貸借契約上「相当の対価」が定められている。また，賃貸借契約の契約期間は2年間であるが，自動更新条項が定められていること，賃貸借契約の目的物である乙建物は，賃貸借契約の締結以前から，B社の会社社屋として利用されており，現在でもその利用実態には変化がないと認められること，B社は，賃貸借契約締結後，現在に至るまで賃料の支払を続けていると認められること等に鑑みると，本件貸付けは，相当程度の期間継続することを予定した賃貸借契約に基づいて行われているものと認められる。したがって，貸付けは，準事業，すなわち，事業と称するに至らない不動産の貸付けその他これに類する行為で相当の対価を得て継続的に行うものに当たると認められる。

② 甲土地は，乙建物の敷地として，被相続人の準事業の用に供されていた宅地等に該当するものであり，前提事実によれば，特定同族会社事業用宅地等として小規模宅地等の特例の適用を選択するためのその他の要件をすべて満たしていたと認められるから，相続においては，申告の際，甲土地について同特例の適用を選択し，同特例の適用を受けることができたと認められる。

③ 税理士は，賃貸借契約について，被相続人の意思に基づいていない可能性があるとか，契約締結日を遡らせた可能性があるなど，その有効性等について縷々主張するが，全証拠によっても，これらを疑わせる具体的な事情は認められず，この点についての税理士の主張は採用することができない。また，税理士は，賃貸借契約は，小規模宅地等の特例の適用を受けることのみを目的として，従前使用貸借の形で行われていた乙建物の利用を賃貸借契約に切り替えたにすぎず，甲土地に同特例の適用を認めることは，徴税逃れを誘発するなどとして，同特例を適用すべきでない旨主張する。しかし，法律上，課税額の減少を認める制度が存在する場合に，当該制度を利用するため

に法律関係を変動させ，課税額の減少を図ることは，法律関係の変動に実体が伴っている限りにおいて，それ自体不当ということはできないし，上記のとおり，これを否定する明文の定めのない状況下で，解釈によって，当該制度の適用を否定することは相当でないから，この点についての税理士の主張もまた，採用することができない。

［税理士としての検討と対策］

　本事案は，実務的にみて極めて不可解な内容である。本事案における相続税の納税額は，合計で2億8,000万円を超える案件である。当然，遺産分割から申告納税に至る事前の段階で，依頼者らと税理士は十分，協議したはずである。依頼者らは，いわゆる相続税対策を講じていたから，その効果についても税理士に対して説明を求めたに違いない。その際の税理士の回答は，上述の税理士の主張に準じた内容となるはずである。最終的には税理士の見解に依頼者らが納得した上で，相続税の確定申告書の提出に応じたことになる。

　その後，何らかの事情で依頼者らは税理士の見解に疑問を感じ，訴訟を提起したが，その間の経緯は興味深い。ただ，本事案における税理士の主張は，説得力のあるものであり，実務上，傾聴に値するといっていい。

　なお，賃貸借契約書は事前に依頼者から税理士に交付されており，小規模宅地等の特例の適用を検討し，適用が困難であるとの判断に至ったのであれば，依頼者へ説明しているはずだが，そのような形跡はなかったと認定されている。このことから，税理士が適用について検討していなかったと判断され，小規模宅地等の特例の適用の可否の検討を怠ったとして，契約上の債務不履行であると判断された。

【林・小林】

コンサルティング報酬の範囲

(参考)
東京地判令和 2 年 7 月 30 日《平成 29 年（ワ）第 28885 号》
(TKC 文献番号 25585724・TAINS コード Z999–0176)
損害賠償等請求事件

[着目点]

　税理士及び同人が経営するコンサルティング会社が依頼者に請求した事業承継等のコンサルティング業務等に係る報酬の詐取等に該当するとされた事例。

[当事者の関係・立場]

　税理士は，平成 24 年 12 月に企業の経営に関するコンサルティング業務等を目的とする A 社を設立し，代表取締役に就任した。その後，税理士の妻と父も同社の取締役に就任している。

　納税者の創業者の長女の夫の知人であった税理士の父の紹介で，税理士と納税者は，平成 24 年 12 月に顧問契約を締結した。同時に納税者は A 社との間で資産税コンサルティング顧問契約を締結した。税理士は，納税者と A 社との契約を「なしにした」と主張したが，裁判所は証拠により，同契約の成立は明らかであるとしている。

[事案の概要]

　金型製造を行う株式会社である納税者は，大手医療器具メーカーと共同開発した「痛くない注射針」を同社に継続的に供給し，月額 5,000 万円前後の売上を得ていた。その結果資産が増大し同社の発行済み株式 2 万株の価額は平成 24 年 12 月ごろ 16 億 9,634 万円に高騰，株式を保有していた納税者代表者 α の相続対策が急務となっていた。

　そこで納税者は，平成 24 年 12 月に税理士と月額報酬 52 万 5,000 円，決算

報酬157万5,000円とする顧問契約を締結，さらに税理士が同月設立したコンサルティング会社A社と自社株移転支援業務を目的とした資産税コンサルティング契約を月額報酬52万5,000円で締結した。ただしA社に対しての顧問報酬は実際には支払われていなかった。

その他に税理士及びA社は納税者に対し，欠損金の繰戻還付支援報酬1,200万円余り，納税猶予支援報酬845万円余り，株式交換による組織再編業務報酬1,374万円余り，地方税の繰戻還付支援報酬505万円余り等様々な請求を行った。

その後納税者は税理士らの請求が暴利行為，詐欺行為であると考え平成28年4月に顧問契約のすべてを解除した。そして税理士及びA社に対し詐欺による報酬の不正請求があったなどとして不法行為等に基づく損害金合計約2億4,700万円の支払請求を行った。

税理士の主張

A社への報酬は，税理士顧問契約とは別個の委嘱契約に基づく。A社が同契約の月次報酬を受領したことはなく，報酬の重複はない。

裁判所の判断

①　A社が受領した繰戻還付支援コンサルティング報酬は，独自の業務実態が認められず，税理士に対する還付請求書作成報酬との重複請求である。その額は約1,200万円と不相応に高額であり，還付金額は税理士の能力等に左右されないのに，A社がその10％もの報酬を受領する合理的根拠を見出し難い。報酬請求は不当性，不合理性が著しいというべきであり，税理士が同報酬を詐取したと認められる。

②　平成25年4月期末において，納税者の総資産に対し現預金が占める割合は約61％であったが，平成25年8月に約1億1,429万円の法人税の繰戻還付を受けて現預金が増加したため，その頃以降，同割合が約76％に達

し，納税者は資産保有型会社に該当し，納税猶予の取消事由が発生していた。ところが，税理士は，その後に行った納税猶予の申告において，納税者を資産保有型会社に該当するものと扱わず，上記割合を約61％のままにしていたのであり，納税猶予の取消事由が発生していたことを見落としていたと認めることができる。しかも，納税者に対し欠損金の繰戻しによる法人税の還付を受けることを提案して実行したのは税理士自身であったことを考慮すると，この見落としに税理士の重大な過失があったというべきである。したがって，税理士及びA社は，納税者に対し，損害賠償義務を負う。

③　株式交換による組織再編業務の主要な目的は，αの死亡後の相続税の軽減を図ることであったが，その提案時には，αはまだ54歳であり，数年内に相続税の軽減を図る必要に迫られているわけではなかった。A社は，平成25年9月27日に株式交換による組織再編業務の成功報酬を受領したが，この時点では，3億2,730万円もの税軽減効果は生じておらず，近く生じる見込みもなかったばかりか，株式交換を実行するための条件整備として，αの後継者に対する株式の贈与や後継者の納税者代表取締役への就任すら実現していなかった。

　さらに，株式交換による組織再編業務は，一般社団法人活用支援業務のいわば準備段階にすぎなかった。しかも，他の方策の選択もあり得たのであり，株式交換による組織再編業務は，業務実態がなかったわけではないものの，これを実行することには疑問があり得た。このような事情を考慮すれば，同業務は，平成25年ないし翌26年頃に提案して実行する必要性がなく，税効果も不確かで，意味合いの乏しいものであったというほかない。そして，税理士が株式交換比率の算定に至る手続等に，高額報酬に見合う多大な手間や労力をかけたとは認められない。以上によれば，A社は，無意味な業務をあえて実行したことにより不相応に高額の報酬を取得したのであり，暴利行為があったと認めることができる。

④　税理士は，平成26年4月期及び翌27年4月期の2期連続で，納税者に対し，地方税である法人都民税等については欠損金の繰戻還付制度が存在

しないにもかかわらず，その還付を受けると説明した上，A社において「欠損金の繰戻還付支援の法人税還付支援コンサルティング」につき還付額の10％相当の報酬を請求して受領したが，その際，確定申告では，2期ともに，納付の必要のない法人地方税をいったん納付し，その還付を受けることを繰り返した。

⑤　税理士は，法人地方税の誤納付と還付を，コンサルティング業務として，法人地方税の繰戻還付を請求したものと装って納税者から報酬を詐取したと認めることができる。その際，税理士らは，税理士が報酬を還付額の10％相当にすることにつき，納税者の承諾を得たと主張するが，この承諾は，税務上存在しない制度を存在するとの誤信に基づくものであり，何ら効力がない。したがって，税理士及びA社は，納税者に対し，損害賠償義務を負う。

［税理士としての検討と対策］

　組織再編業務に係る暴利行為認定もあったが，それ以外にも税理士のミスや実際には存在しない地方税の繰戻還付支援等様々な問題があった事案である。裁判所は19件もの報酬について検討を行い，合計約1億900万円の損害金支払請求を認めている。

　当事者間で合意した報酬であり，裁判所も，高額であるからといって直ちに暴利や詐欺と認定したわけではない。その業務内容等を一件ずつ検討した結果，上記のような判断となっている。

　非上場株式贈与の納税猶予については，税理士のミスがなければ納税猶予をまだ受けることも可能であったし将来免除を受けることもできたかもしれない。繰戻還付金額の10％という高額報酬を得るために納税猶予についての検討が甘くなってしまったのか，そもそも還付金を得ることによる効果についての認識が甘かったのか，いずれにせよ明らかに税理士のミスが原因といえる点もある。

　また，実際には制度のない地方税の繰戻還付支援コンサルティングと称し，地方税をあえて誤納させた上で還付を発生させ，その10％を報酬として請求

していたといったかなり悪質といえる側面もある。

　平成14年3月に廃止されるまで，税理士には税理士報酬規程があり，税理士法で最高限度額が規定されていた。現在はこのような定められた税理士報酬規程は存在しないため，各税理士は自由に報酬を決めることができる。もっとも，今もこの報酬規程の基準価格を基に値引きという形で算定している税理士は少なくない。また，かなり専門的な分野に特化した高付加価値サービスを提供する税理士事務所では，タイムチャージ制を導入し，社員の階級に応じた単価を乗じて報酬計算をしていると聞く。いずれの方法によるとしても，税理士が依頼者に対して請求する報酬は，合理的かつ明瞭な基準によって算定されるべきである。

　本事案は約3年という短期間に高額報酬の請求があり，信用を失い，解約，損害賠償請求に発展，と非常に特殊な事案といえる。税務の複雑性は年々増加しており，本事案では暴利とされた点もあったが実際に高額報酬となることもある。ただ，その複雑性は依頼者には伝わりづらい。だからといって本事案のように暴利行為に及んだり，まして虚偽の説明により報酬を搾取したりするようなことは決してあってはならない。

【林・有賀】

税務調査立会と税理士の責任

(参考)
東京地判令和元年 11 月 21 日《平成 29 年（行ウ）第 179 号》
(TKC 文献番号 25581096・TAINS コード Z269-13343)
東京高判令和 2 年 8 月 26 日《令和元年（行コ）第 325 号》
(TKC 文献番号 25590488・TAINS コード Z270-13441)
最決令和 3 年 2 月 12 日《令和 2 年（行ツ）第 289 号，令和 2 年（行ヒ）第 339 号》
(TKC 文献番号 25595375・TAINS コード Z271-2351)
消費税更正処分等取消請求事件

［着目点］

　税務調査の事前通知のない税務職員の臨場に，違法性を主張して税理士主導で調査を拒否した結果，帳簿等の提示がないとして，消費税の仕入税額控除が認められないとされた事例。

［当事者の関係・立場］

　本事案の原告である依頼者は，遊技場を経営する株式会社である。税理士は，公認会計士資格が併記されているが，依頼者との経緯や受任している業務内容は不明である。当初から税理士は，弁護士らと共同で課税庁との交渉に当たっているが，この弁護士らの選任経緯は明らかになっていない。さらに更正処分取消訴訟である本事案における原告弁護団は，従前の弁護士らと異なっており，税理士の証言もなく，税理士を批判する弁論もあることから，訴訟提起時においては，税理士との顧問契約等は解除されていると思われる。

［事案の概要］

　依頼者は，各課税期間の消費税等について確定申告をしていたところ，平成 26 年 2 月 4 日午前 9 時，国税局担当者は，国税通則法 74 条の 9 第 1 項に規定する事前通知をすることなく，調査のため依頼者事務センターに臨場した。

　税理士は，事前通知をしない理由が説明できない調査は違法であるなどと述

べ，調査に応じなかった。その後，依頼者は，平成27年5月までの間，国税局の職員から調査を受け，帳簿等の提出を求められたが，調査への対応を拒み続け，帳簿等を提出しなかった。なお，調査担当者は事前通知をせずに実施した初回の臨場を除けば，事前に実施日を予告する連絡票を送付していた。

税務署長は，依頼者に対し，平成27年6月8日付けで，依頼者が調査において帳簿等の提示の求めに応じなかったことにより，消費税法30条7項に規定する「事業者が当該課税期間の課税仕入れ等の税額の控除に係る帳簿及び請求書等を保存しない場合」に該当することから，同条1項に規定する仕入税額控除は認められないとして，更正処分等をした。

第1審，控訴審はともに更正処分の適法性を容認し，最高裁は上告不受理を決定した。本稿では，消費税法上の論点ではなく，税理士の職務上の視点から検討する。

税理士の主張

事前通知を行わない理由が説明できない調査は違法である。

裁判所の判断

（1）　第1審

事実によれば，依頼者は，本件調査担当者が平成26年2月4日に本件調査に着手してから平成27年5月までの約1年4か月もの長期間にわたり，本件調査への対応を拒み続けたものである。その間，本件調査担当者は合計7回にわたり依頼者事務センターに臨場したが，事前通知なく実施した初回の臨場を除けば，いずれも事前に実施日を予告する連絡票を送付しており，これらの連絡票には，調査の目的が法人税及び消費税等の申告内容の確認であることや，調査の対象となる課税期間や提示すべき帳簿等が明確に示されていた。また，本件調査担当者は，依頼者代表者が海外出張中であるなど合理的な理由が示された場合は，実施日を変更するなどして対処していたもので

あり，そのほかの場合は，税理士が数か月先まで業務で多忙であるなどと主張するのみで，当該実施日に対応が困難であるとする具体的な理由を示さず，代替日程の候補も提示しなかったため，予告した日のとおりに臨場を実施したものである。なお，税理士は，本件調査担当者の依頼者事務センターへの臨場時に少なくとも3回は同センターで応対していることに照らせば，同税理士の立会いの下に短時間の調査を実施することは可能であったといえる。

(2)　控訴審

①　依頼者は，税理士及び弁護士らは，依頼者代表者に対し，税務調査に応じなくても何ら問題はない旨述べ，依頼者代表者を欺罔し，錯誤・誤信に陥れ，また，さっさと調査を受けたいとの依頼者代表者の意向に反し，課税庁に対して時期に遅れた調査担当者の変更を求め，しかも，課税庁の調査であっても応じる旨申し出なかったことは，税務代理人が依頼者本人の真意・意向に反して帳簿等の提示を拒否したものであり，たとえ依頼者に帳簿等の不提示があったとしても，当該不提示は依頼者の真意に基づくものではないから，消費税法30条7項所定の「保存しない場合」に当たるとされる「不提示」とみるべきではなく，また，不提示には提示の求めに対し「応じ難いとする理由」があるというべきであると主張する。

②　しかし，原判決認定事実及び証拠によれば，本件調査における帳簿等の不提示は，これが税理士の指導によるものであったとしても，それ自体，すべて依頼者代表者の了承によるものであり，依頼者の役員及び従業員においては，依頼者代表者の指示に基づいて動く立場にあって，本件調査担当者が臨場した際の対応をすべて税務代理人らに一任し，調査への協力を断る方向で対応するとの方針も，依頼者代表者の指示によるもので，依頼者の方針であると認識し，これに従っていたことが認められるのであり，本件調査における帳簿等の不提示は依頼者の真意に基づくものではないとはいえない。

③　この点につき，依頼者は，依頼者の対応は，税理士及びその他の弁護士らが税務調査に応じなくても何ら問題はない旨述べ，依頼者代表者を欺罔し，錯誤・誤信に陥れたことによるものであり，依頼者代表者は税理士のマイン

ドコントロール下にあったとも主張する。しかし，申告納税方式の下におい
て，税務職員が行う帳簿書類の検査に対し事業者がこれに応じることは，納
税義務者の当然の義務であるから，同義務を前提とする消費税法30条7項
の適用において，依頼者主張の上記事由が同条項の適用を妨げるべき事由と
なるとはいえず，帳簿等の提示の求めに対し「応じ難いとする理由」となる
ものともいえない。

［税理士としての検討と対策］

　税理士が関与する依頼者の事案として極めて特異な事例である。かつて税務
調査の実施に対して抗議・拒否したことから課税庁と紛争になった事案は少な
くない。しかしその多くは依頼者自身が加入する依頼者団体が支援した事例で
あるが，本事案は調査拒否を税理士が主導し，税理士が依頼したと思われる弁
護士らが支援した内容である。しかも，税務職員が臨場した直後に到着した税
理士が住居等侵入を主張して警察への同行を要求し，調査に応じなかったとな
らば，税理士の職務を大きく逸脱しているといっていい。

　本事案でも引用されている最高裁第一小法廷平成16年12月16日判決は，
調査を拒否した場合に，仕入税額控除における帳簿・請求書の保存の意義には
提示まで含まれると判示した著名な判例である。この判旨には賛否両論がある
が，実務的には確立している。つまり調査拒否をした場合には，仕入税額控除
が否認される怖れがあることを依頼者に説明する責任は税理士にある。その最
高裁判決を知らなかったというレベルの話ではない。

　代理人税理士として，国税局の職員と等しく，税法の合理的な解釈の下に行
動すべきことはいうまでもない。何ら法的根拠のない感情論で押し通し，ゴネ
れば良しとする対応は，結果的に真面目な納税者が損をすることになり，この
ようなことを許容してしまっては，国税徴収に対する信頼を確保できず，制度
自体が成り立たなくなってしまう。適法に納税者の利益を守るためには，専門
家としてどのような行動をとるべきなのか，法律を根拠に考えて対応するのが
税務の専門家の責務である。

　結局，新たに選任された弁護士らにより本事案は進行しているが，やはり税務調査の対応に従事した税理士の責任は重い。

【林・齋藤】

執筆者紹介

林　仲宣
1976 年　明治学院大学経済学部卒業
1978 年　東洋大学大学院経営学研究科修士課程修了
1980 年　東洋大学大学院法学研究科修士課程修了
1982 年　税理士登録（東京地方税理士会所属）

有賀　美保子
1996 年　千葉大学法経学部（現法政経学部）卒業
2016 年　専修大学大学院法学研究科修士課程修了
2019 年　税理士登録（東京税理士会所属）

齋藤　樹里
2009 年　専修大学法学部卒業
2015 年　専修大学大学院法学研究科修士課程修了
2016 年　税理士登録（東京税理士会所属）
2018 年　租税訴訟補佐人制度大学院研修修了（慶應大学大学院）

小林　由実
2013 年　首都大学東京都市教養学部都市教養学科経営学系（現東京都立大学）
　　　　　卒業
2015 年　専修大学大学院法学研究科修士課程修了
2017 年　税理士登録（関東信越税理士会所属）

初鹿　真奈
2014 年　明治学院大学経済学部卒業
2016 年　専修大学大学院法学研究科修士課程修了

2018 年　税理士登録（東京地方税理士会所属）

伊澤　祐馬

2014 年　青山学院大学法学部卒業

2016 年　専修大学大学院法学研究科修士課程修了

2023 年　税理士登録（東京地方税理士会所属）

税理士が考える税理士の職務と責任

2024年1月31日　初版発行

著　者　林　仲宣　ほか

発行者　大坪克行

発行所　株式会社 税務経理協会
　　　　〒161-0033東京都新宿区下落合1丁目1番3号
　　　　http://www.zeikei.co.jp
　　　　03-6304-0505

印　刷　美研プリンティング株式会社

製　本　牧製本印刷株式会社

本書についての
ご意見・ご感想はコチラ

http://www.zeikei.co.jp/contact/

ISBN 978-4-419-06930-8　C3034